妖怪学の基礎知識

小松和彦
編著

角川選書
487

目　次

はじめに

本書は、日本の妖怪文化に関する基礎的知識を概説するために編まれたものである。

コミックやアニメ、ゲームなどの現代の日本のエンターテインメントには、妖怪的存在がたくさん登場する。とりわけ水木しげるの「ゲゲゲの鬼太郎」や宮崎駿の「となりのトトロ」などの作品を見ながら育った人たちには、妖怪はなじみ深いものがあるだろう。そして、その背景には、長い妖怪の文化の歴史が横たわっている。

ところが、学問の分野では、長らくそうしたエンターテインメントのたぐいは、研究の対象とはほとんどみなされてこなかった。ましてそのなかに登場する妖怪的存在に関しては、研究がなされることはこれまでなかったといっていいだろう。従来の「高尚」をむねとする学問からすれば、それらは「低俗」、「迷信」、「娯楽」等々の文化対象にすぎず、まともに論じるに値しないと思われてきたからであった。

しかし、低俗であれ、迷信的なものであれ、娯楽的なものであれ、それが多くの民衆・大衆の心をとらえ、それを消費してきたならば、その文化的・歴史的意義を論じる必要がある。それは日本人の文化史・精神史の一角を占めているからである。それは私たちの文化の一部なのである。とするならば、それらを通じて、日本の文化・歴史を理解することは、それが「高尚」であるかどうかを別にして、日本の民衆・大衆を理解することであり、私たちを理解することでもあるはずである。ならば、大いに研究しなければならないのではなかろうか。

残念ながら、これまで、上述のような事情もあって、妖怪文化に関する研究はあまり蓄積されてこなかったのであるが、近年の妖怪ブームに刺激されたこともあって——妖怪研究の進展によって妖怪ブームが起こったという側面もある——、ここ三十年ほどの間に、妖怪研究は目を見張るほど急速に展開し、深化を遂げてきた。大型書店に行けば、妖怪関係の書籍を並べたコーナーがあり、そのなかに妖怪研究書も何冊かは並んでいるはずである。

しかしながら、私は、その棚を眺めながら不満に思うことがあった。そこに、最新の研究成果をふまえた妖怪文化の、あるいは妖怪学の適当な概説書を見出すことができなかったからである。妖怪文化へ、さらには妖怪文化研究へと誘うための道標《みちしるべ》となるような本が、まだ書かれていなかったのである。

そこでこうして、妖怪文化を俯瞰《ふかん》するための道標として本書を編むことを思い立ったわけであるが、幸いにも、若い研究者たちの協力を得て、紆余《うよ》曲折はあったものの、おそらくは、現在の時点ではこれ以上の概説書は書けないのではなかろうかと思うほど充実した内容の一書を世に送り出すことができることになった。

もちろん、限りある誌面では、紹介しきれない側面も多々あるが、それはまた機会を見つけて、『続・妖怪学の基礎知識』として概説することにしたい。

いずれにせよ、本書を案内として、日本の妖怪文化の広がりや深さ、楽しさを堪能していただければ幸いである。

編著者　小松和彦

Ⅰ　妖怪とは何か

妖怪の定義

「妖怪」とは何か。正直なところ妖怪を定義するのはむずかしい。文字通りに理解すれば、不思議な、神秘的な、奇妙な、薄気味悪い、といった形容詞がつくような現象や存在を意味する。私の考えでは、これはそのままでは「妖怪」ではない。あえていえば「妖怪の種」である。しかし、そうした出来事・現象を「超自然的なもの」の介入によって生じたとみなすとき、それは「妖怪」となる。これが「妖怪」についてのもっとも広い定義である。

このような定義に相当する事柄は、どのような社会にも存在しているので、特別なことではない。したがって、このレベルでは、妖怪はどこの社会にも存在している。しかしながら、もし、日本の妖怪を他の国や文化の妖怪と比較しようとしたならば、その出発点において、こうした定義を想起しつつも、そこからさらにその下位概念としての狭義の妖怪概念へと至ることが必要となるであろう。

ところで、こうした怪異・妖怪現象に対して、人間は大別して二つの態度で臨んできた。すなわち、それを人間にとってあるいは自分たちにとって、好ましい怪異・妖怪現象として説明する場合と、好ましくない怪異・妖怪現象として説明する場合である。

たとえば、夜中に大きな光り物が現れてどこかに落ちたらしい、という現象があったとしよう。それを人々が不思議に思う。その不思議を、吉兆とみなすか、凶兆とみなすかは、その社会の判断によるわけであるが、凶兆とみなしたときに、私たちのいう「妖怪」現象ということになる。

たとえば、「阿弥陀の来迎」という神秘的な現象がある。これは、極楽往生したいと思って熱心に修行を積んだ者が、臨終に及んだときに、西の方の空が明るくなり、やがて妙なる音と紫雲のなかから、極楽浄土への仏たちの迎えが来るという現象で、それ自体としては、不思議な、神秘的な、奇妙な現象であって、その点では、明らかに怪異・妖怪現象である。

しかしながら、この怪異・神秘的現象は、仏教修行者たちが信仰している仏教の力とその神々によって生じた現象として解釈したものである。したがって、その場合は、こうした現象は、好ましくない現象としての怪異・妖怪現象から区別されることになる。

しかし、もしこうした現象が、人間をたぶらかそうとする天狗や狸によって作り出された、偽の「阿弥陀の来迎」であったと判断されたならば、それは、一瞬のうちに修行者たちには好ましくない怪異・妖怪現象へと変貌することになる。

すなわち、目の前に現出している怪異・妖怪現象は、それ自体では神秘的なものの関与であるということを想起しつつも、まだその現象・存在の善悪や吉凶などの判断がされる以前の曖昧な現象であって、これを、人間にとって好ましい神秘的なものとして把握するか、それとも好ましくない神秘的なものとして把握するかで、その意味は大きく異なってくるわけである。

同じような現象であっても、このような対立的な解釈が出てくる背景には、神秘的なものを、好ましいと判断する解釈装置と好ましくないと判断する解釈装置の双方が存在しているからである。人々の信仰世界あるいはコスモロジーは、こうした二つの解釈装置・体系がセットになって構築されているわけである。

ここでは、こうした吉凶、善悪を判断する解釈の装置のうち、前者を祭祀する神々（制御された神霊）による解釈の装置、後者を祭祀されない神々（制御されていない神霊）による解釈の装置というふうに理解しておくことにする。そして、狭義の怪異・妖怪現象もしくは存在とは、祭祀していない神々によって引き起こされた、どちらかといえば望ましくない怪異・妖怪現象のことなのである。したがって、妖怪を研究しようとする者は、この双方の解釈の体系に関して研究をしなければならない。

さて、そこで、妖怪文化の領域を、とりあえず上述したように、望ましくない現象として設定した上で、その中身を、①出来事（現象）としての妖怪（妖怪・現象）、②存在としての妖怪（妖怪・存在）、③造形としての妖怪（妖怪・造形）の三つの領域に分けることで、妖怪という語が意味する範囲を確定していってみよう。

出来事・現象としての妖怪

妖怪の第一の領域は、「出来事」もしくは「現象」としての妖怪である。これは、五感を通じて把握される、不思議な、奇妙な、神秘的な、薄気味悪い、という思いを抱かせる出来事・現象を意味し、そしてそのような出来事・現象が生起する原因として「望ましくない超自然的なもの」の介入を想起することによって、それは「妖怪」となる。

理論的にいえば、不思議な姿かたちをした生き物の目撃（視覚によって把握された妖怪現象）、不思議な音（聴覚によって把握された妖怪現象）、薄気味悪い臭い（嗅覚によって把握された妖怪現象）、不思議なものとの接触（触覚によって把握された妖怪現象）、奇妙な味がするもの（味覚によって把

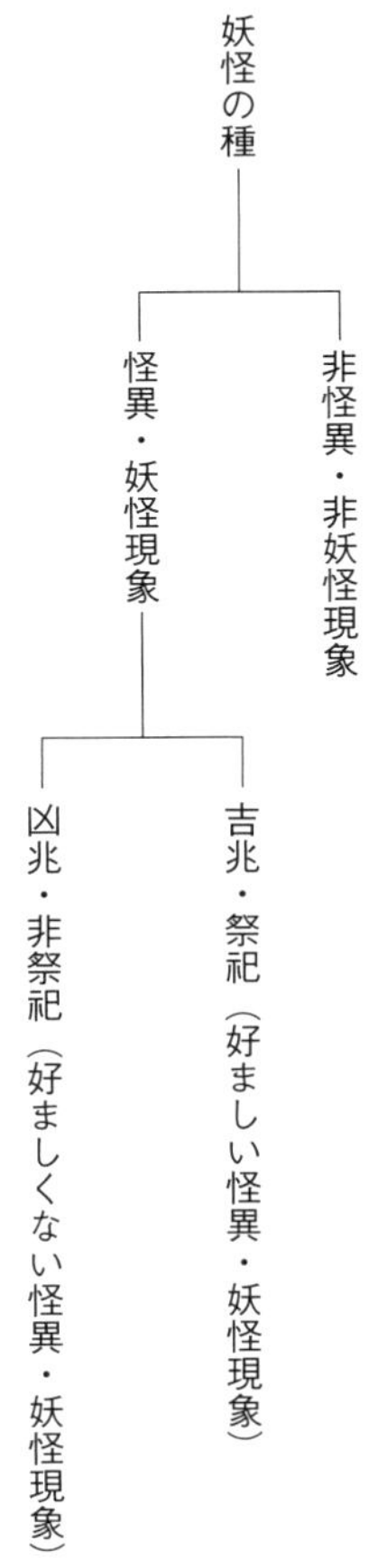

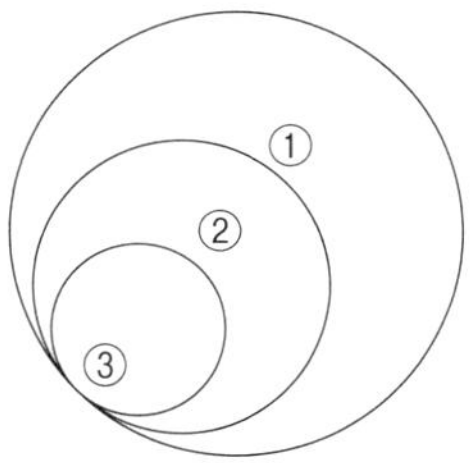

①出来事・現象としての妖怪
②存在としての妖怪
③造形としての妖怪

（右）妖怪の種とその解釈（左）妖怪文化の三つの領域

握された妖怪現象）、の五つのカテゴリーに分けることができるが、文化としての妖怪現象の発現形態は、圧倒的に視覚や聴覚によって把握された妖怪現象が多く、またその場合でも複合的な発現をとる。

たとえば、薄気味悪い姿かたちをしたものが、薄気味悪い音を立て、薄気味悪い臭い（悪臭）を発して出現してきたとき、その現象に「望ましくない超自然的なもの」の介入を認めようとしたならば、それは「妖怪」となるわけである。

あるいはまた、山仕事のために、山小屋に泊まったときに、山奥から、コーンコーンと木を伐っている音がして、その後しばらくしてから木が倒れる音が聞こえた。翌朝、音がしたあたりを調べても、木が伐られた様子がない。これを不思議な現象とみなし、また同様の音を「古杣《ふるそま》」という怪異現象であるという昔からの言い伝えを受け入れると、その「怪音」は「古杣」という怪異・妖怪現象となる。もっとも、それを超自然的なものの介入によって生じた怪異・妖怪現象とみなさずに、合理的に解釈できる現象とみなせば、非神秘的な現象、非妖怪現象となるわけである。

出来事・現象としての妖怪には、それが妖怪現象とみなされるようになる、その社会なり文化なりが作り出してきた、独自の説明のメカニズムが働いている。その基本が、上述のセットになった解釈の装置・体系なのである。そして、そうした解釈の装置にしたがって、そのような現象がどうして生じたかを説明する大小さまざまな物語が作り出されるわけである。つまり、怪異・妖怪遭遇体験談とは、そうした内容を含んだ物語のことなのである。

これこれという怪異・妖怪現象は、これこれという怪異・妖怪存在によって引き起こされたものである、というふうに理解・説明される。たとえば、「古杣」と呼ばれる怪異・妖怪現象は、「古杣」という「存在」によって引き起こされる現象であって、この「古杣」という怪異・妖怪存在は、山のなかで亡くなった「杣の怨霊」である、というふうに説明されたりする。また、「狸囃子《たぬきばやし》」と呼ばれる怪異・妖怪現象は、神秘的な能力をもった狸によって引き起こされた現象であり、狸にはそうした能力をもたない狸と神秘的な能力をもった狸の二種類あって、怪異・妖怪現象を引き起こすことができるのは、後者の狸であり、こうした狸は年齢を重ねることによって神秘的な力を獲得した、というふうに説明されることになる。

歴史的にみれば、時代をさかのぼればさかのぼるほど、科学的・合理的思考が未発達であったがために、さまざまな奇妙な不思議な現象を「妖怪現象」とみなす機会は多かった、と想像される。留意したいのは、そのような怪異・妖怪現象を、体験者が語る伝える過程で、その土地の共通体験となり、さらにそのような怪異・妖怪現象に「古杣」とか「天狗倒し」といった「名付け」が行われることがあった、ということである。怪異・妖怪体験の共同化・共同幻想化である。その集積として妖怪文化は形成されているわけである。

存在としての妖怪

妖怪の第二の意味領域は、「存在」としての妖怪である。人間を取り巻く環境には、さまざまな存在物がある。そうした存在物のなかに、超自然的なもの、神秘的なものが関与している存在物がある、と考えられてきた。前述の「天狗」や「狸」も、その種の神秘的な存在、生き物である。

妖怪を考えるうえで、その前提として了解しておかなければならないのは、あらゆるものには「霊魂」が宿っていると考えるアニミズム的観念である。日本人の心にはこうしたアニミズム的観念が深く浸透している。

「霊魂」（霊的存在）は、「霊」「魂」「物の気」などとも表現されてきた。動物はもちろんのこと、山や川、木や水、岩などにも、霊魂が宿っており、さらには人間が発する言葉にさえも、それ（言《こと》魂《だま》）は宿っているともみなされていたのである。

この霊魂は人格化されているので、人間と同様に喜怒哀楽の感情をもっているとみなされた。ようするに、喜んだり怒ったりするわけである。こうした霊魂のさまざまな感情の動きは、神秘的なかたちでその周囲にあるものにも影響をもたらすと考えられた。人間にとっては、その怒りは天変地異や疫病などさまざまな災厄をもたらし、その喜びは豊作や豊漁をもたらすというわけである。

古代の日本人は、こうした霊魂の状態を、「荒れる」「和《なご》む」というふうに表現した。すなわち、霊の力が活発化して、火が激しく燃え盛っているような状態が「荒れる魂」（荒魂《あらたま》）で、このような状態の魂は恐れられた。そのいっぽう、霊の働きが弱まり、火が静かに燃えているような状態が「和む魂」（和魂《にぎたま》）と表現され、富や幸をもたらすとされた。荒れる魂を和む魂に変える方法が、「祭祀」であった。そのような祭りを「魂鎮め」あるいは「鎮魂」といった。これに対して、「荒れている魂」は、祭祀されていない、あるいは祭祀できない霊魂であり、制御から解き放たれた魂である。それは人間にとって好ましい状態ではなく、それが引き起こすさまざまな神秘的現象が、望ましくない怪異・妖怪現象ということになる。

好ましくない状態にある霊的存在、つまり荒れている霊的存在は、古代では、「鬼」と呼ばれることが多かった。鬼には、人間にとって好ましくない属性がなんでも託された。鬼は、人間を裏返したようなイメージで語られるとともに、好ましい霊的存在の否定形でもあった。疫病をもたらすものは鬼、天上で激しい音（雷鳴）を出すのも鬼、地獄に落ちた者を苦しめる地獄の獄卒も鬼、人間や動物の死霊・怨霊も鬼であった。いいかえれば、鬼とはさまざまな魂の「荒魂」の状態の総称であり、望ましくない霊的存在の代名詞であったわけである。したがって、鬼を祀って制御することができたならば、そのような鬼は、たとえ鬼という呼称をなお用いていたとしても、制御されない状態の鬼とはっきり区別しなければならない。祭祀された「鬼」と祭祀されていない「鬼」とは、はっきり区別されなければならない。同様にして、祭祀された「河童」と祭祀されていない「河童」や、祭祀された「天狗」と祭祀されない「天狗」は区別して考えなければならないのである。

こうした鬼と並んで、ある意味ではそれを補完する役割を担っていたのが、「大蛇」であった。大蛇は、実在の蛇から幻想された神秘的な生き物で、祭祀された状態の大蛇と祭祀されない状態の大蛇があった。いうまでもなく、大蛇が引き起こしたとされる神秘的現象に対して、それが祭祀されている大蛇によるものか、それとも祭祀されない大蛇によるものかで、説明は異なってくる。さらに、大蛇は中国から入ってきた龍神とも混合し、大蛇と語られながらも角があると語られたりするようになっていった。

古代神話にみえる、八つの頭と八つの尾をもったヤマタノオロチは、スサノオが現れるまでは、祭祀する（生け贄を差し出す）ことで制御されていた霊的存在であったが、スサノオは、それを祭祀すべきものではない、ようするに妖怪と判断して退治してしまうのである。

もっとも、中世の物語では、退治されたヤマタノオロチの魂魄は近江国の伊吹山に逃れて伊吹山の神として里人から祭祀されていたとも語られている。かつて柳田國男は妖怪を神の零落したものとして理解したが、神と妖怪は人間との関係によって変換可能なものであった。妖怪研究をする者は、こうした点に十分に配慮した考察が求められている。農耕に必要な水をもたらす神を大蛇として祭祀するとともに、山崩れや洪水をもたらすのも大蛇であるという観念には、こうした両義的で好ましい状態から好ましくない状態へと変換する霊的存在としての大蛇の特徴がよく示されているといえよう。

古代では、「狐」も神秘的な存在であって、大蛇と同様に両義的意味が託されていた。狐は人に乗り移って好ましくない怪異をなしたり、人に変化する能力をもつとされ、さらには人間と交わることを好んだ。中世の安倍晴明（清明）伝説はその典型である。祭祀された狐は稲荷神の眷属となって、祭祀する者に富貴をもたらすとも考えられていた。

さらに、仏教の僧たちの間では、「天狗」（魔）という神秘的な存在も語り出されていた。これは仏教の神々あるいは僧たちに敵対する存在であって、糞鳶《くそとび》（鷹の一種）と悪僧を混合して幻想化したものである。「鬼」に神や人間の裏返しのイメージが託されたように、「天狗」には仏教の神や僧の裏返しのイメージが託されている。この「天狗」も、鞍馬の「魔王尊」のように、祭祀対象となっているところがあるが、これは祭祀されない「天狗」と区別しなければならない。

この他、事例は少ないが、古代末には狸や百足《むかで》にも神秘的な能力を見出す話が生まれてくるが、古代の怪異・妖怪現象の多くは、鬼や大蛇、狐、天狗などの限られた存在の仕業とみなされていたのであった。

ところが、時代が下るにつれて、怪異・妖怪現象や怪異・妖怪存在の細分化・個別化が生じてくるようになる。たとえば、大江山伝説（「大江山絵巻」）に語られる鬼たちの首領は「酒呑童子」という呼称をもち、主立った配下の鬼も茨城童子などといった呼称が与えられている。また、中国から渡ってきた天狗が比叡山の高僧をたぶらかそうとする物語（「是害坊《ぜがいぼう》絵巻」）では、「是害坊」とか「日羅坊」といった僧名を模した名前がつけられている。このことは、人々の想像力が、鬼の世界や天狗の世界の内部にまで及んでいったことを物語っている。

しかしながら、時代が下るにつれて、百足や土蜘蛛《つちぐも》、山姥《やまうば》などといった妖怪存在とみなせる神秘的存在も現れてはくるものの、さまざまな物語や出来事のなかで語られる妖怪存在として圧倒的に多いのは、やはり人間や鬼や天狗、大蛇、狐、狸などであった。妖怪存在は限られていたのである。限られた妖怪存在によって、さまざまな怪異・妖怪現象を説明しようとしてきたのであった。

もちろん、理論的に考えれば、存在するものは、動物であれ、植物であれ、川や岩であれ、なんでも潜在的には妖怪化する可能性をもっている。しかし、古代では、その顕現化は極端に抑制されていた。妖怪化されてもおかしくはない蜥蜴《とかげ》も、ゴキブリも、蚊や蝙蝠《こうもり》も、妖怪として描いた物語は作られなかったのである。このことを妖怪学の基礎知識として、私たちはしっかり脳裏に刻み込んでおくべきであろう。

造形化された妖怪

妖怪の第三の領域は、造形化された妖怪の領域である。妖怪という存在によって引き起こされた出来事を物語る話がすべて絵画化されたわけでなく、その一部が絵画化されたという意味で、この領域はきわめて限定された領域をなすにすぎない。しかしながら、日本では早くから妖怪存在の絵画化が進められ、長い伝統と蓄積をもっている。妖怪画の系譜については、章を改めて詳しく紹介するので、ここは簡単に述べることにしたい。

妖怪的存在については、『古事記』や『日本書紀』『風土記』にも「鬼」や「大蛇」などの記述がみえるので、日本人の先祖たちが文字を用いるはるか以前から語られていたようである。しかし、そこにはそうした妖怪的存在がどのようなかたちをしていたかが言葉で語られてはいるものの、その姿かたちを描いた絵画・図像が付されているわけではない。したがって、断片的な説明からぼんやりと私たちなりにイメージしてみることしかできない。しかも、そのイメージが、当時の人々が思い描いたイメージと一致するという保証はどこにもない。大幅に異なっていることも、十分に予想されるわけである。

それでは、なぜ古代では、こうした妖怪存在を造形化しなかったのだろうか。日本では、古来から、神社に祀り上げて鎮まっている霊的存在、つまり「神々」も、その神像を彫刻にしたり絵画に描くという習慣をもっていなかった。絵画・造形化が生じるようになるのは、仏教が持ち込んだ仏像・仏画の影響を受けてからであった。したがって、神々を造形化しないことと対応して、鬼などの妖怪的な存在の造形化もなされなかったともいえるだろう。

ところが、中世になると、貴族や武士、僧侶、商人たちがたくさん住む京都では、絵と詞書の両方でもって物語を描き語る「絵巻」という表現方法が開発され、有名な物語や政治的事件の顚末、寺社の霊験譚などが絵巻として制作されるようになり、そのなかに、脇役ながらも、神秘的な存在、妖怪的な存在も描き込まれるようになったのであった。たとえば、『信貴山《しぎさん》縁起絵巻』には、信貴山に住む命蓮という僧が操る「護法童子」（剣の護法）が描かれており、『北野天神縁起絵巻』には、鬼の姿をした雷神や地獄の獄卒の姿が描き込まれている。また、『不動利益縁起絵巻』では、安倍晴明が病人祈禱（寿命の移し替えの祈禱）をする場面には、晴明が操る「式神」とともに、さまざまな姿をした疫病神（百鬼夜行）も描かれている。この頃から、文字によって語られていた妖怪が、絵画・造形化して登場することになったのであった。

さらに、中世も後半の室町時代になると、絵巻や絵本といった形式をとった絵物語の享受層が、それまでの貴族や僧侶から庶民にまで拡大し、民間に流布していた伝説や物語もたくさん絵物語化されていった。そのなかには、鬼その他の妖怪退治をテーマにした物語もたくさん含まれていた。たとえば、すでに言及した『大江山絵巻』も大江山に本拠を置く酒呑童子を首領とする鬼の一団を退治する絵巻であり、『土蜘蛛草紙』も京のはずれの廃屋に出現した妖怪化した土蜘蛛を退治する絵巻である。そこには、多様な姿の妖怪や土蜘蛛の姿かたちが、たくさんの場面に描き込まれているのである。

妖怪の図像・造形化は、日本の妖怪文化史にとって、画期的な出来事であった。絵巻の作者やそれを享受する貴族や庶民たちは、夜の闇の奥に潜むあるいは異界からやってくる妖怪たちをなお恐れていたはずである。しかし、妖怪絵巻の多くは信仰の対象としてではなく、娯楽として制作されたので、そうした妖怪たちも徐々に娯楽の対象になり始めていたのである。おそらく、妖怪退治の物語は、人間世界の優位を物語るだけでなく、妖怪を造形化することそれ自体にも、妖怪に対する優位性が託されていたのであろう。

妖怪の絵物語は人気があったようである。妖怪的存在が登場する伝説が次々に絵物語化され、新しい妖怪の絵物語も作りだされた。さらに木版技術が開発されると、絵入りの印刷絵本としても制作されて、都市に住む庶民を中心に広く流布していった。

造形化された妖怪は、大いに人々の好奇心を刺激し、満足感を与えたことだろう。しかしながら、造形化された妖怪は、別の側面からいうと、語られただけの段階ではその姿かたちを自分たちなりに自由に思い描くという想像力を萎《な》えさせてしまうという側面ももっていた。絵師が造形化すると、その造形が人々に共有され、その結果、妖怪イメージは固定化される傾向をもっているからである。それは、比較的早くから造形化された鬼が、当初は「百鬼夜行」と呼ばれ、多種多様な姿かたちをしていたのだが、やがて虎の皮の褌《ふんどし》をはき、角をもった筋骨たくましい姿として固定化してしまったことに示されている。このことは、妖怪の種類（妖怪種目）が少なければ、造形化された妖怪もやがて新鮮さを失って、飽きられていく運命にあることを物語っている。

ところが、まことに興味深いことに、妖怪絵師たちは、次に述べるように、二つの段階を経て、妖怪種目を飛躍的に増加させることに成功した。それによって、妖怪存在は、一方ではそのイメージを固定化させつつも、もう一方では無限に増殖してゆくことになったのであった。

道具の妖怪

それでは、妖怪種目の増加はどのようになされたのだろうか。その最初の段階は、中世に起こった。古代では、アニミズム的な信仰を基礎にしながらも、妖怪的存在は、鬼や天狗、大蛇、狐などに限定されていた。そのなかでももっとも広く深く浸透したのは、「鬼」であった。鬼は人間にとって好ましくない霊的存在の総称であり、当時は「悪霊」あるいは「妖怪」とほぼ同様の意味で流通していた。

こうした鬼の観念を下地にして新たに生み出されたのが、「つくも（付喪）神」と総称される道具の妖怪たちである。道具の妖怪化に関する考え方を端的に物語るのが、『付喪神絵巻』である。そこには、次のように語られている。道具の霊魂（精霊）は百年経つと神秘的な能力を獲得するという。そこで、古くなった道具は、百年経つ前に捨てられた。路傍に捨てられたそんな道具たちが、なんらの感謝の念も表されることなく捨てられることに怒り、団結して人間に復讐することを思い立つ。そして、まだ百年経っていなかったのだが、古文書の霊魂の助けを借りて、神秘的な能力を獲得し、鬼になることに成功する。しかし、鬼の跳梁を知った帝が、呪験《じゅげん》のある高僧たちに鬼退治を依頼し、高僧が派遣した護法童子によって制圧されてしまう。降伏した鬼＝道具の怨霊は、改心し、仏教修行を積むことで、最終的に成仏したのであった。

興味深いのは、古道具の怨霊は、鬼になることで恨みを晴らそうとしていることである。ここには、古代からの鬼観念が脈流していることがわかる。しかしながら、道具は一挙に鬼に変身するのではなく、道具に目鼻や手足がつき、徐々に道具の性格を失っていって、やがて完全な鬼になるというふうに描かれている。

完全な鬼になれば、もはやその姿かたちからはそのもとの姿を推し量ることはできない。道具から生まれた鬼に限らず、鬼とはそういうものであって、鬼の一人ひとりに、鬼になるまでの来歴を聞かなければ、もとは人間の死霊であったのか、生霊であったのか、動物の怨霊であったのか、といったことがわからないのである。菅原道真の怨霊も、あるいは生きながらにして鬼になったという橋姫の怨霊も、それが鬼として造形されるかぎり、外見からは判断できなくなっているはずである。

ところが、やがて、鬼に変貌していく途中の段階である、道具の属性を体の一部にとどめた鬼が、その後、たくさん描かれるようになる。完全な鬼にしてしまえば、似たような姿かたちの鬼の集団になってしまっておもしろみを欠くが、道具の属性をとどめていれば、これは花瓶の化け物だ、これは扇子の化け物だ、ということがわかる。こうした個体の識別ができるということが、注目されたのである。

このことは、さまざまな道具が、その道具の属性を保ちつつ固定化された妖怪となって登場するわけであるから、一挙に妖怪種目の増加をうながすことになった。たとえば、百種類の道具を妖怪化するとき、完全な鬼にしてしまえば、姿かたちが似通った百鬼にすぎないが、道具の属性を体の一部にとどめた鬼を描けば、百種類の道具の妖怪を生み出すことができるわけである。有名な真珠庵本の『百鬼夜行絵巻』(「百鬼夜行図」)は、こうした道具の妖怪たちが、楽しげに行進する様子を描いたものである。

名付けによる妖怪種目の増殖

妖怪種目が増加するもう一つの要因は、怪異・妖怪現象の「名付け」という営為の浸透である。人が体験する怪異・妖怪現象は、その一つひとつは個人的体験にすぎない。しかしながら、そうした体験と同様の体験をする人が増えれば、その体験は共同化され、同様の怪異・妖怪現象に対して「名付け」を行うことよって、相互の了解可能な共同幻想となる。

たとえば、山や谷で声が反響する現象を「やまびこ」という。これは今では怪異・妖怪現象と思う者はいないが、かつては怪異・妖怪現象とみなされ、山に棲む霊的存在によって引き起こされるのだと考えたらしい。「やまびこ」は「山彦」であり、明らかに人格化された存在が想定されている。上述の「古杣」も「天狗倒し」、「狸囃子」も同様にして名付けを通じて共同化されたものである。

たとえば、柳田國男が編さんした「妖怪名彙」（『妖怪談義』）をひもといてみればわかるように、全国を見渡すと、地方で共同化され、名付けられたじつにたくさんの怪異・妖怪現象や妖怪存在があったことがわかる。なかには「小豆とぎ」「小豆あらい」「小豆さらさら」といった、同様の怪異・妖怪現象と思われる現象に対して、地方によって若干異なる名付けをしているものもあるが、逆にそのことからも、民間では怪異・妖怪現象や怪異・妖怪存在に対して積極的に名付けを行っていたことがわかる。すなわち、名付けによって、妖怪種目は増加していったわけである。

民間では、名付けられた怪異・妖怪現象や存在は、口承のかたちで共同・伝承化されるのにとどまり、造形化・絵画化されることはほとんどなかった。絵画・造形化する必要をそれほど感じていなかったからであろう。いや、そもそも、そうした現象や存在との遭遇は、夜の闇のなかでのことであり、絵画・造形化することができるようなものではなかったのである。怪しい音だけが聞こえたとか、闇のなかで目だけらんらんと輝いていた大きな人であったとか、突風に吹かれただけであったとか、その体験に関する情報はあいまいで断片でしかなかったのである。

ところが、こうした口承のレベルで存在する怪異・妖怪現象や存在が、都市に持ち込まれると、やがて絵師たちによって次々に絵画化されるようになる。絵師がその想像力によって、断片的な情報をたよりに、その姿かたちを自分なりに想像して絵に描いたわけである。「やまびこ」は現象にすぎないのだが、そのような現象を引き起こす存在としての「山彦」が想定され、それに姿かたちが与えられたのである。

なぜ、都市の絵師たちは、口承のなかでの現象や存在でしかなかった妖怪に関心をもつようになったのだろうか。それは、安永年間（一七七二〜一七八一）に、浮世絵師・鳥山石燕《とりやませきえん》が描いた一種の妖怪図鑑『画図百鬼夜行』シリーズが好評を博し、次々に同様の図鑑的内容の絵巻や絵本が作成されたからである。絵師たちは、すでに絵画化され流通している妖怪図を継承しつつも、まだ絵画・造形化されていないような妖怪については、その姿かたちを創造していったのである。

こうして、名付けを通じて増殖していた妖怪種目は、その一部は都市において姿かたちを与えられ、さらにはまったく新しい妖怪種目までが生み出されていった。日本の妖怪文化が豊穣なのは、こうした多様で豊富な妖怪種目とそれを次々に絵画・造形化してきたことによっているのである。

妖怪と幽霊

妖怪と幽霊とはどこがどう違うのかという質問をよくされる。幽霊は妖怪の仲間、下位概念である。その関係は、動物と人間の関係にたとえることができるだろう。人間は動物であるにもかかわらず、しばしば文化をもった動物として他の動物から区別され、特別扱いされる。同様にして、幽霊は妖怪に含められるのだが、幽霊は人間の魂魄の特殊な発現の形態であり、かつ多数の幽霊譚が語られてきたということによって、特別扱いされてきたのである。

幽霊には、二つのタイプがある。一つは、人間世界になんらかの未練を残したために、死者の世界に赴くことができずに、生前の姿をして、この世にさ迷い出てくるものである。現実の世界に現れるという幽霊の多くは、このタイプである。未練の多くは、この世に住む特定の人物への恨みであることが多いが、深い友情や愛情を抱いていた場合でも幽霊になることがある。あるいは、落下物の下敷きや交通事故などの犠牲者が、自分はこれから死ぬのだということをまったく考える暇もなく亡くなったので、魂魄がまだ生きていると思っているためであろう、自宅や現場あるいは職場に現れることもあるという。

このタイプの幽霊は、その姿かたちを見て、亡くなっている人だということがわかれば、その人の幽霊であることがすぐわかるのだが、亡くなったことを知らなければ、そのことがわかるまでは、生きている者と思って幽霊に接することになる。

もう一つのタイプは、絵画や芝居などに登場する幽霊であって、この種の幽霊には足がないとか、あるいは棺桶に収められたときの死装束を身につけているなどといった、第三者がその姿かたちを見ても幽霊であることがすぐにわかるように描かれている。現実の世界で語られる幽霊遭遇譚では、幽霊はこのような姿かたちで出現することはほとんどない。

幽霊の重要な特徴は、遭遇者がその姿かたちから幽霊の個体識別ができる、つまりそれは誰それの幽霊だということがわかるということである。このことは、幽霊は生前に幽霊となんらかの社会的関係をもっていた者を目指して出現するということを意味する。その人が好きだから、その人が懐かしいから、その人が恨めしい等々の理由から出現するのである。もっとも、その場合でも、その過程で、「幽霊タクシー」のように、幽霊と生前なんら関係をもたなかった者が幽霊を目撃したりそれと接触してしまうこともある。

死者が生前の姿で出現する話は、『日本霊異記』にも記されているので、早くから語られていたことがわかるが、その多くは恨みを晴らすためではなく、報恩のためであったり、苦情を述べたりするためであって、恨みを晴らすためであることはそれほど高い比重を占めていたわけではなさそうである。というのは、怨霊は、視覚に訴えるかたちで出現するのではなく、憑依《ひょうい》現象つまり目指す相手やよりましに乗り移って口走ったり、「鬼」に姿を変えて出現するのが、古来からの信仰伝統であったからである。すなわち、怨霊系の幽霊は、憑依現象や鬼信仰の変形として、近世になって頻繁に登場することになったものなのである。このような変化は、怨霊の恨みの対象が国家や共同体のような大きな集団から、個人や特定の家族に絞られてきたことを意味しているようである。そして、姿かたちが鬼から生前の姿で出現するように変わったことによって、幽霊譚は個人の物語として、たとえばお岩の幽霊の話、お菊の幽霊の話、だれそれの幽霊の話といったように、おびただしく増殖していったのである。

妖怪はどのように生まれるか

以上、「妖怪とは何か」という問題に対して、日本人の神観念をふまえながら、日本の妖怪の特徴である多様さやその造形化の背景を展望してきた。

そこで、こうした検討をふまえて、ここでは、妖怪はどのようにして発生するのか、という問題を整理しておこう。この問題は、じつは妖怪をどのように創造することができるか、ということである。もしあなたが、新しい妖怪物語を創造しようとするならば、次の点を考慮したらどうか、ということでもあるわけである。

すでに述べたように、妖怪は、霊魂全般の「荒れた状態」として把握できる。では、なぜ荒れるのか。それはその霊魂が怒っているからである。怒りによって活性化したエネルギーが、災厄として発現するのである。したがって、もし妖怪を作りだしたければ、妖怪化させたい「もの」を、怒らせることである。人間でも、動物でも、植物でも、そして道具でさえも、怒っているその霊魂は「怨霊」と呼ばれてきた。そして、この「怨霊」の姿かたちは、古代から中世にかけては「鬼」として語られ、人間の場合は近世になると「幽霊」として語られることが多かった。

妖怪化のもう一つの原理は、「巨大化」である。妖怪は、おしなべて人間よりもはるかに大きな姿かたちをしている。妖怪でなくとも、人間は自分より大きなものには恐怖をいだく。攻撃されたならば、勝ち目がないからである。したがって、妖怪を生み出す想像力も、そうした大きなものへの恐怖心にしたがって、妖怪を巨大化させて描くわけである。もちろん、人間より小さな妖怪もいないわけではない。しかし、そうした妖怪は、人間に強烈な恐怖を与えることはできない。

歳を重ねるということもまた、妖怪化の原理の一つであった。「古狐」「老狐」とか「古狸」「老狸」とかいった表現があるように、それを「老」「古」といったふうに表現した。そのなかには、人間も含まれている。歳をとることによって、徐々に神秘的な能力を獲得することができると考えられていたのである。

それでは、どれだけの年齢を重ねれば神秘的な能力が獲得できたのだろうか。これについては、「百歳」とも「三百歳」とも「八百歳」とも表現されることがあるので、一様ではない。人間の場合、妖怪化した老母が息子を食べようとする話があるので、六十歳の還暦を過ぎたあたりからであろうか。

最後に、妖怪がもっている神秘的な能力について述べておこう。もっとも重要な能力は、「化ける能力」である。妖怪のことを、「化け物」とか「変化《へんげ》の物」と呼んでいることに、そのことは端的に示されている。

この「化ける能力」には、二つの意味が託されている。一つは、本来の姿とは異なる物に姿かたちを変えることができるという能力である。狐が人間に化けたり、狸が茶釜に化けたりするということである。妖怪は化けることで正体を隠し、人間に容易に近づくことができる。もう一つは、すでに述べた「巨大化」もしくは「変形」である。本来の姿かたちより自分の姿を大きくする、変形することで、相手を威嚇し、戦意を喪失させることができるわけである。逆にいうと、妖怪を等身大化したり人間よりも小さく描くと、恐怖心が減少し、可愛らしさやおかしみの念が湧いてくるようになる。つまり、現代でいうところのキャラクターに近づくわけである。

この他の能力としては、姿を消すことができる、人間よりも速く走ることができる、空中を飛翔することができる、人間よりも長生きすることができる、等々を挙げることができるが、ようするに、人間にはできない特別な能力をもたせることで、妖怪化することができるわけである。

さらに、道具の妖怪（つくも神）が典型であるように、二つもしくはそれ以上の生き物や道具を合成したりすることである。動物の身体に人間の着物を着せたり、道具に鬼や人の身体や目鼻・手足をつけて生き物化させることで、妖怪を作りだすことができるのである。

こうした原理さえ了解しておけば、日本の妖怪変化史に登場してこなかったような、動物や魚介などを素材とした妖怪物語を作りだせるはずである。その際には、おそらくこの「妖怪学の基礎知識」はきっと役立つはずである。もっとも、ヒットするかどうかは、作者の画才、文才にかかっている。

Ⅱ　妖怪の思想史

妖怪研究の歴史をたどる

この章では、これまでの妖怪に関する研究の歴史をたどってみることにしたい。しかし、現代の日本人のあいだに浸透している「妖怪」についての観念は、実はこの学術的な妖怪研究の成果が通俗化することによって醸成されたもので、それゆえに妖怪研究の歴史は、そのままわれわれの知る「妖怪」が生まれてくるまでの歴史でもあるといえる。そのため、ここでは単なる学説史という形ではなく、おのおのの妖怪研究を、それが生まれてきた背景やもたらした影響など、当時のコンテクストをも含めて記述していくことにする。

江戸時代の鬼神論

中世までは、さまざまな怪異は神仏からのメッセージとしてとらえられ、それがいかなる事態の予兆であるのかを解釈することが、怪異に対する「知的」な対応であった。神祇官や陰陽寮といった公的機関でおこなわれる卜占は、そうした解釈の技法を体系化したものであったといえる。このような世界認識のもとでは、妖怪はまさに実在するものと考えられ、さまざまな歴史記録のなかに疑義をはさまぬ形でその出現が記された。しかし近世に至り、江戸幕府は怪異に対する公的な解釈のシステムを放棄してしまった。つまり怪異や妖怪は、公的には存在しないものとされたのである。この時はじめて、「実在は認められないのに社会的現象としては存在する」妖怪に対して、あらためて知識人の立場からの知的な言及が必要になったのである。ここに妖怪研究、あるいは妖怪についての思想の出発点を見いだすことができる。

近世を代表する知識人といえば、幕藩体制の思想的基盤として幕府公認の学問となっていた儒学（朱子学）の徒であろう。「子、怪力乱神を語らず」という『論語』の一節から、儒学者は妖怪や怪異のたぐいについては語りたがらないものというのが一般的なイメージだが、実際には多くの儒者が民間に伝えられる俗信や妖怪について言及し、おのおの思想的観点から論じている。こうした妖怪などを含む民間の俗信についての儒者による議論は、「鬼神論」とよばれている。「鬼神」とは、神や妖怪、幽霊や先祖の霊などの超自然的存在を総称する儒学の用語である。

例えば、代々幕府の儒官を務めた林家の始祖として知られる林羅山《はやしらざん》（一五八三～一六五七）は、『野槌《のづち》』や『本朝神社考』といった著作のなかで妖怪や怪異について触れており、その名もまさに『恠談《かいだん》』という題名の怪談集を編んでさえいる。また、明の李時珍《りじちん》の『本草綱目《ほんぞうこうもく》』に挙げられたさまざまな自然物に和名を対照させた『多識編』のなかで、羅山は中国の妖怪に日本の妖怪を同定していく作業をおこなっており（例えば「姑獲鳥」に対して「うぶめどり」、「封」に対して「がわたらう」など）、江戸時代後期に盛んになる妖怪の博物学的理解に少なからぬ影響を与えた。羅山は基本的には「怪力乱神を語らず」との立場をとってはいたが、やむをえない場合には語ってもよいとし、ただしその場合には必ず訓戒を含めるようにと述べている。

六代将軍家宣《いえのぶ》のもとで幕政を補佐した新井白石《あらいはくせき》（一六五七～一七二五）もまた、まさに『鬼神論』というタイトルの書物を著し、実に多くの怪異について語っている。白石は「鬼神の事まことに言難し」としながらも、だからといってそれが不可能であるとは考えない。生についての理解を深めれば死についても理解することが可能で、鬼神を理解することも可能になると考えたのである。

平田篤胤の幽冥研究

白石は、陰陽二気のはたらきによって事象を説明する、朱子学の唯物論的な世界観に立脚した上で、数多くの文献を引用しつつさまざまな怪異・妖怪について言及している。その博覧強記ぶりは、彼が個人的にも怪異に強い好奇心を寄せていたことをうかがわせる。それは羅山も同様で、日常的な理解を超えた怪異は、この時代の知識人たちの知的好奇心をかき立てる題材だったと思われる。

いっぽう、五代将軍綱吉《つなよし》の側用人《そばようにん》柳沢吉保《やなぎさわよしやす》に仕えた荻生《おぎゅう》徂徠《そらい》（一六六六～一七二八）は、鬼神の実在の問題についてはあまり踏み込まず、鬼神の祭祀を太古の聖人が人民を統一するために制定した一種の「制度」ととらえた。これは鬼神の機能主義的理解とでもいうべきものであろう。

これらの言説は、唯物論的な観点から、あるいは政治的な観点から、鬼神を合理化するものであったが、鬼神信仰そのものを無効化するものではなかった。これに対し、大坂・懐徳堂の山片蟠《やまがたばん》桃《とう》（一七四八～一八二一）は、新井白石らの鬼神論を徹底的に批判し、鬼神の実在性を否定する「無鬼論」を展開した。彼は主著『夢の代』のなかで、白石と同様、鬼神とは陰陽のはたらきにほかならないという朱子の説にもとづきながら、それを一種の比喩として、つまり言葉だけの存在として鬼神をとらえたのである。こうしたとらえ方のもとでは、鬼神の祭祀は「孝」の延長という一種の道徳的なものとしての意味しかもちえない。蟠桃は死後の霊魂の存続を否定し、天狗・鬼の存在を否定し、狐狸の妖怪を否定した。『夢の代』の巻末に掲げられた「神仏化物もなし世の中に奇妙ふしぎのことは猶なし」という狂歌は、蟠桃の立場をよくあらわしている。

蟠桃がこうした急進的な「無鬼論」を説くいっぽうで、まさにその同時代、もっとも過激な「有鬼論」を展開した人物がいた。国学者・平田《ひらた》篤胤《あつたね》（一七七六〜一八四三）である。篤胤は、鬼神（とりわけ日本古来の神々）の実在やあの世（篤胤の言葉では「幽冥」）の存在を証明することに心血を注いだ。まず白石の『鬼神論』にならって書かれた『新鬼神論』（のち『鬼神新論』として刊行）では、鬼神祭祀を合理的に解釈しようとした儒学者（朱子学者）の鬼神論を批判し、『論語』をはじめとする儒学のテクストを検証しなおすことによって、逆説的に鬼神の実在を証明しようと試みた。また、『古今妖魅考』は、林羅山の『本朝神社考』において展開された仏教批判と天狗についての研究を継承する形で書かれた著作である。

もっとも、篤胤の学問を儒学者たちの鬼神論とは一線を画したものとしていたのは、天狗の世界に行った寅吉という少年から聞いた話を書き記した『仙郷異聞』や、生まれ変わりを経験したという男から死後の世界について聞いた『勝五郎再生記聞』のような、実際に幽冥界に行ったという人間に直接聞き取りをおこなった研究であるだろう。これはもっぱら文献にもとづいて思考する当時の学問のあり方とはまったく異なり、フィールドワークにもとづく民俗学の方法に近いものであった。また篤胤は、備後三次《みよし》の藩士・稲生《いのう》平太郎（武太夫）が寛延二年（一七四九）に遭遇した怪異の記録を編纂し、『稲生物怪録《もののけろく》』としてまとめた。これは江戸時代において、同時代の妖怪物語として話題になった事件であり、絵巻にも描かれている。篤胤は、幽冥界の実有を証明するより信憑性の高い事例として、これら同時代の事件を検証しようとしたのである。

しかし、こうした篤胤の研究は、他の学者たちから困惑をもって迎えられており、当時においてもかなり異質なものであった。主流はやはり、鬼神を合理的に解釈する儒学の言説であり、その考え方は「弁惑物」という形で一般の人々のあいだにも浸透していた。「弁惑物」とは、儒学や心学などの見地から、さまざまな怪異譚について一つ一つ合理的な解釈を施していくという一種の啓蒙書である。

例えば、貞享三年（一六八六）に刊行された山岡元隣《やまおかげんりん》の『古今百物語評判』は、さまざまな怪異・妖怪を朱子学的な陰陽二気のはたらきによって説明している。これはいわば怪異の唯物論的な解釈だが、朱子学には「妖は人に由《よ》りて興《おこ》る」（陳北渓『性理字義』）という、怪異を人の心が作り出すまやかしとしてとらえる唯心論的解釈の伝統もあり、「弁惑物」のなかでも、怪異の正体が結局は人間の心の迷いから起こった錯誤だったとする話が多く紹介されている。河内国石川郡大ヶ塚《だいがづか》村（現・大阪府南河内郡河南町）の上層農民であった河内《かわち》屋《や》可正《よしまさ》（壺井五兵衛、一六三六〜一七一三）が著した訓戒書『大ヶ塚来由記（河内屋可正旧記）』のなかにも、「化物外に非、己が心の妄乱に依て、なき者眼に遮り、異形の物顕はるゝなり」という記述があり、こうした唯心論的な怪異理解が広く浸透していたことを示している。

「野暮と化物は箱根の先」「ないものは金と化物」「下戸と化物は世の中になし」といった江戸のことわざが伝えているように、江戸時代には怪異・妖怪の存在が公的に否定されたばかりか、一般庶民にとってもリアリティを著しく減じていた。だからこそ怪異・妖怪を合理的に解釈しようとする思想があらわれ、広く受け入れられていったのだろう。こうした怪異・妖怪をめぐる議論が、どこか知的な遊戯のようなのは、怪異・妖怪がもはや大きな意味をもちえない時代になったことを物語っており、別の章で述べる「妖怪娯楽」の出現とあい通ずるものだったといえる。

井上円了の妖怪学

現在につながる妖怪研究は、明治の仏教哲学者・井上円了《いのうええんりょう》（一八五八〜一九一九）の「妖怪学」にはじまる。「妖怪」という語が学術用語として用いられるようになったのも、この時からであった。江戸時代には、われわれが「妖怪」と呼んでいる超自然的存在は、学者たちのあいだでは「鬼神」、庶民のあいだではもっぱら「化物」と呼ばれていた。

もっとも、円了のいう「妖怪」は、今日のものとはかなり様相を異にするものであった。彼の最初の著作、明治二〇年（一八八七）の『妖怪玄談』のなかで、円了は妖怪を次のように定義している。「宇宙物心の諸象中、普通の道理をもって解釈すべからざるものあり。これを妖怪といい、あるいは不思議と称す」。つまり日常的な論理では解釈することができないものを総称して「妖怪」と呼んだわけだが、これは「不思議」とも言いかえられているように、いわゆる超自然的な存在ばかりでなく、かなり広い対象を含む言葉だった。

彼の主著である『妖怪学講義』の冒頭に掲げられた「妖怪」の種目には、流星や蜃気楼などの自然現象から、まじない療法や占い、厄年などの民間信仰、民間知識の類までもが含まれている。つまり円了のいう「妖怪」とは、いわゆる「迷信」の同義語だったのであろる。円了は「妖怪学」を「総論」「理学部門」「医学部門」「純正哲学部門」「心理学部門」「宗教学部門」「教育学部門」「雑部門」の八部門に分類している。自然科学・人文科学の知識・理論を総動員して、さまざまな「妖怪」＝「迷信」に合理的な解釈を与える知の体系、それが円了の「妖怪学」であった。
円了の「妖怪学」は、一見、典型的な近代の啓蒙主義のなかから生まれ出たもののように見える。しかし、先に見たように、「妖怪」を合理的に解釈するということは、すでに江戸時代には儒者の「鬼神論」やそれを通俗化した「弁惑物」のなかでおこなわれていた。実際に円了はそうした文献をしばしば参照しており、その意味で円了の「妖怪学」は、江戸時代の「鬼神論」や「弁惑物」の系譜につらなるものだったといえよう。

また、円了が最終的な目標としたのは、合理的解釈による「妖怪」＝「迷信」の撲滅というよりもむしろ、本当の「不思議」である「真怪」の探究であった。円了は「妖怪」を大きく「虚怪」と「実怪」の二つに分け、さらに「虚怪」は「偽怪」と「誤怪」に、「実怪」は「仮怪」と「真怪」に分類されるとしている。「偽怪」とは「人為的妖怪」、すなわち人が何らかの手段を用いて故意に作り出した妖怪であり、「誤怪」とは「偶然的妖怪」、すなわち偶然に起こった出来事を妖怪と誤認してしまったもののことである。「偽怪」も「誤怪」も本当に不思議なことは何ひとつ起こっていないわけだから、これらは虚構の妖怪、「虚怪」なのである。また「仮怪」は「自然的妖怪」、人為でも偶然でもなく、自然に起こる現象であり、実際に不思議と見えることが起こっているわけだが、その背後にはちゃんとした道理があり、これも本当の意味での「妖怪」ではない。しかし、「真怪」は「超理的妖怪」、すなわち人知がいかに進歩したといえどもとうてい知ることの及ばない絶対の「不思議」であり、「真正の妖怪」であるという。そして「妖怪学」の目的は、「偽怪を去り、仮怪を払いて真怪を開く」ことにあると円了は述べている。この「真怪」は、宗教あるいは哲学の領域でしか探究することのできないもので、それを最後に残したのは、仏教哲学者たる円了ならではであったといえるだろう。円了は旧来の仏教があまりにも世俗的で、迷信と旧弊に満ちていると感じ、真理を探究する文明世界の宗教へと仏教を改良しようとしていたのだが、「偽怪を去り、仮怪を払いて真怪を開く」ことを目的とした「妖怪学」は、そうした仏教改良の試みと軌を一にするものであった。

とはいえ、実際には円了の「妖怪学」は、もっぱら膨大な「妖怪」の事例に逐一合理的な解釈を与え、それらが「偽怪」あるいは「誤怪」、「仮怪」であることを証明することに終始しているように見える。円了の「妖怪学」が「迷信撲滅」の学であるととらえられているのも無理からぬことであろう。また円了は一般の人々向けに「妖怪学」の内容をわかりやすく説いた著作を発表しているが、当時の人々が「妖怪学」に期待したのも、そうした「妖怪」の合理的説明であった。

さらに、「妖怪」という言葉が一般の人々のあいだに浸透していったのも、円了の「妖怪学」の大きな副産物であった。先に述べたように、円了のいう「妖怪」は現在の「妖怪」とは異なる意味あいの概念であったが、当時の人々は、それを江戸時代の「化物」に替わる最新の語彙として受け入れた。「妖怪」が「超自然的な存在」を指す名称となっていったのは、実はこの時だったのである。つまり、学術的な領域と通俗的な領域の界面上に、われわれが知る「妖怪」がようやく胚胎したのである。

江馬務の妖怪研究

円了の「妖怪学」は、「妖怪」が現実に存在するのかどうかを問題にするという意味で、自然科学的な妖怪研究と言えるだろう。これに対し、実在の問題はひとまずおいて、妖怪を一種の表象、すなわち人間の想像力の産物として、その変遷や背後にある心意を解き明かそうとする人文科学的な妖怪研究が、大正期以降にあらわれる。

まず大正八年（一九一九）に風俗史家の江馬務《えまつとむ》（一八八四～一九七九）が、みずからの主宰する風俗研究会の機関誌『風俗研究』の第二〇号に、一冊分をまるごと使った長編の論文「妖怪の史的研究」を発表する。そして、大正一二年（一九二三）にはそれをさらに発展させた形で『日本妖怪変化史《へんげ》』を刊行する。これらは絵画や文献などを基本資料として、妖怪の歴史的変遷やその容姿・性質などを総合的に把握し、分類しようと試みたものであった。この江馬の研究の立場は、『日本妖怪変化史』の自序に記された次の一文に端的にあらわれている。

吾人の専攷せる風俗史の見地から、この妖怪変化の現象を観る時は、これが実在せうがせまいが、かくの如き枝葉の穿鑿は無用のことで、過去に於て吾人の祖先が之を如何に見たか、之れを実見して如何なる態度を取り之に対したかを有りの儘、毫も其の間に仮作の槐入なく材料を蒐集して組織的に編纂すれば、風俗史家の能事を終れりとすべきである。

妖怪が実在するかしないかについては関知せず、ただ過去の人々が妖怪をどのように見、どのような態度を取ってきたかを資料に沿ってありのままに整理する、それが風俗史における妖怪研究であるとしている。これは妖怪研究にとって、画期的な転換であった。妖怪はそれ自体人文科学的な研究に値するものであることを、江馬は高らかに宣言したのである。

なお、「風俗」という言葉は現在ではいささか「卑俗なもの」というニュアンスを帯びているが、江馬は「風は上の化するところ、俗は下の習うところ」という漢字の字義にしたがい、「風俗」を上層・下層を含めた生活文化ととらえ、なかでも上層の服飾を中心とする生活文化に重点を置いていた。そうした当時の風俗研究にあって、妖怪という題材はきわめて異色で、これは江馬の個人的な興味関心によるところが大きいと思われる。

江馬の研究のユニークな点は、まず「妖怪変化」を化けない「妖怪」と化ける「変化」の二種類に大別したこと、そして、主にその「容姿」を基準として系統的に細かく分類したこと、の二つである。これらはともに、妖怪の外観的・形態的特徴を重視した研究姿勢であるといえる。

「妖怪」とは異常な「容姿」をもつもの、「変化」とは「容姿」を変化させるものであり、いわば「妖怪」は共時的に、「変化」とは通時的に、形態的特徴を指標とした自然界の分類秩序を逸脱したものととらえることができる。そして、それらは「人間的容姿」「動物的容姿」「植物的容姿」「器物的容姿」の異常な変異もしくは混淆、あるいは他のものへの変容という形で分類されていったのである。

江馬がこうした「妖怪変化」の「容姿」、すなわち視覚的特徴にこだわったのは、もともと彼が主宰していた風俗研究という学問が、絵画制作の補助という性格を帯びていたことに由来していると思われる。江馬が明治四四年（一九一一）に創設した風俗研究会は、彼が教鞭をとっていた京都市立絵画専門学校・美術工芸学校（現・京都市立芸術大学）の職員、卒業生、在学生を中心メンバーとしており、風俗画・歴史画を描く際の時代考証を大きな目的の一つとしていた。そのために風俗研究会が重視したのは、古い絵画資料の収集であった。つまりヴィジュアルなものに対する関心が、風俗研究という学問には強くあったのである。

実は江馬が「妖怪の史的研究」および『日本妖怪変化史』を書くことになった直接の契機は、大正八年（一九一九）に風俗研究会が主催した「妖怪変化に関する書籍絵画」の展覧会であった。『日本妖怪変化史』に古い絵画資料から採られた妖怪に関する図版が数多く掲載されているのは、そうした成立の事情があってのことである。

妖怪画への関心は、その後も風俗研究のなかに受け継がれた。同じく風俗研究会の会員であり、日本画家でもあった吉川観方《よしかわかんぽう》（一八九四～一九七九）は、みずから妖怪画・幽霊画の収集と研究をおこない、大正一四年（一九二五）に『絵画に見えたる妖怪』、翌年に『続絵画に見えたる妖怪』を刊行している。また、戦後に日本風俗史学会の初代理事長を務め、江馬に代わって風俗史学の中心的人物となる藤澤衛彦《ふじさわもりひこ》（一八八五～一九六七）もまた妖怪画の収集を精力的におこない、昭和四年（一九二九）に『妖怪画談全集　日本篇』を刊行している。江馬の『日本妖怪変化史』も含め、これらの著作は、のちに漫画家・水木しげるの妖怪画の源泉となり、現代日本人の通俗的な妖怪観に大きな影響をおよぼすことになるのである。

柳田國男の妖怪研究

ないにもあるにもそんな事は実はもう問題でない。我々はオバケはどうでもいるものと思った人が、昔は大いにあり、今でも少しはある理由が、判らないので困っているだけである。

これは民俗学者の柳田國男《やなぎたくにお》（一八七五〜一九六二）が昭和一一年（一九三六）に発表した「妖怪談義」の一節である。柳田もまた江馬と同様に、実在の問題を括弧にくくった上で、妖怪の人文科学的な研究の必要性を説いたのである。もっとも、江馬の風俗研究が絵画や文献にもとづいてさまざまな妖怪の事例の収集と分類・整理をおこなうものだったのに対して、柳田の民俗学は口承で伝えられていた民間伝承を主な材料として、かつての日本人がもっていた信仰の姿を復元することを目的としていた。

柳田は、かなり早い時期から怪異や妖怪に対して強い関心を抱いていた。明治三八年（一九〇五）の「幽冥談」では、「どこの国の国民でも皆なめいめい特別の不可思議を持っている」とし、それを研究すれば「国民の歴史」、ことに「国民の性質」を研究することができるだろうと述べ、のちの柳田民俗学につながっていく考え方を示している。なお、この「幽冥談」には、少年時代に読んだという平田篤胤の『古今妖魅考』の影響が色濃くみられる。

このころ、柳田が大きな関心をもっていたのは、天狗だった。これはやがて、妖怪の原像として山中の異民族（先住民族）の存在を想定する「山人論」につながっていく。明治四三年（一九一〇）の『石神問答』や『遠野物語』といった初期の著作も、そうした問題関心が根底にあって書かれたとみることができる。

しかし、その集大成として大正一五年（一九二六）に『山の人生』が刊行されて以降、「山人論」は急速に影をひそめ、柳田は純粋に信仰や心意の問題として妖怪を考えるようになっていく。「ないにもあるにもそんな事は実はもう問題でない」というわけである。

こうした柳田の妖怪研究は、昭和九年（一九三四）の『一目小僧その他』、および昭和三一年（一九五六）の『妖怪談義』にまとめられているが、そのなかでもっとも重要な仮説は、妖怪はかつての神が信仰を失って零落したものであるというものであった。つまり、一つ目小僧はもともと片目の神であり、河童はもともと水の神だったのだが、時とともにその信仰が失われ、悪さを働く小さな妖怪へと化していったというのである。これは意味のわからない伝承・慣習を前時代の「残存（survival）」とみなす人類学の文化進化論の影響を受けた考え方と思われるが、この柳田の「零落説」は、その後の民俗学の定説となり、妖怪研究を長らく支配することになる。

そしてもう一つ、柳田が提起した仮説として頻繁に引用されるようになるのが、妖怪と幽霊との違いについての指標である。柳田は「妖怪談義」のなかで、次の三つの指標を挙げている。

① 妖怪は出現する場所が決まっているが、幽霊はめざす相手のところへ向こうからやってくる。
② 妖怪は相手を選ばないのに対して、幽霊は相手が決まっている。
③ 妖怪は宵や暁の薄明るい時刻に出るのに対して、幽霊は丑三つ刻（真夜中）に出る。

この三つの指標は、現在ではすでに批判しつくされており、支持されないものとなっている。というのは、出現する場所の決まった幽霊（いわゆる「地縛霊」）など、少し考えただけでも、この指標にあてはまらない事例はいくらでも挙げることができるからである。

この柳田の仮説はむしろ、これが書かれた昭和初期の幽霊をめぐる状況を伝えるものとして読むべきであろうと思われる。柳田がなかば強引に妖怪と幽霊との区別を主張したのは、この当時、幽霊の話が都市において多く聞かれるようになっていたためであった。東雅夫によれば、明治末期から大正～昭和初期にかけては、ありとあらゆる文学ジャンルに怪談的なるものが蔓延した「怪談ルネッサンス」の時代だった（「爛熟の末世、怪談は栄える――〈怪談ニッポン！〉編集前記」『幻想文学』第四七号、アトリエＯＣＴＡ、一九九六年）。こうした近代の怪談は、妖怪ではなくもっぱら幽霊の話が大半を占めていたが、柳田の関心は農村、そしてそこでの伝承のなかに見いだせる前時代の生活文化にあったので、「都市」および「近代」と強く結びついた幽霊を、なんとか自分の民俗学の対象から除外しようとしたのである（これは池田彌三郎の『日本の幽霊』を、「フォークロアというものは都会のものではない」との考えから柳田が批判したということからもわかる）。

もっとも、日本全国各地の妖怪の名前と伝承を列挙した「妖怪名彙」を昭和一三年（一九三八）から一四年にかけて『民間伝承』に連載した後、柳田は妖怪に関する研究をやめてしまい、代わって祖霊や神の問題へと重点を移していく。太平洋戦争、そして敗戦を経て、日本人はどうなるのか、日本の神は、そして日本の「家」はどうなるのか、といったより大きな問題に直面した柳田にとって、もはや妖怪にかかわっている余裕はなくなっていたのである。

妖怪研究の退潮と妖怪ブーム

昭和三一年（一九五六）に柳田の『妖怪談義』が刊行されたのち、あたかも妖怪の問題は柳田によって解決済みとされたかのように、新たな妖怪論が民俗学のなかからあらわれることはなくなり、妖怪に関する報告が民俗学の雑誌に載ることさえ少なくなっていった。妖怪研究は完全に停滞期に入ってしまったのである。

ふたたび妖怪が注目を集めるようになるのは一九七〇年代に入ってからであるが、そのきっかけとなったのは、大衆文化の分野でおこった妖怪ブームであった。昭和四三年（一九六八）、講談社の漫画雑誌『週刊少年マガジン』に連載されていた水木しげる（一九二二〜）の「墓場の鬼太郎」が「ゲゲゲの鬼太郎」のタイトルでTVアニメ化されたことにより、一大妖怪ブームが訪れる。現代の妖怪観は、このときに形成されたといっていい。つまり水木しげるの描く妖怪こそが、現代日本人がイメージする妖怪そのものなのである。

この年、『週刊読売』や『伝統と現代』といった雑誌でも妖怪の特集が組まれ、また阿部《あべ》主計《かずえ》『妖怪学入門』のような概説書も生まれた。そして以降も、一般の人々のあいだに浸透した「妖怪」のあとを追うように、個々の妖怪種目について概説した著作があらわれる。主なものとしては、馬《ば》場《ば》あき子『鬼の研究』（一九七一年）、石川純一郎《いしかわじゅんいちろう》『河童の世界』（一九七四年）、知切光歳《ちぎりこうさい》『天狗の研究』（一九七五年）、同『鬼の研究』（一九七八年）などが挙げられる。これらは新たな妖怪論を提示するものではなかったが、それまでの研究を集大成したものとして、現在もなおその価値を失っていない研究であるといえる。

この時期において異彩を放っているのは、民俗学者・谷川健一《たにかわけんいち》（一九二一〜）の仕事である。昭和四六年（一九七一）の『魔の系譜』では、怨霊や異端の神など、日本の歴史を動かす死者・敗者の怨念の力に注目し、いわば日本文化の「闇」の側面を描いてみせた。それは妖怪のようなものがけっして日本の歴史や文化にとって取るに足らないものではなく、むしろその特質を形づくっていることを明らかにしようとする試みであった。

また、昭和五四年（一九七九）の『青銅の神の足跡』および『鍛冶屋の母』では、一つ目小僧、鬼、河童といった妖怪が、古代の金属技術集団の伝承に由来するものだとする大胆な仮説を提唱した。例えば一つ目小僧は、鍛冶の神である天目一箇神《あまのまひとつ》の零落した姿であり、そして天目一箇神は、たたらの火で片目をいためた製鉄技術者たちを神格化したものであったという。これら「金属民俗学」ともよばれる谷川の一連の著作は、妖怪を零落した神とみなす柳田の図式を踏襲したものではあったが、稲作農耕民の文化を日本の基層文化と位置づけた柳田民俗学が等閑視してきた漂泊の金属技術集団に光を当てたという意味で、民俗学の新たな可能性を指し示したといえるだろう。もっとも、この妖怪伝承を古代の金属技術集団と結びつけて再解釈する研究は、むしろアカデミズムの外側で歓迎され、一般読者向けの妖怪研究書や、あるいは小説や漫画といったエンターテインメントの分野で頻繁に参照されるようになるのである。

新たな妖怪論の登場

新たな妖怪論が登場し、それによって妖怪研究が活況を呈しはじめるのは、一九八〇年代のことである。その中心となったのが、小松和彦《こまつかずひこ》（一九四七〜）と宮田登《みやたのぼる》（一九三六〜二〇〇〇）の二人の民俗学者であった。

小松和彦は昭和五七年（一九八二）の『憑霊信仰論』のなかで、柳田の「零落説」に異議を唱え、神が妖怪へと変容するばかりではなく、妖怪が神へと変容することもあることを指摘した上で、神と妖怪を超自然的存在のそれぞれプラスとマイナスの側面に対応したものとしてとらえ、祭祀の有無によってそれらを作業仮説的に弁別することを提唱した。そして問題は妖怪とは何かを問うことにあるのではなく、妖怪を超えたところにあるもの、すなわち民俗社会の宇宙論を明らかにすることこそが必要であると主張した。また、昭和六〇年（一九八五）の『異人論』では、妖怪伝承には民俗社会にとっての「異人」、すなわち漂泊の宗教者・芸能者や山の民・川の民、被差別民に対するイメージが反映されていることを指摘し、妖怪伝承は単なる風変わりな民間信仰などではなく、民俗というものの忌まわしい側面を物語るものであることを示唆した。

いっぽう宮田登は、昭和六〇年（一九八五）の『妖怪の民俗学』で、それまで村落共同体的な社会に特有のものと考えられてきた妖怪が、都市空間のなかにも息づいていることを明らかにした。宮田もまた、神と妖怪を超自然的存在の二つの側面としてとらえ、それが妖怪としてあらわれるのは、人間と自然との調和が崩れたときであると考えた。そして、都市はその開発の過程において自然との相克を抱え込むことになり、そうした場所が怪異の発生する「魔所」となるとした。辻や橋といった「境界」もまた、そのような怪異の発生しやすい非日常的な場所であり、とりわけ若い女性がそこに触媒のように介在することによって、怪異がひき起こされることを宮田は指摘している。昭和五三年（一九七八）から翌年にかけて日本中を駆けめぐった「口裂け女」の噂話は、忘れられかけていた妖怪というものにふたたび注目が集まる土壌を作り出していたといえるだろう。例えば阿部正路《あべまさみち》『日本の妖怪たち』（一九八一年）、今野圓輔《こんのえんすけ》『日本怪談集――妖怪篇』（一九八一年）などの概説書の出版は、そうした流れを受けてのことであったと思われる。そのようなかにあらわれた新しい妖怪論は脚光を浴び、小松と宮田はたて続けに妖怪関連の著作を発表していくのである。

妖怪画への関心

このころを境に、妖怪を描いた絵画資料が一般の人々の目に触れる機会が多くなっていく。昭和六二年（一九八七）の『別冊太陽　第五七号「日本の妖怪」』は、妖怪画をヴィジュアルとしてふんだんに使った画期的な本であった。とりわけ、「稲生物怪録絵巻」としてのちによく知られるようになっていく絵巻の全場面をはじめて紹介した点でも意義は大きい。また、この年の夏に開催された兵庫県立歴史博物館の特別展『おばけ・妖怪・幽霊…』は、公立の博物館でおこなわれたはじめての妖怪展であり、これ以降、各地の博物館・美術館で妖怪・幽霊をテーマにした展覧会が開催されるようになる。妖怪画が「文化財」として、ようやく認知されるようになったのである。

一九九〇年代になると、妖怪画への関心はさらに高まっていく。平成四年（一九九二）には江戸時代の「妖怪図鑑」というべき鳥山石燕《とりやませきえん》の『画図百鬼夜行』が刊行され、平成六年（一九九四）には『稲生物怪録絵巻』、平成九年（一九九七）には『絵本百物語』が刊行される。こうした妖怪画を対象とした研究もあらわれはじめた。妖怪たちの行列を描いた「百鬼夜行絵巻」を説話と関係づけながら読み解いた田《た》中《なか》貴子《たかこ》（一九六〇〜）の『百鬼夜行の見える都市』（一九九四年）はその代表的なものであろう。

また、妖怪画ばかりでなく、芸能や娯楽など、広く「創作物」としての妖怪に関する研究があらわれるのもこのころであった。歌舞伎を中心に、「さかさまの幽霊」という近世期の特異な幽霊表現について追究した服部幸雄《はっとりゆきお》（一九三二〜）の『さかさまの幽霊』（一九八九年）、日本における「化物屋敷」の誕生と推移を追った橋爪紳也《はしづめしんや》（一九六〇〜）の『化物屋敷』（一九九四年）、主に歌舞伎を題材として近世から近代に至る怪談文化の成立と変遷を論じた横山泰子《よこやまやすこ》（一九六五〜）の『江戸東京の怪談文化の成立と変遷』（一九九七年）、江戸時代の大衆的な絵入り読み物である黄表紙のうち「化物」を題材にしたものを翻刻・解説した、アダム・カバット（一九五四〜）の『江戸化物草紙』（一九九九年）などが主なものである。

それまでの妖怪研究は、もっぱら民間伝承のなかの妖怪、つまりかつてはリアルなものとして恐れられていた妖怪を対象とする民俗学的な研究が中心となっていた。しかし九〇年代にこうしたフィクションとしての妖怪に関する研究が続々とあらわれ、むしろこちらの方が徐々に主流になっていくのである。

妖怪研究とエンターテインメント

八〇年代以降の妖怪研究の活況は、また興味深い現象を生み出した。それは、妖怪研究とエンターテインメントとの結びつきである。

もともと、妖怪研究とエンターテインメントは相性がよいといえる。かつての妖怪ブームを生み出した水木しげるの「ゲゲゲの鬼太郎」が、柳田國男の「妖怪名彙」に基づいて妖怪キャラクターを生み出し、また江馬務の『日本妖怪変化史』や吉川観方の『絵画に見えたる妖怪』、藤澤衛彦の『妖怪画談全集』などに紹介された妖怪画をもとに妖怪を描いていることはよく知られている。

八〇年代以降は、エンターテインメントの衒学的傾向がさらに強まり、虚構にリアリティをもたせるための仕掛けとして、妖怪研究の成果を参照することが当たり前のようになっていった。夢枕《ゆめまくら》獏《ばく》の伝奇小説や京極夏彦《きょうごくなつひこ》（一九六三〜）の妖怪ミステリー、諸星大二郎《もろほしだいじろう》の「妖怪ハンター」シリーズや荻野真《おぎのまこと》の『孔雀王』などの漫画がその代表的なものである。

とりわけ、「学校の怪談」ブームは、妖怪研究がエンターテインメントの分野に与えた影響のなかでももっとも大きいものであろう。「学校の怪談」は、民俗学者の常光徹《つねみつとおる》（一九四八〜）が口承文芸の新たなフィールドとして追究したテーマで、すでに滅びたものと思われていた妖怪伝承が、現代においても学校という特異な空間のなかでいまだに生き続けていることを明らかにし、口承文芸研究に大きな衝撃をもたらした。その研究成果は平成五年（一九九三）に出版された『学校の怪談』のなかにまとめられているが、常光はまた平成二年（一九九〇）から九年にかけて、子ども向けに「学校の怪談」を紹介した児童書を出版しており、これが爆発的な人気を博したことで、マスメディアを巻き込んだ一大「学校の怪談」ブームが起こる。常光の児童書版の『学校の怪談』はテレビドラマや映画の原作となり、また「学校の怪談」を題材とした児童書や漫画が雨後の筍のように簇生していった。

この「学校の怪談」ブームは、妖怪研究が直接に社会的影響をおよぼした最大の事例といえるだろう。これによって、当の（実際に子どもたちのあいだで語り伝えられていた）「学校の怪談」自体が影響を受けてしまうという皮肉な現象さえ見られた。研究自体は真摯なものだとしても、妖怪という題材の通俗性が、ダイレクトに大衆文化の次元に影響をおよぼしてしまう、そうした特異な性格が、妖怪研究にはあるのだといえる。

人間研究としての「妖怪学」

八〇年代から九〇年代にかけて妖怪研究が広がりを見せるなか、小松和彦は平成六年（一九九四）の『妖怪学新考』で、妖怪研究とはすなわち人間研究であり、人間そのものを知るためと同様に、総合的・学際的な視点による研究が必要不可欠であると主張し、そうした諸分野の妖怪研究の成果を共有し総合していくための場としての「妖怪学」を提唱した。

小松はこの総合的な「妖怪学」を実践するために、二つの試みをおこなった。一つは論文アンソロジー『怪異の民俗学』全八巻（二〇〇〇～二〇〇一年）の刊行であり、もう一つは、妖怪をテーマとした学際的な共同研究会の開催である。

『怪異の民俗学』は、「憑きもの」「妖怪」「河童」「鬼」「天狗と山姥」「幽霊」「異人・生贄」「境界」という八つのテーマに沿って、これまで発表された論文のなかから特に重要な意義を持つと思われるものを集め、それぞれ一冊の本にまとめたものである。タイトルに「民俗学」をうたってはいるが、実際に収録された論文の大半は、文化人類学、国文学、美術史、芸能史、人文地理学など、さまざまな分野からの研究であった。

また、小松は国際日本文化研究センターで、まず平成九年から一四年まで「日本における怪異・怪談文化の成立と変遷に関する学際的研究」、次いで平成一八年から二二年まで「怪異・妖怪文化の伝統と創造――前近代から近現代まで」という妖怪をテーマとした共同研究会を開催している。そこに参加したのは、民俗学、文化人類学、国文学、美術史、歴史学、人文地理学、宗教学、思想史、建築史、芸能史、情報科学、臨床心理学といった多彩な分野の研究者たちであった。その研究成果報告論文集として、小松和彦編『日本妖怪学大全』（二〇〇三年）、同編『妖怪文化の伝統と創造』（二〇一〇年）の二冊が刊行されている。

こうした学際的な「妖怪学」の登場は、妖怪研究を民俗学の呪縛から解放し、新たな可能性を一気に拡大することになった。実は現在でも、民俗学の妖怪研究は低調なままなのであるが、近年の妖怪研究の活況は、さまざまな人文諸科学の分野で斬新な研究成果があらわれはじめたことによるものである。その状況をもたらしたのは、小松和彦が提唱し、そして実践した「妖怪学」であったといえるだろう。

妖怪と娯楽・大衆文化

さて、この学際的な「妖怪学」の成果の一つとして挙げられるのが、娯楽・大衆文化のなかの妖怪に関する研究である。

江戸時代以来、妖怪は娯楽や大衆文化と深いつながりがあることは以前から認識されてはいたものの、それはあくまで二次的なものとみなされ、正面からとりあげられることはほとんどなかった。しかし、国際日本文化研究センターの共同研究会では、化物屋敷や紙芝居、歌舞伎、落語、草双紙、絵双六といった近世の娯楽文化のなかの妖怪が話題としてとりあげられ、それらが十分に研究に値する素材であることが明らかになった。その成果は前掲『日本妖怪学大全』に反映されているが、なかでもこの問題を文化史的に深めていった研究が、香川雅信《かがわまさのぶ》（一九六九〜）の『江戸の妖怪革命』（二〇〇五年）である。このなかで、妖怪が一八世紀後半ごろを境に娯楽の題材となっていったことが明らかにされ、その背景として、妖怪のリアリティの喪失と博物学的思考／嗜好の浸透による妖怪の「キャラクター化」が指摘された。この研究は、妖怪の「娯楽化」が決して二次的なものなどではなく、むしろ日本人の妖怪観の転換を示す重要なエポックであったことを主張したのである。

また、同じ共同研究会のメンバーであった作家の京極夏彦（一九六三〜）は、『日本妖怪学大全』に寄せた論考「通俗的『妖怪』概念の成立に関する一考察」で、現在の「妖怪」概念がアカデミズムと大衆文化との「共犯関係」によって成立したものであることを、明治以降の「妖怪」に関する言説を詳細に検討することによって明らかにし、大きな衝撃をもたらした。これもまた、大衆文化のなかの妖怪が、妖怪研究にとって二次的なものであるどころか、むしろ「研究」というものの特権性を揺るがすような意味を秘めていることを明らかにしたといえる。京極は平成一九年（二〇〇七）の『妖怪の理　妖怪の檻』で、この問題をさらに追究し、水木しげるという稀代のクリエイターが、アカデミズムと大衆文化の往還のなかで醸成されてきた「妖怪」概念を継承しつつ、現在の「妖怪」概念を完成させていったことを指摘している。

　これらの研究によって、大衆文化はもはや無視しえない領域として認知されるようになった。本来は多彩な様相を見せる妖怪であったツチノコが、七〇年代にマスメディアのなかでとりあげられたことによって「未確認動物」として認知されるようになっていく過程をたどった伊藤龍平《いとうりょうへい》（一九七二〜）の『ツチノコの民俗学』（二〇〇八年）などは、そうした研究の代表的な成果だろう。また、平成二一年（二〇〇九）に兵庫県立歴史博物館と京都国際マンガミュージアムが合同で開催した展覧会「妖怪天国ニッポン――絵巻からマンガまで」の図録として刊行された『図説　妖怪画の系譜』は、従来、日本人の「恐怖のかたち」や「闇への想像力」を示すものとして紹介されてきた妖怪画を、むしろ娯楽として描かれた「マンガの源流」としてとらえなおしたものだったが、これは絵画ですら（妖怪は日本人の「おそれ」を反映したものであるという）民俗学的な妖怪観によって眺められていたことに対する反論でもあった。

　妖怪研究の歴史を通覧した本章を、大衆文化の動向にも触れつつ記述したのは、このような近年の問題意識を受けたものであった。これからの妖怪研究は、大衆文化の問題を避けて通ることはできないだろう。そもそも江戸時代から、妖怪は大衆文化であったのだ。そしてまた、この問題は、研究というものが「中立」ではありえない妖怪研究の特異な性格を浮き彫りにしたともいえるだろう。

Ⅲ　記録の中の妖怪

「記録」の定義

「記録の中の妖怪」というテーマでこれから述べていこうと思うのだが、はじめにその「記録」ということの定義をしておかねばならないだろう。妖怪が描かれ、紹介された「記録」——つまり出典や資料にあたる「記録」がどこまで信憑性《しんぴょうせい》があり、信用に足るものであるかの見極めをどうするかということである。

一例をあげると、江戸時代末期の天保六年（一八三五）に出版された『北越雪譜《ほくえつせっぷ》』という書は、筆者・鈴木牧之《ぼくし》の住む越後（新潟県）塩沢を中心にした北国の雪の暮らしをきめ細かく描いた民俗学・地方誌のさきがけになった良書である。鈴木牧之は堅実な商売の傍ら、諸芸百般に通じた文化人であり、そのまじめな性格が、雪に閉じ込められた北越の庶民生活を見事に浮き彫りにして、江戸の風流人・文化人を驚嘆せしめたのがこの『北越雪譜』である。

まず序章で雪の結晶を顕微鏡（本文には「験微鏡《むしめがね》」とある）でのぞき、その六角形のさまざまな形を克明に写し描いていることなど、当時とすれば画期的な雪の科学的な分析研究といえよう。そういう点で鈴木翁が描く雪国の報告書は「記録」として十分に客観性のある信用できるものと認めてよいだろう。

ところがこのまじめな書に「雪中の幽霊」というせつない幽霊話が報告されているのである。妖怪とはちょっと違うが、かいつまんで紹介してみよう。

塩沢の近くに関山という村があり、その近くを魚野川が流れているのだが、流れが急なので橋がいつも流失し、仮設の橋を設けていたが、その上に雪が積もると過《あやま》って川に落ち、溺死する人が多かった。ある僧がその橋のたもとでそうした死者への供養の念仏をあげていると、川の中から青火が立ち昇り、ずぶぬれの女の幽霊が現れる。幽霊が言うには、夫と子供に先立たれ食べてゆけなくなったので、知り合いを頼って他の村へ行こうとしてこの橋から滑り落ち、溺死したのだという。今宵は四十九日目なのに手向けてくれる人とてなく、この長い黒髪が障《さわ》りになって成仏できないから、どうかこの髪を剃ってほしいと僧侶にさめざめと泣いて訴えるのであった。

翌日、僧は証人が必要と思い、口の堅い信用できる知人を寺に呼んで隠れてもらって待っていると、真夜中にその幽霊が現れたので、その濡れた髪を剃ってやる。証拠の品として少しでもその毛髪を残そうとするのだが、幽霊の髪はするすると彼女の懐《ふところ》に入ってしまう。最後の毛髪をかろうじて手に留めることができたのだが、幽霊は白くやせた掌を合わせて仏を拝みながら、溶けるようにその姿を消してゆくのであった。

後にそのわずかに残った毛髪を皆で供養し、溺死した橋の傍らにその髪の毛を埋めて石塔を建てたという。その石塔は「関山の毛塚」と呼ばれ、今も残っていて、その幽霊の名は「お菊」といった、とある。

こうした幽霊話を事実として認めるのか、それともよくある作り話として読み流してしまえばいいのか、『北越雪譜』の「記録」としての信憑性を問うとなると、判断が難しいところなのである。肉眼では見えないような雪の結晶まで探り当てようとする事実確認の正確さと、この「雪中の幽霊」という確かめようもない存在の報告、という二律背反的な内容を持つこの書を「記録」として認めるべきか否かが、まずこの章の当初の課題といえるであろう。

『日本霊異記』や『今昔物語集』などの古くからある説話集には妖怪や幽霊などの怪異譚が多く語られていて、それも「記録」の一種と考えることもできようが、この章で求められている課題は、そうした「いかにも」というような書に描かれた記録ではなく、客観的立場を踏まえた信用に足る書物に登場する怪異を抽出することにあると考える。

そこで古くさかのぼって正史といわれる『日本書紀』や『続日本紀』を資料として、そこに登場する妖怪をのぞき見てみたいと思う。もちろんこれら勅撰の正史である六国史に描かれていることのすべてが歴史的事実であるわけではない。神話や伝説なども多く含まれていることも認めなければならないのであるが、天皇を中心にした日本の歴史の進展が編年体で克明に描かれたこれらの史書をすべて否定しては、日本の歴史そのものが消滅することになってしまうであろう。

史書としての記録性に重きを置きながら、説話的部分や物語的要素を極力排除しながら、冷静な目でこうした史書の「記録の中の妖怪」を探っていってみることにしよう。

『日本書紀』に現れる怪異

『日本書紀』を開き、神話の時代から降《くだ》って歴史的事実として確認できる時代となると、西暦六〇〇年代の第三十三代の推古天皇あたりが妥当と思われるので、その時代から歴史に沿って眺めてみることにしよう。もっともこの時代も聖徳太子という伝説化された聖人が活躍しているので、虚実相半ばするきわどい時代ともいえよう。

○推古二十一年（六一三）、その聖徳太子が片岡で飢えた旅人を路上で介抱するが、その旅人はやがて死ぬ。埋葬した後、その墓を開いてみると、死体は無くなっていて、その旅人は聖人だったという話は、処刑されたイエス・キリストの遺体が無くなっていた、という聖書にある話と共通するところがあり、興味を引く。
○同二十七年（六一九）、摂津国の堀江に仕掛けた網に魚でもなく、人でもないが、子供のような形をした不思議なものが掛かっていたとある。これは妖怪ではなさそうだが、いったい何が網に掛かったのだろう。アシカかオットセイのような哺乳類だろうか。
○同三十五年（六二七）、陸奥国に狢《むじな》が人に化けて歌をうたったという。後年、皇極天皇の時代でも三輪山の猿が眠りながら歌をうたったという話もあるので、この頃はまだ動物たちも人間に遠慮することもなく高吟放歌するのんびりとした時代だったのだろうか。
○舒明《じょめい》天皇九年（六三七）二月に大きな星が雷のような音を立てて東から西へと流れていった。皆は流星の音だと騒いだが、僧旻《そうみん》法師という僧侶がいうには、流れ星ではなく、天狗が吠えた声だという。この天狗は後の森に棲む鼻の高い妖怪ではなく、天狐ともいい「アマツキツネ」と呼ばれた天空にいる妖怪であるらしい。
このあたりから神話時代に跳梁跋扈《ちょうりょうばっこ》した神々や地霊、精霊とは一線を画した人の世の時代の妖怪がそろそろ出没し始めるが、その妖怪は天空を飛翔するのが特徴のようである。

空を飛ぶモノ

西暦六五五年、皇極天皇が重祚《ちょうそ》し、斉明天皇として飛鳥板蓋宮《あすかいたぶきのみや》で即位する。天智天皇、天武天皇の母君である。蘇我氏が滅亡し、大化の改新（六四六年）が施行されて、天皇を中心とする中央集権国家が確立されようとしていた時代である。

この斉明天皇が即位した年の五月一日に不思議なものが空を駆け巡ったとある。『日本書紀』の記述にはこうある。

○龍に乗った者が大空を飛翔し、その風貌は唐人に似ていた。青い油の笠を着て、葛城山から飛んで生駒山の方に隠れ、昼頃になって難波の住吉大社付近の松嶺というあたりから西に向かって飛び去った。

「青い油の笠」というのは注釈によると防水用の油を塗った青い絹で作った雨具で、合羽に似た唐風の装束ではないかという。そうした装束をした中国人風の男が龍に乗って空を駆け巡ったというのだから、それを目撃した人はさぞや驚いたことだろう。油を塗った青い合羽を着ていたというのだから、大空にその姿がきらめいたことだろうし、その姿が克明に報告されているので、さほど上空を飛翔したのでもなかろう。葛城山から生駒山へと北上し、それから生駒山を越えて西へ、難波の住吉大社からさらに西へ向かって消えていったという飛行経路である。

これはいったい何なのだろう。今でいうとまるでＵＦＯ（未確認飛行物体）である。五月の空といえば鯉のぼりが目に浮かぶ。その鯉のぼりがちぎれて空に吹き上げられて飛んだと考えても面白いが、この時代には五節供の習俗は中国から入って来てはいたが、端午の節供に鯉のぼりをあげる習慣はまだなかったので、これは鯉のぼりの迷走ではなかろう。あるいはだれか龍を象《かたど》った吹き流しのような凧《たこ》でも揚げたのだろうか。

葛城山から空を自由に飛びまわった伝説的人物といえば、役小角《えんのおづぬ》（行者）を思い浮かべる人も多いと思うが、若き日の彼のデモンストレーションだったと考えることもできる。役小角は実在した人物で、この飛行事件の四十四年後の文武天皇三年（六九九）五月に伊豆の島に流罪に処せられたことが『続日本紀』に記されている。

それによると小角は葛城山に住み、呪術で名声を博し、鬼神を使役して水を汲ませ、薪を採らせ、命令に背くものは呪縛したとある。それで弟子の韓国広足《からくにのひろたり》が、師が妖術で民衆を惑わせていると訴え出たので流罪に処せられたのである。その後の彼の飛行術などの活躍は伝説として多くの説話集に語られているので、ここでは省略するが、この小角を彷彿とさせるような事件が起きたことが興味をそそられる。飛鳥宮都から見て、西の彼方に屛風のように連なる葛城、金剛連峰は当時の人々にとっては、雲が湧き上がり、陽が沈む、土蜘蛛《つちぐも》などの妖怪が棲んでいると信じていた神秘的な連峰だったのである。その山から青く光る合羽を着て、龍に乗って飛翔する人物——一度でもいいからその姿を見てみたいものである。

鬼・鬼火

斉明天皇時代の最期にも不思議な出来事が記されている。

斉明七年（六六一）、朝鮮半島で百済が新羅と唐の連合軍のために滅ぼされようとしたので、女帝は老体をおして同盟国百済救援のために出征を決意する。その年の一月に難波を出航し、九州に向かうが、七月二十四日に行幸先の朝倉宮（福岡県朝倉市）で崩じる。

八月一日に皇太子・中大兄皇子が天皇の遺体に付き添って海岸に近い磐瀬宮《いわせのみや》（今の福岡市三宅付近）に還ったが、その折、異変が起きる。

○この夕べ、付近の朝倉山の上に鬼が現れ、大笠を着て、その喪儀のさまを臨《のぞ》み見ていたので、人々は皆怪しんだ、とある。

実はこの殯《もがり》（今の通夜）の時だけでなく異変は前にも起きていた。斉明天皇の死の二ヶ月ほど前の五月九日に、天皇は磐瀬宮から朝倉宮に遷《うつ》ったのだが、宮を造るので、その地にあった朝倉社の木を切り払ったところ、神の怒りを買い、宮殿が壊されたとあり、その上、

○宮の中に鬼火が現れ、これによって大舎人や宮人などが多く病死した、とある。

この神とか鬼火、そして朝倉山の大笠を着た鬼というのはいったい何なのだろう。

注釈などではこれらは雷神で、旧暦五月頃は梅雨明けで雷が多く発生する季節なので、落雷して宮殿が壊されたか、あるいは朝倉山の鬼も山頂で稲光がきらめいたことをいうのであろうとする。

今、「朝倉山」という特定の山はなく、福岡県朝倉市の長安寺という集落に朝闇《あさくら》神社があり、その東の降葉山《さがはやま》あたりが朝倉山ではないかといわれている。

集落の東にある山は神の鎮座する山として崇《あが》められる民俗信仰があるので、そうした聖地の樹木を伐ったので、神の祟《たた》りを受けたのだろうか。

これに似たケースがあり、この斉明天皇より二十数代も前の天皇の話だが、この九州で謎の死を遂げた天皇がいる。三韓征伐で有名な伝説的人物の神功《じんぐう》皇后の夫である仲哀《ちゅうあい》天皇である。皇后が神がかりして神の託宣を告げたにもかかわらず、その託宣を信じなくて、熊襲《くまそ》征討を強行した天皇は、

神の怒りに触れて亡くなったと『日本書紀』にある。また一説では熊襲の矢にあたって崩じたともある。福岡市の東北にある香椎宮《かしいのみや》は、その仲哀天皇と神功皇后を祀る廟で、祭神が天皇・皇后という珍しい霊廟として、古くから大宰府の役人たちも定期的に参拝していた廟宮である。

九州一円は隼人《はやと》や熊襲など大和朝廷に十分に服従していない人々が居住している地なので、仲哀天皇の過去の経緯を絡めて、そうした人々への警戒心や恐怖心が官人たちに朝倉山の鬼を幻想させたのだろうか。それにしても、喪儀に参列している多くの官人たちがこぞってその大笠を着た鬼を目撃したというのだから、たとえ稲妻であったとしても、それを鬼として共同幻想でとらえたところが面白いと思う。この鬼はどんな姿をしていたのだろう。今の鬼とは違うのだろうか。あるいは宮中に出現したという鬼火はどんな現象だったのだろうか。

ねずみの記録

時代は移る。斉明天皇の遺志を継いで朝鮮半島へ出兵した日本軍であったが、白村江の戦いで大敗する（六六三年）。あとを受けた中大兄皇子は人々の反対をおして近江の大津に遷都する（六六七年）。この時も不思議な現象が起こる。

○遷都の前の年（六六六年）冬に、京都《みやこ》の鼠《ねずみ》が近江に向かって移動した、とある。

京都というのは当時の都・明日香なので、そこから鼠が近江方面に移動したということだろう。遷都の前兆に鼠が次の都に移動するということは以前にもあり、孝徳天皇が難波に都を遷した時も鼠が移動し（大化元年〔六四五〕）、古老たちは、そろそろ遷都があるだろうと噂し合っていたという。

鼠などの小動物は異変を察知する予知能力があり、大地震などの天変地異の前に逃げ出すとかの異常な行動をとる、という話は現在でも語られているのだが、遷都という人為的な異変をも彼らは察知できるのであろうか。もしそうならば、今後、東京都内の鼠の動きを緻密に観察しておくことも必要だろう。右往左往するばかりで、国の将来がよめない現代の政権よりも、鼠の動きの方がよほどあてになるのかもしれないから。

天智天皇の崩御（六七一年）の後、近江朝廷側と皇太子だった大海人皇子との間で、皇位継承争いの壬申《じんしん》の乱が起き（六七二年）、結果、大海人皇子が勝利して、皇子は天武天皇として即位し、都は再び明日香に戻される。天皇を中心とする本格的な律令国家が形成されてくる時代になる。そうなると妖怪も出にくくなったのか、姿を潜ませたようで報告が少なくなってくる。

彗星の記録

ただし、大空だけは律令が行き渡らない自由空間なのか、さまざまなものが飛び交って人々を驚かしているようだ。

長い尾を引いて大空を飛ぶ彗星など何度か報告されているが、変わったものでは、天武七年（六七八）冬十月に難波に長さ五、六尺、幅七、八寸の綿のようなものが風に吹かれて松林などに翻《ひるがえ》ったという。時の人は「甘露《かんろ》」だといった。「甘露」とは中国では帝王が仁政を行うと、天が瑞祥として降らせるという甘い露で、神霊の精が脂のように凝固して、飴のような甘い味がする美露であるという。天武治世のプロパガンダ（宣伝）だろうか。

あるいは、天武十一年（六八二）八月は変異が続発し、三日の夕方には大きな星が東から西に流れ、五日は宮中の建物内に大きな虹がかかったとある。さらに、十一日には○火の色をした灌頂旗《かんじょうばた》のようなものが空に浮かび北に流れてゆき、国毎に皆が目撃し、最後に越の国（北陸地方）の日本海のかなたに消えていったという。

灌頂旗というのは仏教の儀式などで幅の広い布を天井から長く垂らす布旗であるから、水木しげる氏が描く「一反もめん」の妖怪の原型のようなものと考えていいだろう。そんな布がゆらゆらと大空を北へと飛んでいったのだから、当時の人々はさぞや驚いたことだろう。まさに未確認飛行物体である。

北上するものと、西へ向かうもの、こうした怪しげなものが向かう方角にも関心を寄せておくことも必要だろう。日本人の旅のあり方——失恋・挫折すると北上し、最後の「死出の旅」は西方浄土へ向かうのと一致しているからである。

『続日本紀』に現れる怪異

ここで『日本書紀』から『続日本紀』の世界に移る。時代も天武天皇の孫の文武天皇から聖武天皇へ、都も藤原京から平城京へと遷ってゆく。妖怪もますます出番を失ってゆく時代になる。なぜなら皇位継承などの権力争いで人間そのものが妖怪化してくるからである。

聖武天皇の天平三年（七三一）六月十三日条に、異変が告げられる。

○紀伊の国阿氏郡《あでのこおり》の海水が血の色に変色し、五日を経て回復した、とある。
紀伊の国阿氏郡とは現在の和歌山県有田市あたりである。なぜこの付近の海が血の色に染まったのだろう。そこで記録としての信憑性を一度は疑問視した『日本霊異記』の説話世界を手がかりにすると「血の海」に結びついてくる事件が浮かび上がってくる。

それは二年前の出来事。天平元年（七二九）二月十三日、時の左大臣・長屋王が謀反の嫌疑をかけられた挙げ句、夫人の吉備内親王と四人の息子とともに自殺に追い込まれるという事件があった。おそらくこの事件は光明子を皇后に昇格させるために仕掛けられた藤原氏の陰謀と考えてよかろう。事件に驚いた聖武天皇はそれでも、罪人といえどもその葬儀を醜くするなという勅を発し、長屋王・吉備内親王の遺体は生駒山に葬られたと『続日本紀』にはある。事実、この二人の墓は生駒山平群谷《へぐりだに》に今もあるのだが、『日本霊異記』には違う展開が語られている。

長屋王などの遺体は城の外に捨てて、焼き砕いて河に散らし、海に捨てた。そして長屋王の骨は土佐の国に流したが、祟りなのか、その国の百姓たちに死ぬ者が多くなり、訴え出たので、その骨を紀伊の国の海部《あま》郡の椒抄《はじかみ》の奥《おき》の島に移し置いたという。海部郡椒抄の奥の島というのは前述した有田市の沖合にある沖ノ島のことである。現在の沖ノ島は夏季はキャンプ客でにぎわうが、地元の漁師もあまり近づきたがらない無人島で、この島に近づくと祟られると今も地元では語り継がれているところである。

しかし、この島には長屋王の遺骨を埋葬したという古墳も見当たらないので、『日本霊異記』が記した話はあくまで世間の風聞であろう。ではなぜ『日本霊異記』の風聞の話を証明するようにその付近の海が血の色に染まったのだろう。単なる偶然なのか、『続日本紀』の記した史実としての「血の海」と『日本霊異記』の話との連続性・不連続性をどう解釈すればいいのかというのが問題になってくるであろう。

そこで『万葉集』の歌で、海にかかる枕詞が「鯨《いさな》とり」ということから思いついた空想なのだが、長屋王の死に抗議する反藤原氏側の連中が密かに鯨かイルカでも捕ってきて、その血を付近の海に撒いて怖がらせた、と考えられなくもないが、捕鯨の大変さを思うと、ちょっとその想像には無理があろう。

あるいはその沖ノ島付近の海が何らかの事情で血の色に染まることがあり、その原因を長屋王の悲劇に結びつけて語るという風聞が『日本霊異記』に取り上げられたと、逆に考えることもできよう。

とにかくこの血の海は長屋王の死後三年目の出来事である。死んだ人が崇って出るのは死後三年目が多い、というのが私の霊魂信仰の研究から出た目安なのであるが、それに合致しているこの現象が面白いと思う。

ついでに付け加えると、長屋王の死後九年目の天平十年（七三八）七月に、宮中で囲碁をしていた大伴子虫《おおとものこむし》という男が、中臣宮処東人《なかとみのみやこのあずまひと》という男を斬殺したという事件が起きる。中臣東人は長屋王の謀反を密告した男で、子虫がそのことを憤り、殺害に及んだという。そして『続日本紀』にはこの中臣東人を「長屋王のことを『誣告《ぶこく》』した人」つまり、でたらめの密告をした人であると紹介してあり、長屋王の謀反は捏造《ねつぞう》であったと正直に暴露しているのである。

兎角に人の世は住みにくい。人は妖怪よりもうらみ、ねたみ、そねみの心根が深く、怖しい「モノ」であることは認めてよかろう。

その後もこうした朝廷を取り巻く権力闘争は続発し、権力を握る人、滅びる人、そして死後化けて祟る怨霊などの人間世界の変異が展開してゆく。

死霊の祟り

天平十二年（七四〇）、九州大宰府に左遷されていた藤原宇合《うまかい》の長男・広嗣《ひろつぐ》は、当時朝廷で重用されていた僧正玄昉《げんぼう》法師と吉備真備《きびのまきび》を排除せよという檄文《げきぶん》を朝廷へ送り、それが無視されると、九州で反乱を起こす。これが「藤原広嗣の乱」である。この反乱は朝廷軍によって制圧され、広嗣は東シナ海の済州島の近くまで国外脱出したのだが逮捕され、処刑される。

反乱そのものはあっけなく鎮圧されたものの、聖武天皇はよほどショックを受けたのか、精神不安に陥り、その後五年間、都を平城京から難波宮、恭仁《くに》京、紫香楽《しがらき》宮などへ転々と遷し、政情不安定な時代が続いていく。

天平十八年（七四六）六月、広嗣に批判された玄昉法師は筑紫観世音寺に左遷されていたのだが、十八日に現地で死ぬ。唐から帰国後、朝廷に重用されたことで図に乗りすぎ、僧侶としての節度を忘れた人だともいわれている。その玄昉が突然死したのである。

『続日本紀』には、その死を、
○世相伝えて云う。藤原広嗣が霊のために害せるところなり、とある。

つまり、世間の噂であるがと前置きしながら、広嗣の死霊に取り殺されたと伝えている。朝廷の手によって暗殺されたか、あるいは広嗣の残党によって殺されたか、とにかく尋常な死ではなかったと思われるが、死霊の祟りだというのである。『東大寺要録』には読経中に「忽然と数丈も空に引き上げられてから落下して死亡し、血も骨もなかった」と伝えている。その他の書物にも空中に引き上げられ、体がばらばらにされたと伝えられており、その遺体が奈良まで飛んできたといわれている。筑紫観世音寺の講堂の裏手には玄昉の胴塚と呼ばれる石塔が今もあり、奈良の町には玄昉の首が落下して、それを葬ったという「頭塔」、あるいは腕が落ちてきたので地名になったという「肘塚町《かいなづか》」など不思議な空間が今も点在している。

そして藤原広嗣の霊は佐賀県の大村神社など九州各地の神社に祀られるだけでなく、佐賀県松浦の鏡神社から大同元年（八〇六）に迎えられて創建されたと伝える鏡神社（奈良市高畑町）が今も奈良の町にひっそりと鎮座している。

妖怪に代わる怖ろしき「モノ」として、史書が半ば認めた怨霊の第一号がこの藤原広嗣の死霊であったといえよう。

平成二十二年（二〇一〇）に遷都一三〇〇年を盛大に祝った平城京であるが、この時代を記録する『続日本紀』には、都の繁栄の陰で「巫蠱《ふこ》」「厭魅《まじわざ》」「逆魂《げきこん》」などという妖しげな文字がちりばめられていることも見逃してはならないだろう。

平城京時代の末期に即位した光仁天皇の宝亀七年（七七六）五月末にも、

◯災変がたびたび起こるので大祓《おおはら》えをし、六百人もの僧をして宮中、朝堂で大般若経を読ませた。

○九月には、二十日ばかり毎夜、京中に瓦石土塊が降った。これは後の「天狗のつぶて」の原型といえる現象であろう。

こうした怪異があり、また翌年の宝亀八年（七七七）三月十九日には、

○宮中でしきりに妖恠《ようかい》（妖怪）があったので大祓えをし、二十一日には七百名もの僧侶を呼んで宮中で大般若経を転読させた、とある。

「妖恠」という文字がここで史書に登場し、宮中内外でしきりに災変・妖恠があったというのだが詳しいことは書かれていない。いったいどんな怪異現象が起きたというのだろう。この年は夏なのに雹や氷雨などが降り、冬は雨が降らず井戸が涸《か》れ、宇治川まで干上がるという天候不順が続き、光仁天皇及び皇太子の山部親王（後の桓武天皇）も体調不良であったという。そして、その年の暮れと翌年一月、二度にわたって井上内親王の墓を改葬し、彼女を元の二品の位に復位させている。

井上内親王とは聖武天皇の娘で、長く伊勢斎宮を勤めた後に光仁天皇の皇后になった女性であるが、夫の天皇を呪詛《じゆそ》した疑いで、廃后となり、息子の他戸《おさべ》皇太子とともに幽閉されたあげく、宝亀六年（七七五）四月二十七日、親子とども不審な死を遂げる。

前述の宮中内外の怪奇現象が井上内親王の祟りであると認めたからこそ、彼女の墓を改葬し、復位させたとこれらの記事から推測することができるであろう。こうして井上内親王は日本ではじめての女性の怨霊になってゆくのである。

宝亀十年（七七九）六月二十三日には、

○周防国（山口県）に母井上内親王と共に死んだはずの他戸親王を名乗る男が現れ、民を惑わせ

たので、流罪に処した。

という怪しげな話が語られ、実は本人であったとか、と語り継がれてゆく。

このあたりから妖怪から怨霊へ、怪異から祟りへ、平城京から平安京へと時代は変化してゆくのであるが、紙数が尽きたので、怨霊については拙著『日本の怨霊』（平凡社）をお読みいただければ幸いである。

記録の中の妖怪が示唆するもの

以上、『日本書紀』『続日本紀』という正史に記録された怪異現象を紹介してみたが、妖怪が必ずしも人間に災いをなす存在ではなく、人の世に時折出現して人々を驚かせはするが、怨みつらみを抱いて出るのではなく、そこが怨霊との違いといえよう。人間対人間、人しか認めない世の中になるにつれ、人間そのものが悪霊になってゆくプロセスをこれらの史書からうかがうことができよう。

龍に乗って空を飛ぶ男、「一反もめん」の妖怪のように優雅に空を渡る火の色の布、これら異界からやって来たものを見たら、確かに驚くことだろうが、どこかで人の心を和ませ、殺伐とした人の世を潤してくれるような気がするのである。

そうなると、人間優先の社会ではなく、人間が妖怪化するのでもなく、もう一度、こうした妖怪と共生できる世の中を構築してゆかなければならないことを、これらの「記録の中の妖怪」が示唆してくれているような気がするのである。

Ⅳ　説話文学の中の妖怪

説話文学に見られる妖怪

本章では古代から中世にかけて成立した説話文学に見える妖怪について主に取り上げるつもりである。『日本霊異記』や『今昔物語集』をはじめとして、古代から数多くの説話集が編纂されてきた。これらの中にはあまたの妖怪たちが描かれている。本章ではそれら古代から中世の説話文学に見られる妖怪についてみていきたい。とりわけ、わが国の妖怪の代表といえる鬼を中心に述べ、ついで仏教的観点から捉え返し、さらに生物との関わりを論じていきたい。

古代の鬼のイメージ

古代から日本の妖怪の中核を担ってきたのは鬼である。その概念は幅広い。「鬼」という漢字が伝来する以前から「オニ」なるものは存在し、平安時代にはさまざまな話柄で内容豊かに語られていた。説話集『日本霊異記』からはそうした日本古来の「オニ」の様子が窺われる。

一例を挙げよう。九世紀前半に成立したといわれる『日本霊異記』には現代の鬼のイメージとかけ離れた鬼の説話が幾つか収録されている。聖武天皇の時代のことだが、大和国十市郡庵知《あむち》の村の東のあたりに住む娘のもとに男が訪れて一夜を過ごすことになった。翌朝、部屋を見ると、女の頭と指一本が床に転がっていたのである。男が持参した絹織物は獣の皮に、それを運んできた三台の車は木に変わってしまったというもの。

この話のタイトルは「女人、悪鬼にしられて食らはるる縁」（中巻三十三）という。悪鬼とあるが、本文中には鬼の仕業とは明記されていない。ただ、最後にこの怪事を「神怪《しんげ》」とも「鬼啖《きたん》」とも言うとあるのみだ。つまり神の不思議な所為とも、鬼が食べたのだともいうのである。どちらにしても、男が何者かは知れず、後に人々がそう解釈したに過ぎない。結局、タイトルを見ると、編者は「鬼啖」を採ったのだろう。だからその男の正体を「悪鬼」と捉えたわけだ。

この説話集には、他にもいくつか異なる属性をもった鬼が登場する。たとえば奈良の興福寺の鐘つき堂に夜ごと現れて鐘つきの童子を取り殺す鬼を退治する話がある。この鬼はかつて興福寺で寺《てら》奴《やっこ》として使われていた者だった。悪人であった寺奴が、死後、成仏せずに鬼となって寺の子どもたちを取り殺していたのだった（上巻三）。この話によれば、人間が死んで鬼となるということがわかる。

この時代の鬼というのは、このように原因不明の怪異をなすもの全体を包括するような漠然としたものであったようである。角や牙があって、虎の褌《ふんどし》をして、体の色が赤かったり青かったりする、そういうステレオタイプの鬼はまだ形成されていなかった。

『今昔物語集』に見る鬼の多様性

『今昔物語集』には鬼の登場する話が七〇～八〇話（うち、天竺・震旦を除く日本の鬼の話は五〇話余り）ほど見られる。一話一話見てみると、鬼の属性がいかに多彩であるかを知ることができる。たとえば鬼が空飛ぶ板になって現れ、人を殺す話がある（巻二十七‐十八）。『今昔物語集』には多種多様な鬼が出てくるが、基本的に鬼は人間を襲って食べてしまう恐ろしい魔物である。しかし、その形態や能力はさまざまである。板の鬼のほかにも、雷電とともに現れて人間を食べて去っていく鬼、男に変じて女と語らって食べてしまう鬼、橋の上で女に変じて通行人を取り殺す鬼、油瓶に変じる鬼、山中一軒屋に住む老女に変じて泊まり客を食い殺す鬼などなど、ほかにも多種多様だ。内裏から盗んだ琵琶を羅生門で弾いてから返却した風流な鬼などもいる。中でも興味深いのは橋の上に現れた鬼の話だ（巻二十七・十三）。

ある武士が肝試しに、渡ろうと踏み入れると渡り切れないという安義《あき》の橋に行くことになった。橋の途中に苦しそうに口を押さえる女がいる。男がそのまま通過しようとすると女が追ってきた。男は観音菩薩に救いを求めながら、懸命に馬に鞭打って走り続け、どうにか鬼を振り切って橋を渡り切った。

その姿はどんなだったかというと、次のような特徴を持っていた。すなわち顔は朱色で円形、目は一つで琥珀色、身長は九尺、手の指は三本、爪は五寸ばかりで刀のように鋭利、肌の色は緑青色、頭髪は蓬のように乱れているというもの。

この鬼は女や男など、自由自在に変身できる。弟に変身して武士を殺しているところからすると、関係者の記憶を読みとる能力もあるのかも知れない。あるいは、弟であるという暗示をかけていたのだろうか。それから、この鬼は、一旦、人里に入った武士から離れていったわけだ。しかしその後、武士の家を突き止めてやってきた。ターゲットを探査する能力に長けているということかも知れない。渡辺綱に片腕を切られた鬼が、後日、綱の母親に変身して家を訪れ、切られた腕を奪い去ったということがあった。これもまた、この話に登場する鬼と同じく、関係者を惑わすだけの変身能力を発揮し、ターゲットを探査していた。

物の気は自由自在に姿を変え、場合によってはただの人間ではなく、ターゲットとなった人物の関係者そっくりに身を変える能力も持っている、誠に高度な知性を備えた存在だったといえるだろう。

鬼は変化自在でさまざまな能力を持つものとして『日本霊異記』や『今昔物語集』に見られた。そこで気になるのは、そもそも鬼は妖怪なのか幽霊なのかということだ。

妖怪と幽霊のちがい

妖怪と幽霊との厳密な区分は不可能と思われるが、ある程度は枠組みが作られる。柳田國男（『妖怪談義』、一九五六年）によると、妖怪は出現場所が決まっており、時間も黄昏時。不特定の人間に何かしらの交渉を企てる。一方、幽霊は怨念などの意志に基づいて特定の人間を狙っており、個人的な因果関係を持っている。出現する時間は大抵丑三つ時。ついでに、妖怪は人間の形にとどまらず、さまざまな形態で存在しているが、幽霊は人間が結果としてなった存在である。

さて、鬼はどちらだろうか。妖怪でもあり、幽霊でもあるということになる。先に紹介した『今昔物語集』に見える橋の上の鬼は、特定の場所（橋）に出没する点で妖怪の特徴を備えているといえる。棲家や出没時間は『今昔物語集』では多く人里離れた廃屋などだ。

しかし反面、標的とした人物をどこまでも追って、ついに取り殺してしまう点で幽霊の特徴も備えている。そう考えると、妖怪と幽霊とをはっきり区別するのは無理だし、そもそも無理して区分

『八幡愚童訓』

する必要があるかどうか。宮田登は「幽霊はむしろ妖怪の属性の一つになっていると考えるのがいいのである」（『妖怪の民俗学』、一九八五年）と述べているが、これは首肯できる見解だろう。

とはいえ、妖怪の性格の強い鬼と幽霊の性格の強い鬼との区別は目安としては付けられるだろうと思われる。

地獄や異界に存在する鬼ははじめから異形の魔物である。異界をより現実的に捉えた異国の住人もまた鬼の形相で描かれる（『蒙古襲来絵巻』『八幡愚童訓』『百合若大臣』など）。『古今著聞集』巻十七には伊豆の奥島に八人の鬼の乗る船が漂着したという話がある（第五九九話）。身長八、九尺ばかりあり、髪は長く振り乱し、肌の色は赤黒色で裸。目は丸くて猿のようである。そして脇から火を出す能力をもっていて、人を襲うものだった。

一方、人間に由来する鬼は、怨念の果てに鬼となったわけなので、動機としては幽霊とかわらない。それが人間離れしていって、ついに人間らしからぬ部分――角・牙・鋭利な爪・大きな口など――が成長していく。

物の気と鬼

ところで先述の『今昔物語集』に油瓶に化けた鬼の話が載っている（巻二十七‐十八）。本文中では鬼は「物の気」と記されている。その物の気について、次のように説く。

　かかる物の気は、さまざまの物の形と現じてあるなりけり。

物の気を鬼という点で、後世の鬼とは異なる概念であったことがうかがわれる。

　さて、『万葉集』には「鬼」と書いて「もの」と訓《よ》ませるものが散見される。そして死霊が鬼になるという考えが『日本霊異記』の昔から近代まで連綿と続く。たとえば泉鏡花『草迷宮』（一九〇八年）にも「こりや死霊の祟《たたり》がある。此の鬼に負けては成らぬぞ」という一節がある。これは祟りをなす死霊のことを鬼と言い換えているわけだ。われわれ現代人にも感覚的に理解できるものではないかと思う。

　モノが鬼の形相を表して、特定の人物から、果ては不特定の人々にまで悪事をなすようになることがある。菅原道真、崇徳院《すとくいん》、藤原広嗣《ひろつぐ》などが著名だ。河原院《かわらのいん》、こと源《みなもとの》融《とおる》もそうだ（『醒酔笑《せいすいしょう》』巻四では「霊鬼」とする）。彼らは多く祀られることで逆に人々を守護する神に転生した。妖怪と神との間は意外に近いということだろう。

〈鬼〉と捉えられてきた妖怪

鬼には、人間との交渉／没交渉を問わず、厳然と存在する類がいる。異界（地獄を含む）や異国に生息し、人間を捕食したり襲ったりしに、人間界に出没するわけだ。彼らは実に多様な形態であり、また変幻自在でもある。この点、古くは『今昔物語集』に見える百鬼夜行の記述、また中世の『百鬼夜行絵巻』の描写から十分知られるところである。

その一方で、人間が存命中、あるいは死後に化す類もいる。これはもとより人間界の所産ということだ。

つまりはじめから妖怪然とした鬼もあれば、限りなく人間に近い鬼もあるわけである。後者は現代人のイメージからすれば幽霊といったほうが正しいだろう。でもそうした類もひっくるめて、かつては鬼と称したのである。

妖怪という概念が成立する中で、幽霊との違いが意識され、両者を未分化で内包する鬼という概念は、次第に妖怪の範疇へ押しやられていったということだろうか。そうして、近世に赤鬼やら青鬼やら、虎の毛皮やら、金棒やら、特定のイメージに固まっていったものとみられる。

一方の幽霊は幽霊で、死に装束を着て、足がなくて、「恨めしや〜」と怨念を現世に残し、妖怪化せずにどこまでも人間の形態にとどめる存在として、すなわち霊の一種であって鬼の一種ではないというイメージに固定していったとみられるだろう。

ともあれ、おそらく我が国の特色だろうと思われるのは、以上のように、古代中世の妖怪は〈鬼〉という概念で捉えることができたのではないかということである。

次に鬼とその周辺について、より説話文学に即して見ていこう。すると仏教説話という枠組みがおのずと浮上してくる。

仏教説話の中の鬼

日本の古典文学に見える鬼は、仏教的見地からすれば、三種類に区別できるのではないかと思われる。

一つは地獄にあって閻魔王の支配下にあるもの
二つは仏菩薩の管理外にあるもの
三つは仏菩薩と敵対するもの

一つ目はいわゆる獄卒である。人間からすれば至って恐ろしいものだが、しかし仏菩薩には頭が上がらない。人間を恐怖せしめ、かつ懲らしめることができる存在である。だから人間に悪事をさせないよう抑止の役割を担っている。しかしながら、閻魔王に絶対忠実な使い魔かといえば、そうではないようである。たとえば『日本霊異記』にはこんな鬼がでてくる（中巻二十四）。

閻魔王に命じられて死ぬべき者を迎えに現世に来たのだが、腹が減ってならない。そこで人間は鬼にご馳走を振る舞い、かわりとして死を免除してもらうよう契約する。約束どおり、冥界に戻った鬼は、王に偽りを言うことになる。

ここに見られる鬼は閻魔王の部下に違いないが、しかし自分の都合で偽りをなす点、不実さを見てとることができるだろう。この鬼は結局どうなったのかというと、実は王のほうが一枚上手で、嘘がバレて懲罰を受けることになる。しかし鬼のほうは懲罰を受けることを織り込み済みであった。すなわち、人間にあらかじめ読経を約束させておいたのである。おかげで鬼は苦しみをまぬかれることができた。経典読誦の功力は伊達でなく、鬼でさえも救済するのだった。こうして、仏力の庇護下にあることを計算済みで悪事を働くところに、なんだか小ざかしさというか、人間らしい小悪党ぶりがみえるであろう。こうしたユーモアのある鬼の姿は、中世に下ると影が薄れていくことになる。

ところで、民間伝承の中の鬼にナマハゲがいる。それは人間を威《おど》し、悪事を抑止する存在ともいえる。地獄で使役される獄卒もこれと似たところがある。獄卒がかくも恐ろしいのは、そうすることで、現世での悪事をさせないためということがあったのだろう。獄卒もナマハゲも最初から異形の妖怪。妖怪だが悪い存在ではない。かえって人間が悪いことをするとこうした鬼に苛まれるわけで、悪事を働く人間が鬼になることはなかったようだ。人間が社会生活を送るための必要性から生まれてきた鬼というのも考慮しなくてはならないだろう。

さて次に、恐ろしいものだが、仏菩薩には頭が上がらない。しかし人間を恐怖せしめ、かつ懲らしめることができる鬼を見ておこう。

『今昔物語集』や『宇治拾遺物語』には実に多くの鬼が出てくる。基本的に人間を襲う魔物だ。われわれ人間から見たら恐ろしい事この上ない存在といえる。そんな鬼でも頭が上がらないのは、仏菩薩であり、仏経である。

鬼に追われた男が観音菩薩を念じることで、鬼から姿を隠すことができる、また鬼の宴の場に出くわした僧が不動菩薩の呪を唱えることで、鬼からは不動尊像に見させる、また同じく百鬼夜行に出くわした男が不動菩薩の呪を唱えることで、鬼からは不動尊像に見させる、また山中で鬼に追われた男が仏に救いを求めたことで、ほどなく人里に出ることができるなど、枚挙にいとまがない。

肥後の山中で鬼に追われる男がまず乗ってきた馬を食べられた。その間に男は逃げ去ったが、しかし、食い終えた鬼に再び追われることになった。男は何者かに呼び留められ、言われるままに穴に隠れ潜むことにした。心に観音を念じながら、男はおびえていると、鬼が近づいてくる。しかし、隠れているにもかかわらず、鬼は近づいてくる。

「これ、今日のわが食に当たれる者なり。しかるを何ぞ召し取りてたまはざる。かくのごとく非道なることを常に致させたまふ。われ嘆き愁ふ」

鬼は突然そんな不満を口にした。男からは姿が見えない相手が、

「これはわが今日の食に当たれり。されば与ふべからず。汝は食ひつる馬にてありなむ」

という。そう言って鬼を追い返した相手が観音だった。

このように、鬼は人間にとって恐ろしいものではあるが、仏力に敵わない存在であったことも知られる。しかも鬼は観音に対して尊敬語を用いており、敬意を払っていることがわかる。鬼は「非道なることを常に致させたまふ」と嘆いているから、観音菩薩は日ごろから鬼の食生活を妨害することで人間を救っていたことが窺える。つまり、この話の中で襲われる人間のごとく、観音に祈れば、鬼の害をまぬかれることができるわけだ。

最後に仏に敵対する鬼を見ておこう。仏の力を知りながら、それに敵対する立場をとっているわ

けである。構図的には完全に悪役となる。だから仏の助力を得た人間に退治されることになる。その代表は酒呑童子だろう。

右に取り上げた鬼などは観音菩薩を敬い、敬語を用い、力を行使することはせずに、食料となる人間を下げ渡してくれるよう懇願していた。こういう鬼を仏敵と言えるかと言えば、少し違うだろう。人間に害をなすには違わないが、仏道を敬っているのである。しかし酒呑童子のような鬼は仏に敵対する立場にある。仏力を示されて恐れることなく、歯向かって来るところは身の程知らずというべきか、大胆不敵というべきか、ともかく驚くべき生き方をしている。

ところで酒呑童子はもともと伊吹童子といって、伊吹山に住んでいたと伝えられる。伊吹大明神が追放したので、童子は比叡山に移り住んだ。しかし伝教大師最澄と山王権現が鎮護国家の寺（延暦寺）を建立するに際して童子はまた追い出されてしまったのだった。

越後にも酒呑童子の伝承がある。国上寺所蔵の絵巻によると（山田現阿『絵巻　酒呑童子——越後から大江山へ』考古堂書店、一九九四年）、外道丸（酒呑童子の幼名）は楞厳寺《りょうごんじ》から追い出され、国上寺に行き、鬼の面が外れなくなって、寺を出て山に籠もることになり、その後、頼光四天王との対決劇に進んでいったと伝える。

このように、仏や神とはもともと相容れない存在だったのである。

人間から鬼へ

もともと人間であったものが鬼に化していくということがある。後妻に嫉妬して鬼の面を付けたらそれが剥がれなくなって鬼になった女、恨みの念が増して人を呪詛し続けて鬼になった女などがいる。人を恨んで生霊となった女が鬼の形相で相手の前に現れるのは、『源氏物語』の昔からあったこと。吉野山には四、五百年も昔に人に恨みを残したために鬼となって生き続けることになった者がいた（『宇治拾遺物語』第一三四話）。

こうした負の感情は仏の教えに反するものであり、結果として仏と相容れない存在に移行していくことになる。そこで内面に応じて外面もまた鬼に変化していくわけだ。時には生きながら、時には死んでからと、その時期はまちまちだが、人間が鬼になるのは怨念や憎悪といった暗い思いを深めていくことによるのだろう。

また人に恋して、その思いが募って死んでしまうと、相手に取り憑くともいわれる。実際、小野小町はそのために零落してしまったといわれる。そのように、人に憑くような執念をもった霊が発展していって鬼になっていくこともあった。

要するに、仏の教えから離れていってしまった結果、こうして鬼になった人々がいたのである。再び仏の教えに接して浄化される鬼もあれば、酒呑童子のように人間を捨て、完全な妖怪となって仏に敵対して消えていった鬼もあった。

天狗・天魔・魔鬼

中世にもっとも勢力のあった妖怪は天狗であろう。天狗の描かれる代表的な作品をいくつか挙げれば『太平記』『是害坊《ぜがいぼう》絵巻』『天狗草紙』『七天狗絵』などがある。

天狗は基本的に仏敵として位置づけられる妖怪だ。人間、とくに知性の高い僧侶などが慢心を起こした末に天狗道に堕ちて、仏教信者に害をなす妖怪になってしまうのだった。魔鬼とも言って、広く鬼の一種にも捉えられていたものである。ところが、そう悪いものばかりではないらしいことは『沙石集』にいう「善天狗」によって知られる（巻七‐二十）。

さて、天狗はもともと星であった。天文博士によって認定されるものだった。その後、仏敵という性格をもつ妖怪として目されるようになっていった。天狗はもともと優れた僧侶がなることが多かった。なぜ天狗になるのかといえば、自分の才覚に増長して慢心を起こし、仏を敬う心を失うからである。しかして仏の道から外れていって敵対する立ち位置を取るようになるのだった。

身体的な特徴として、赤ら顔に鼻高で背に翼を持つ天狗像がよく知られる。翼をもつものは古くから見られるが、赤色で鼻高という組み合わせは、中世まで遡るものではない。しかし、鼻が高いというだけなら、すでに絵画資料が見出される。『是害坊絵巻』には翼があって嘴《くちばし》のある僧形の天狗、長鼻だがそれ以外これといった特徴のない天狗など、現代とは随分違う印象を抱かせる天狗が登場する。

翼をもつのは、天狗が鳶《とび》や烏との関係性が説かれるからである。『宇治拾遺物語』には木の上にあって金の仏の姿で現じたものが実は鳶であったという話が載っている（第三十二話）。これなどは鳶が人を惑わし、仏教を妨げる天狗と共通性を認めているのであろう。事実、『今昔物語集』収録の説話では、鳶ではなくて天狗として語っているのである（巻二十‐三）。また『慶長見聞集』では説法の最中で烏が鳴くのを、聴聞衆が「いや、烏がわらふよ」と言って騒ぎだし、見かねた説教師が扇をもって手をひろげ、静めようとする様子をみて「あれ、天狗の羽広げたるを見よ」と笑って、次々と立ち去ってしまった話が載る（巻二）。このように天狗の周辺には、仏法を妨げる鳶や烏がいるのである。

一つの中世人による解説

そもそも天狗とはいかなるものか。これについては諸説紛々だが、その中で一つまとまった解説を紹介しておこう。すなわち中世の軍記物語『源平盛衰記《げんぺいじょうすいき》』巻第十八「法皇、三井灌頂《みいかんじょう》の事」には天狗に類する天魔についての解説が見える。天魔というのは一般に第六天の魔王のことだなどと言われるが、中世には天狗の別名としても使われた。奇怪な出来事や不穏な事件が発生したりすると、「天魔の所為か」とか「天狗の所為か」とか、そう解釈されたのである。

まず、天魔がなぜ仏法を妨げるのかというと、通力を得た畜類だからである。その天魔には次の三種類がある。

一、仏の教えを信じない驕慢な智者が死後「天魔と申す鬼」となる。
二、天狗の業が尽きてのち、波旬《はじゅん》となる。
三、驕慢無道心の者は必ず天狗になるが、本人は気付かない。人に勝ろうという心が天狗を呼び寄せ、自らを蝕んでいく。これを魔縁という。

このように、もともとは人間であったが、魔縁に誘われ増長していき、仏の教えから離れるなかで、結果として死んで天狗になってしまうのだった。『源平盛衰記』では「天魔と申す鬼」と記されている。つまり、天狗もまた鬼の一種として捉えられているわけだ。死霊が鬼と化す例は多いが、その中でも、生前、智者であったものが増上慢を生じて、鬼でも特に「天魔」（＝天狗）と呼ばれるようになるのだった。

善天狗

天狗は山に住む妖怪だが、その姿はまちまちである。その中で、山伏姿のものが目につく。思えば、鞍馬寺で牛若丸に神通力や兵法を授けたのは天狗であった。それでなくとも、山伏と天狗とのつながりは強い。

奥州の山奥の堂に籠もって修行に勤しんでいる僧が隠形の印を結んで姿を見えなくしたが、天狗はその方法が間違っているとして、正しい結び方を教えている（『沙石集』巻七‐二十）。このように、天狗にも仏道に志あるものがいる。しかし志はあるものの、執心が失せなかったために、このような天狗になってしまったのである。仏道の障《さわ》りとなることばかりする天狗に対して、これを善天狗と呼ぶ。

前世において、天狗は知性豊かな僧だったから、独り山岳において修行に励む僧に対して密かに法を授けるものも出てきた。仏道ばかりではない。神通力や兵法をも授けるようになり、さらには剣術修行の徒に対しても秘術を授けるまでに至った。裏を返せば、山岳修行の徒にとって、天狗は人間を惑わす妖怪ではなく、教え導く指南役のような存在と考えられたのだろう。そうした意識の萌芽を『沙石集』の善天狗の説話から読み取ることができるのではないだろうか。

鬼から人へ、霊へ戻る

仏の下僕のような鬼―獄卒―や、仏を恐れるが人間を襲う鬼はもとより人間が鬼化したものではなく、一種の妖怪と捉えられる。しかし仏に敵対し、また仏から離反している鬼は、人間が鬼化したものが多いようである。その中で酒呑童子のように妖怪化するものもあれば、再び仏道に帰依して鬼から人間へ、または霊へと戻っていくものもあったわけだ。

天狗もまた仏教から離れていった知性に富む僧侶のなれの果てと捉えられる。仏教に害をなすことをする妖怪であるが、中には人を仏道に導くものもいた。これは前世において仏道の志を持ちながらも執心を取り除けずに没した結果であった。

変化するもの

次に古代中世の日本に現れた生物の妖怪として主要なものをいくつか挙げよう。もとより鬼や天狗も畜類として位置づけられる面をもつが、神や霊としての面も強い。ここでは鳥獣虫魚の四生《ししょう》の範疇で捉えられる妖怪を見てみたい。

何ものかに化けることを変化《へんげ》というが、それが自発的でかつ何らかの目的がある場合に妖怪の能力と目される。単に現象として変身するだけでは妖怪の能力とは見なされてこなかったようである。

たとえば『直談因縁集』には山の蛇が蛸に変身する話が載るが（巻六‐二十一）（広川英一郎「世間話と目撃体験――蛇が蛸に変わる話」『世間話研究』第十八号、二〇〇八年）、その蛇なり蛸なりを妖怪変化とは見なさないだろう。『礼記』や後世の『化書』にみられる多くの事例や山芋が鰻に変わるというのも、妖怪の所為とは見ない。何らかの目的、特に人間に害をなすために変化するという行為を変化と捉えるのが一般的である。ここではその代表である狐と狸を取り上げよう。

狐の説話

獣としては、妖狐の説話が相当数ある。それだけ日本人の生活に密接であり、また怪異をなすと見られた動物だったのだろう。この点、なにも日本だけではない。狐の変化については白楽天なども詩の題材にしているように、中国においても散見されるものであった。日本においては文献上も、また口頭伝承の上でも、戦前までしばしば目撃されてきたものが狐や狸に化かされた話である。

文献上ではやはや『日本霊異記』に狐の変化については語られている(上巻二)。また『扶桑略記』第三、『神明鏡』、さらに能・幸若舞曲・古浄瑠璃といった芸能にも取材されている信田妻《しのだづま》の説話などがあり、古くから伝承されてきたことが知られる。これは陰陽師安倍晴明の出生譚として広く流布したものである。また『曾我物語』巻第五「三原野の御狩の事」もまた在原業平と女狐が契る狐女房譚となっている。狐はこのように、人間と交渉をもつ説話が少なくない。

狸の説話

それに比べて、古代中世における狸の話は数が少ない。『古今著聞集』巻十七には狸が化け、人を害する話が載っている(六〇二、六〇三、六〇七、六〇八話)。『今昔物語集』にも「狐狸」が人に悪戯を働くものであることが触れられているが（巻十七‐三十三）、狸の変化譚を本格的に採用したのは本書が早いだろう。中国にも「狐狸」の怪に触れたものがあるが、タヌキが怪異をなすことに関しては、際立って日本は豊かな話材に溢れているといえる。

室町時代のお伽草子『十二類絵巻』には十二支の動物たちに復讐するために、狸が鬼に化ける。『古今著聞集』にも軒ほどの大きな妖怪に化けた狸の説話がある（第六〇七話）。狸が女に化ける例は室町期にもあるが（『看聞日記《かんもんにっき》』応永二十四年五月八日の条）、説話・物語として狸が狐のように人間の男と契るものはみられない。仮にあるとしても稀なケースだろう。狐とは多少化ける対象に違いが見られるようである。

『獣太平記』

それから、化け損ないが笑話とされることも多い。『十二類絵巻』『獣太《けだものたい》平記《へいき》』では鬼に化けたものの、犬に見破られてしまう。右『看聞日記』も周囲の人間には気づかれなかったが、犬に正体を暴かれてしまう。「狸の腹鼓」や「鹿待つ所の狸」など、狸は変化するものではあるが、狐ほど恐ろしいものとしては見られておらず、むしろ滑稽味のある妖怪説話のキャラクターと

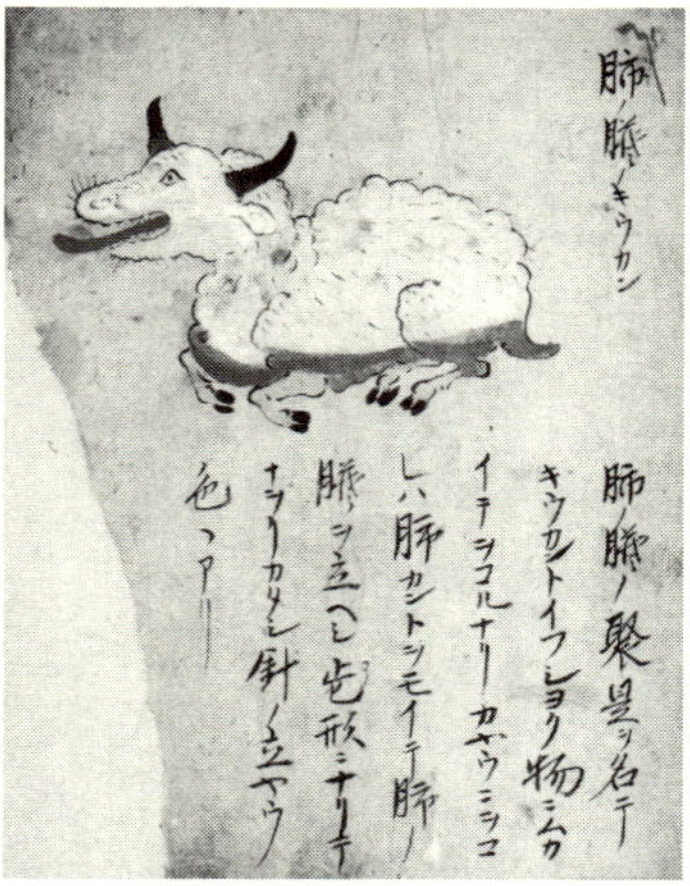

（上）脾積　（下）牛癇

して扱われることが多かった。

近世の代表的な妖怪絵巻『稲生物怪録《いのうもののけろく》』では狸の化けるさまざまな妖怪は娯楽性が豊かであり、落語「化け物使い」もまた然りである。同様に主人公をさまざまな妖怪になって驚かせる物語絵巻に『大石兵六物語《おおいしひょうろくものがたり》』があるが、妖怪に化ける狐は主人公を恐怖させ、愚弄する性格をもっていて、それらとは対照的である。

未確認生物

戦国期に著された鍼灸書《しんきゅうしょ》『針聞書《はりききがき》』（九州国立博物館所蔵）には体内に棲む虫の数々が描かれており、その中には馬や牛、亀、蛇などに似たさまざまな姿がある。これらは人間を病気にし、また未確認生物でもある。人語を用いる虫、歌を歌う虫、閻魔王の配下の虫などもいて、これらは妖怪の一種として捉えてもよいだろうと考える。とはいえ説話文学の中で登場するのは庚申の虫くらいである（たとえば『庚申の本地』に登場する）。本書の他にも似た医書がいくつか確認されているが、こうした目には見えない小さな生物も描きだす想像力がはやくからあったのである。

さて、以下では著名な二つの妖怪を取り上げる。

鵺の説話

鳥の類ではなんといっても鵺《ぬえ》だろう。ときどき内裏の上空に現れ、帝を病気にしていたのである。この鳥は子の刻過ぎに現れた黒雲の中に潜む魔物であった。『平家物語』などには平清盛や源頼政が退治したというエピソードが載っている。どんな姿かというと、頭は猿、体は狸、尾は蛇、手足は虎というものであった。『源平盛衰記』では、背は虎、尾は狐、足は狸で、鳴き声は鵺であったとある。これを普通鵺というが、鳴き声が鵺であると記されているから、『善庵随筆』に説かれるように、頼政が退治したのは鵺それ自体ではなく、名称不詳の怪鳥ということになる。とはいえ空を飛び、翼をもつこの妖怪を、古来、怪鳥として捉えてきた。

土蜘蛛の説話

また土蜘蛛《つちぐも》も有名なところだろう。これも退治されるべき妖怪として説話化されている。その退治がおこなわれたのは古代のことで、中でも源頼光の退治譚が知られる。頼光と渡辺綱が蓮台野で空飛ぶ髑髏の後を追って神楽岡に至ると、二九〇歳になる老女の住む古屋があって、続いて異形異類の物どもや容色美麗の女の妖怪があらわれた。女を切り付けた太刀には白い血がついており、血痕をたどると件の老女の住む古屋に戻った。さらにたどっていくと今度は洞窟があり、そこに大きな蜘蛛がいた。正体を見た頼光・綱はその首を刎《は》ねて退治したのだった。蜘蛛の腹からは一九九〇個の生首が出てきて、さらに人間の子どもくらいの小蜘蛛が無数に走り騒いだが、最後は首を穴に埋め、古屋を焼き払って一件落着した。その姿は一様ではない。大蜘蛛として描くもの、二足歩行で左右に二本ずつ腕のあるものを正体とし、また頼光の前に現れる姿は女だったり、掌から糸を放つ僧の姿だったりする。

人間の生物化

人間は鬼や天狗、畜類、あるいは幽霊になるばかりでなく、虫にも変貌することがある。ここではその点を取り上げよう。

男女を問わず人間が死後牛や馬になって別の人間に使役されるということは古くから信じられてきたことである。これは近代にいたってもなお信じられていた。もちろん、畜生道に堕ちた結果という仏教的な解釈もあるが、仏教的な転生の理屈抜きでも信じられていたようである。たとえば人間に使役される家畜以外にも、人間は転生するもので、昔話では小鳥前生譚といって、小鳥になるという話が多くみられる（高橋宣勝「小鳥前世譚と自発変身」『昔話伝説研究』第十六号、一九九一年）。

蛇の説話

まず蛇である。これは近代の分類意識からすれば爬虫類に属するが、ナガムシの異名があるように、古来、日本ではムシの一種として位置づけられてきた。お伽草子『虫の歌合』でも蛙とともに、歌を詠んでいる。人間が蛇になる例は、近世、怪談集が流行るようになって増えてくるようだ。それ以前で鎌倉時代の『沙石集』所収の「妄執によりて、女、蛇《じゃ》と成る事」が代表的な一話だろう（巻七－二）。

鎌倉の若宮八幡の稚児に恋をした娘が病気になったので、見かねた親が頼んで娘のもとに通ってもらうことにする。しかし次第に疎遠になっていくと、娘はふたたび病がちになり、ついに死んでしまう。しばらくして狂死した稚児の棺には蛇がまとわりつき、娘のほうの骨は小さな蛇になったり、蛇になりかけたりしていた。話末に「執着愛念ホドニ恐ルベキ事ナシ」と評価されているように、愛執の念が女の骨を蛇にしたのだった。

これと似た話は『道成寺縁起』だろう。はやく『法華験記』や『今昔物語集』に類話が見られる。僧の名を安珍とするのは『元亨釈書《げんこうしゃくしょ》』が初見だが、女の名が清姫になるのは近世にくだる。この説話では自分の許から逃げた僧を追う女の肉体が次第に蛇に変わっていく様子が描かれている。

もう一例挙げよう。やはり鎌倉時代の『古今著聞集』に収録されている話だが、白拍子のもとに通う男をねたんだ本妻が生霊になり、蛇の姿となって夫の男根に食いついてしまう。蛇はそこから離れないので夫は刀で殺したのだが、そのまま心身が病んで廃人になってしまう。一方、本妻もその晩から病んで死んでしまった（第七二〇話）。

死後に、また生きながら蛇になることは、この他にも例が多く見出せるものである。いずれにしても、蛇は妄執の権化とみられるもので、とくに女が男に対する愛執から離れずにいると、生きていても、また死んでからも、蛇に化して相手を取り殺そうとする。

相手を思って死ぬことを〈思い死に〉というが、思い死にされると相手は取りつかれて不幸な目に遭う。これが実体化すると、蛇の姿になると考えられたのではないか。これが男の場合となると、蛇になる事例は稀である。だから蛇身は女身と切っても切れないものなのだということであろう。蛇と女の結びつきは、龍女成仏の故事のように仏教的な考えを反映はするものの、それ以上に裾野が広いものと思われる。

虫の説話

さて、蛇とは異なる虫についても触れておこう。

中世の女性の間では、男から恋文をもらっても、それに返事をしないと「七生、口無き虫に生まれる」などと言われた。殺生の罪を犯せば、死後、畜類に転生し、人から金品を借りて返さずに死んだら、死後、牛馬に転生して使役されることで借りを返すことになる。

死後のものでは、頼豪という高僧が死後、鼠となって仏経をかじりまくった。源平の合戦のときに白髪を黒く染めて若作りして討たれた斎藤別当実盛も死後虫となり、稲の害虫となった。同様に、皿屋敷の下女お菊も虫となって、お菊虫と呼ばれる。他に吉六虫というものもいる（『怪談登志男』)。熊野権現の由来によると、熊野権現が和歌山に降臨したとき、前の土地、天竺《てんじく》において母の后を殺した九九九人の后たちは、死後、赤い虫となって熊野に棲むことになった。近世対馬の法者《ほさ》が語った祭文の一つでは、人の思いによって鶴や啄木鳥、燕、稲蔵雀など、さまざまな鳥に転生している(徳田和夫『〈一盛長者の鳥の由来〉祭文をめぐって――小鳥前世譚『雀孝行』の物語草子付・翻刻」『国語国文論集(学習院女子短期大学)』第二十七号、一九九八年)。上杉の僧都という僧は法を弟子に教えることを惜しんだために、死後、手のない鬼になった(『古今著聞集』巻第十五-四九五話)。虫でも鬼でも、その報いの結果になるものと考えられた。つまり人間は鬼や天狗や幽霊ばかりでなく他の生き物にもなるわけだ。

野槌の説話

そうした中で、死後、野槌《のづち》という生き物に転生することもあった。『沙石集』によると、深山に棲む野槌という珍獣に転生した僧がいた(巻五-三)。これは深山にいて滅多に目撃されない生き物で、特徴として、形が大きい、目鼻手足がない、口だけがあるという点が挙げられている。その口で何を食べるのかというと「人ヲトリテ食ラフト云ヘリ」とある。人肉を食らうくらいなので、大きさは結構なものかと思われる。

ではなぜ野槌になるのだろうか。仏道の勉強を名利のために行い、争論し、怒り、恨み、驕慢の心を起こし、妄執に捉われた者がなるとのことである。目鼻手足がなく、口ばかりがあるのもその報いで、知恵の目もなく、信の手もなく、戒の足もなく、ただ口ばかりは小賢しくも付いているのだった。室町時代後期の説法談義の書である『直談因縁集』にも野槌が二つの説話に出てくる。一つは右『沙石集』を原拠とするものであるが（巻七 - 八）、もう一つでは財宝に目がくらんだ僧が野槌になると書かれている（巻七 - 七）。

このように本来野槌は仏教的な戒めの話の中で取り上げられるものだったように思われる。それが次第に、因果応報の思想を離れ、近世では単なる珍しい生き物、一種の未確認生物として一般化したようである。近代のツチノコはこのノヅチの派生形と言われる。

曖昧な動物と妖怪のちがい

鳥獣虫魚の四生のうち、ここではごくわずかしか例示して来なかったが、その他にも、ありとあらゆる物が妖怪になりえる文化がわが国にはある。「一寸の虫にも五分の魂」という諺が示すように、虱《しらみ》や蚤《のみ》でさえ、説話・物語の主人公になったのである。お伽草子『白身房《はくしんぼう》』は虱の物語であり、これもその一例である。『古今著聞集』にも人間に仇を報じる虱の話が載る（第六九六話）。つまり魂が宿るものならば、どれでも妖怪化の余地があるわけである。有情《うじょう》のものばかりでなく、非情の草木や器物も怪異をなすものとなった。

ではどういった怪異をなすのかというと、それはそれぞれの妖怪の特性による。本稿では、多くの妖怪に見られないが、狐や狸といった動物が得意とする変化について取り上げた。狐や狸は人里近くに生息するもので、ときに里の中に入ることもある、野生動物の中でもとりわけ身近な存在である。それだけ狐狸にまつわる説話は古今数多く作られたのであった。

そういうわけで、動物と妖怪の境は曖昧と言わざるを得ないのである。単なる動物と思いきや、変化して怪異をなすものもいるからである。狼や熊と違い、そのままでは人を襲う力の弱い動物は特殊な能力で人に害をなすものと信じられたのである。

実在の動物は外見からは分からない能力を発揮するが、実際見た者がいない動物、すなわち未確認動物は外見に大きな特徴がある。鵺や土蜘蛛がその代表といえる。

人間とこれらとは人里とそれ以外というように、原則として棲み分けがなされている。不運にも遭遇すれば襲われるが、基本的に人里のウチで襲われることは希だ。それらは人間とは無縁に生きる生物で、人間を見つければ攻撃するが、多くは人間不在でも生きていかれるものだろう。

しかし、一方で、人間が死後畜生道とは別に、畜類や虫に転生することが多くみられるのも事実である。〈報い〉というと仏教的な印象を受けるが、前世の因縁によって求むと求めざるとにかかわらず、生物に生まれ変わることも多かった。『古今著聞集』にはみずから望んで犬になった者の話が載るが（第六八九話）、多くは自分の意志とは別に、前世の何らかの行いに相応《ふさわ》しい生物の姿に転生したのである。

信仰から娯楽へ

鬼をわが国の妖怪の中核に置いて述べてきた。鬼は本来多義的な属性をもったものだったが、次第に霊としての性格が薄れていき、実体としての妖怪像が強まっていった。とりわけ説話文学の中にあっては人間を害する妖怪として登場してきた。ただそれでも、仏敵としてばかりでなく、仏の掌中で踊らされる存在としても描かれていた。それはつまり、人間を仏道に導くための駒に過ぎなかったといえよう。しかしその鬼たちが仏の掌に収まらなくなった時、人間にとって救いようのない不条理な物語＝怪談が生まれるのだった。

天狗は仏敵として明確な立ち位置にあったが、本来、知性豊かな僧であったから、山岳修行の徒を密かに助ける性格も持つものが現れた。果ては合戦における伝令役まで自発的に行うものも現れるに至った（『太平記』巻十）。

ともあれ、このような忌まわしい姿になりたいと願う人間は滅多に出ないのであり、それゆえに、動物と同様に、悪の報いとして生まれ変わる、もしくは変貌する対象とされた。動物や虫といった生類もまた報いで転生する対象となった。生きながら変わるものもいれば、死後に変わるものもいた。

生物の中にはそうした因果とは関係なく、また人間の生活とも関わりなく、偶然遭遇するに過ぎないものもいれば、進んで害をなさんとするものもいた。

森羅万象、妖怪にならざるものはないが、中でも古代中世の説話文学にあっては、鬼が主流をなしていたといえよう。そして中世には天狗が盛んに語られるようになる。一方、生物では狐や狸の怪異が話題性に富み、巷のうわさ話から語り物、あるいは物語絵巻まで題材として取り上げられたのだった。

笑話の中の妖怪

そうした中で、鬼は単なる怖い存在としてではなく、ドジで可愛いキャラクターとしても徐々に派生していく。もともと人を害するばかりか、仏にさえ敵対する魔物として描かれることもあった鬼。それは当然、物語では、英雄的キャラクター（源頼光や渡辺綱など）によって、あるいは高僧の法力や仏菩薩によって、最終的に退治されるものとして描かれる。鬼が人間に退治される、仏力に敵わないという前提に立つと、鬼をいかに恐ろしく語るかという叙述にこだわる必要もなくなるだろう。緊迫したバトル展開ではなく、ギャグ調の叙述に改めても差し支えないわけだ。実際、中世後期にもなると、人を食べようとした鬼がかえって浄化されてしまう話がちらほら出てくる。

まだ笑い話とはいえないが、『直談因縁集』には従来の仏教説話に見られる鬼とは少し違う鬼が出てくる（巻八‐三十三）。鬼の大将が、家来の鬼たちに人を獲ってくるよう脅迫まがいの命令をくだす。そこで鬼たちは都に出て人を捕ろうとするが、『法華経』の功徳を説く説法を耳にした結果、ことごとく金色《こんじき》になってしまう。これに先立って金色になっていた鬼女が京都東山にいた。この女は鬼たちに頼んで獲物として大将に差しだすよう頼む。鬼たちは罰を受けずに済むから引き受けた。はたしてその鬼女は鬼の大将に食べられてしまった。鬼女はまた鬼たちに『法華経』を書写することを頼んでおり、その甲斐あって、死後、極楽往生の素懐《そかい》を遂げた。このように、鬼であっても、自分を犠牲にすることで自らを浄化し、且つ眷属の鬼たちにも仏道に入る機会を与えたのだった。

ここにある鬼の大将とその部下たちの関係に滑稽さを加えると、落語「お血脈《けちみゃく》」における閻魔王と石川五右衛門の関係になる。地獄では善光寺のお血脈のために、地獄に堕ちる人間がいなくなってしまった。そこで閻魔王は五右衛門に命じて善光寺のお血脈を奪うことにした。しかしながら、これに触った五右衛門がそのまま極楽に行ってしまったのである。

そうみると、鬼の大将とその眷属は、閻魔王と獄卒と言い換えることができるかも知れない。あるいはそうした類話がすでにあったものか。

ともあれ、『直談因縁集』にしろ「お血脈」にしろ、大将の鬼（閻魔王）が我意を遂げられないところに可笑しさがある。先述した通り、鬼は人間を害することはあっても、仏力には敵わない存在として描かれるが、ここでもその原則に則ったものであった。一方お伽草子『強盗鬼神』では、やはり地獄に罪人が来なくなったために、閻魔王の目を盗んで、獄卒たちが三途の川や死出の山、賽の河原で山賊や追い剝ぎといった強盗行為を繰り返すようになったことが記されている。阿弥陀如来の要請を受けて閻魔王がそれらを罰することになるわけだが、ここでも閻魔王の権威を地に落とすような設定で描かれている。かつて『日本霊異記』において、獄卒の閻魔王に対する不実な一面が描かれていたが、中世になって、そうした設定は見られなくなった。しかし戦国期のころから再び可笑味をもった鬼の話が増えていったのである。

『醒酔笑』には地獄の赤鬼を可愛いキャラクターに造形した話（巻五）や織田信長のもとにいた沼の藤六というおどけ者によって笑いの対象となった鵺の話（巻六）などもみられるが、このように、室町期から徐々にその片鱗を見せ始め、江戸時代に入って笑いの題材と化していくようになっていった。それと並行して、怪異を楽しむ催しも増えていく。説話文学に即していえば、百物語、怪談集の流行である。

また『今昔物語集』や『宇治拾遺物語』などの古い説話集に見られた百鬼夜行が室町期には絵巻化され、近世、数多くの類似作品を生み出していった。『付喪神《つくもがみ》絵巻』も同類といえる。室町期の徳江本『伊勢物語註』に、付喪神とは「百鬼夜行神を云ふ也。又は人の家にある道具、何でもあれ、百年になれば反化して人を悩ます也」とあるように（第六十三段）、後世、『付喪神絵巻』と見まがうキャラクターが随所に描かれる『百鬼夜行絵巻』も現れる（真田宝物館所蔵）。さらにストーリー性をもたない『百鬼夜行絵巻』も現れ、一種の化け物尽くし絵が派生する。

そうした中で古代中世の妖怪たちは、おどろおどろしくもさまざまな、ユーモアのある妖怪画の解説としての役割を帯びるようになってくる。

V

お伽草子と妖怪

お伽草子を概観する

およそ十五世紀（室町初期）から十七世紀後半（江戸初期）にかけて、おびただしい数の短編物語が創られた。四百種を優に超えており、現在でも新種の作品が見出されて増加している。テキストの多くは絵巻や、奈良絵本《ならえほん》と呼ばれる絵入り写本である。江戸初期頃には、絵入りの版本《はんぽん》となって流通し始めた。この物語草子類をお伽草子（御伽草子、室町物語）と呼んでいる。

鎌倉時代までの物語文学は貴族の恋愛物語が中心であった。対して、お伽草子はじつに多様な内容となっている。それは、主要人物の階層、素材、物語の舞台から、公家物語（主に歌人伝説・恋愛）、英雄・武家物語（合戦・冒険・怪物退治）、宗教物語（寺社縁起・発心出家・稚児愛玩《あいがん》）、庶民物語（立身出世・祝言《しゅうげん》）、異類物語（異類婚姻・動植物の擬人化による合戦・恋愛・出家）、異国・異郷物語（天竺震旦《てんじくしんだん》説話・異界訪問）に分けられる。まさに多岐にして多種の物語の宝庫である。こうした豊饒ぶりは、室町・桃山時代の政経動向や文化状況と相応している。

武家は公家の学芸を尊び、盛んに摂取している。守護大名、戦国大名は自国の繁栄を図って物資交易を勧めた。街道には宗教者、芸能者、巡礼者も行きかうようになり、都鄙《とひ》間の情報交流もなされた。都では庶民の商工業が発達し、なかには職芸によって公武の屋敷に立ちまわる者もいた。仏教の諸宗派は競って教導をおこない、貴庶は転生や彼岸を強く意識した。対外面では中国の明、朝鮮の李朝の文物を取り入れ、十六世紀末期にはヨーロッパ文化の流入があった。

そうした時代の新生面が物語文芸に画期的な展開をうながした。主人公に武家や庶民の女性を据えるようにもなった。物語は知識啓蒙を盛んにおこない、テーマは神仏由来、英雄讃嘆、立身出世も語って幅広くなった。笑いを眼目とする物語には、狂歌や俳諧連歌が流行し、芸能では狂言が盛行したように、当時の陽気な気風が映じている。

その作者は、二、三の作品を除いて大部分が未詳である。しかし公家、武家、僧侶とみておくのが順当である。また、専門の文学者というべき連歌師も考えられる。寺社や霊場の神仏の物語には、当初は旅の宗教家が語っていたものもある。こうした諸々《もろもろ》を公家や武家の成人、若者が享受し、江戸時代に入ると富裕な町民も読むようになった。

本格的な妖怪絵巻の登場

そのテキスト形態の特色は、基本的に絵を伴っていたことである。また、絵に登場人物のセリフを書きつけたものも多い。画中詞《がちゅうし》である。場面の絵画化は、また画中のセリフは物語を活き活きとしたものにする。本来、物語書は絵を備えるものなのである。物語は出来事を伝える。その始まりから終りまでの流れは、場面を並べることで組み立てられる。場面とは構図《イメージ》に他ならない。言い換えると、物語は場面ごとの絵（＝画面）をもっている。その具体化が絵巻であり、そうした物語絵に成人も年少者も親しみ楽しんだ。

そして、物語愛好者は次から次へと新しい題材を求めていく。現実のエピソードだけではなく、奇異、怪異の出来事にも関心を向けていった。お伽草子はこれを積極的に取り上げている。当時の民間伝承や地方の説話に取材したものも多い。神仏の霊験や奇跡、異界への憧憬と畏怖、動物や異《い》形《ぎょう》のものの世界を物語化し、絵画化している。その先駆けは十二世紀末期の『鳥獣人物戯画』甲・

乙巻であり、鎌倉時代の説話系絵巻を経て、室町時代のお伽草子に至って盛んになる。そこに、妖怪や化物《ばけもの》がようやく視覚的に造形され、めざましい活躍をするようになった。現代のアニメやマンガの異形の人物造形、それをまねたコスプレや、またゆるキャラの流行といったサブカルチャーの根っこはここにある。

　お伽草子において、妖怪が跋扈《ばっこ》している代表的な作品は次の四種である。『付喪神記《つくもがみき》』（崇福寺《すうふくじ》蔵）とその別本（寛文六年《（一六六六）》奥書本の江戸後期模本）、『土蜘蛛草紙《つちぐもそうし》』（東京国立博物館蔵）、『化物草子《ばけものそうし》』（光信《みつのぶ》絵巻、ボストン美術館蔵）であり、いずれも絵巻である。内容や特色を簡単に述べておこう。なお、『化物草子』については後述した。

『付喪神記』

　この作品の意義はその書名に初めて「つくも神」の語を用いたことである。これによって、つくも神は文化、文学史上に市民権を得た。本来は「九十九髪」と書いて白髪の老婆を意味していたが、転じて古くなった道具や器物類をも指すようになった。さらにそれには霊魂があるとみて、異形のものに化けると考えるようになった。なお、十八世紀に鳥山石燕《とりやませきえん》が著した『百鬼徒然袋《ひゃっきつれづれぶくろ》』の妖怪は、ほとんどがつくも神である。

　冒頭を引用しておく（部分に漢字を宛て、送り仮名を補い、仮名遣いを訂した。以下、同じ）。

　陰陽雑記《（おんやうざつき）》に云《（い）》ふ。器物、百年を経て、化《（か）》して精霊を得てよく——（別本「より」）人の心を誑《（たぶら）》かす。

是を付喪神と号すといへり。是に以《(よっ)》て、世俗、毎年立春に先立《さき(だち)》て、人家の古具足（「道具」）を払《はら》ひ出して、路地に捨《(すつる)》事侍り。これを煤払ひといふ（「号す」）。これすなわち百年《(もも)とせ》に一年《(ひと)とせ》足《た》らぬ付喪神の災難に会《あ》わ（「は」）じとなり。

「陰陽雑記」なる書は確認しえない。物語は次のように展開していく。器物は百年を経過すると、つくも神となって人心を惑わすという。そこで、人びとはその変化《へんげ》を懼《おそ》れて、九十九年目ならば大丈夫だろうと、立春の前の大掃除で道具類を棄てた。ところが、古道具は晩になって、一つ所に集まって、人間に対して恨みごとを述べ、ついには化けて妖怪となった、……。

ここにみられる室町人の「つくも神」観は、永正五年《(一五〇八)》正月二日の年記をもつ『狂歌合《きょうかあわせ》』の第二番の左右歌、判詞《はんじ》にもよくうかがえる。

（左歌）春立つといふばかりにや三歳のときも霞て今朝は見ゆらむ

（右歌）節分に化けそこなひて古衣《ふるごろも(来・着)》きたる春こそおかしかりけれ

（略）右は、節分の百鬼夜行といふ物《(もの)》、よろづの古物のあまりに年を経《ふ》る故に、自然の生を受《う》けて化《ばけ》物と成りて、今宵《こよひ》歩《あり》き侍るとなり。小野宮殿《(おののみやどの)》、節分の夜、参内《(さんだい)》させ給ひし御車の前を、様々《さまざま》な化《ばけ》物通《とほ》り侍りけるを見《み》つけ給ひしより、百鬼夜行の顕形《(けんぎやう)》は侍りし事と承《うけ給》り及《(および)》侍るなり。然《(しかる)》を、化《ば》けそこなひたる古《ふる》衣、もとの姿にて春立《た》ちけむ。誠におかしき風情《(ふぜい)》なるべし。

節分の晩に「百鬼夜行」というものがあり、それは古い道具が大変に年を重ねたゆえに、自然の摂理として化物となって歩くのだとしている。また、小野宮（藤原実資《ふじわらのさねすけ》）が節分の夜に宮中に出仕したところ、その牛車《ぎっしゃ》の前を百鬼夜行があったという。この説話は平安、鎌倉時代の説話集に類話があり、『付喪神記』別本が設けている場面（＝関白が妖怪の群れに遭遇するが、真言の陀羅尼の護符が火炎を発して退散させたとの話）にも通じるものである。

崇福寺本は十五世紀末期から十六世紀初期の作で、「非情成仏絵《ひじょうじょうぶつえ》」ともいう。また文中に「百鬼夜行」とある。別本は十九世紀の摸本が十本以上伝わり、人気を博していた。両者は、構成はほぼ同じながら本文に違いが多く、その先後関係については議論がある。ともに妖怪を「妖物《ばけもの》」と書き表しており、その画中詞には滑稽味がある。なお、別本には狐などの動物妖怪も登場しており、都の船岡山の奥の「変化大明神《へんげだいみょうじん》」の祭礼で妖怪の行列が繰り広げられる。妖怪の出現を行進するように描き出すのは定番であり、そこには同時期に盛行していた風流《ふりゅう》の仮装行列が反映している。

ちなみに、道具類が変化《へんげ》して人間同様の感情を持つと考えて、夜中に和歌を詠み合うとした物語に『調度歌合《ちょうどのうたあわせ》』がある。この物語は、自然界の万物は霊魂を宿していると認知して、それを崇《あが》めるアニミズムを基底としている。しかし、作品そのものは中国唐代の伝奇小説「元無有」（『太平広記』三六九「精怪」二、『玄怪録』一）に拠ったと考えられる。また、東晋《とうしん》時代（四世紀前後）に編まれた『捜神記《そうしんき》』には、日本の妖怪物語の源流と想定される怪異譚が多く載る。例えば平凡社東洋文庫本の第四三八話は民間説話（昔話）の「化物問答《ばけものもんどう》」に相当する（類話に「東陽夜怪録」［『太平広記』四九〇］がある。以上、徳田論文一九八九年）。

『土蜘蛛草紙』

英雄の源《みなもとの》頼光《よりみつ》と渡辺綱《わたなべのつな》による化物退治譚である。制作期は十四世紀にさかのぼるとされており、武家の統領である源家を讃嘆するものとなっている。武士の時代ゆえに尊重された作品であり、その思潮は十五、六世紀の鬼退治の物語『酒呑童子《しゆてんどうじ》』絵巻にも現れている。

十月の二十日過ぎのこと、頼光と綱が都の北山から蓮台野《れんだいの》を行くと、髑髏《どくろ》が空を飛んで神楽岡に落ちた。そこに荒れ果てた家がある。老女がおり、二百九十歳だという。背丈が九十センチほどで、突然消えうせた。さらに庭を進むと、なんと六十メートルの鬼が出現する。夕闇、雷の鳴る頃には「化物」「異類異形の者ども」が現れ、どうと笑って消えていった。暁となると、「化人《けにん》」の美女が登場し、毬ほどの白雲を投げかけてきた。切りつけると、血の跡がある。それをたどって西の山にいたると洞窟がある。剣を振るうと手ごたえがある。よく見ると「山蜘蛛」というものであった。斬り目から、死人の首が千九百九十も出てきた。また、七、八歳ほどの子どもの大きさの子蜘蛛が走り騒いだ。

画中の巨軀《きよく》の鬼と女人、そして異様に大きい土蜘蛛はいかにも不気味である。また、つくも神も描き出した最古の絵巻である。なお、くだって江戸時代初期には同工異曲の『土蜘蛛』絵巻が作られた。さらに、頼光の土蜘蛛退治は能や歌舞伎の演目や、錦絵（浮世絵）の画題ともなった。能『土蜘蛛』は「葛城山に年を経る土蜘蛛の精魂」と語り、この「化生《けしよう》」は高さ七尺（約二百十センチ）、大きさ一丈《じよう》（約三百センチ）としている。

『百鬼夜行絵巻』

京都の大徳寺真珠庵《しんじゅあん》に蔵されるもので、真珠庵本という。十六世紀作と見なされ、これこそがお伽草子の時代に作られた妖怪絵巻の最たるものである。絵には、つくも神や動物変化《へんげ》のありとあらゆるものが跳梁し、また鬼も登場している。まさに史上初の妖怪の大集合、異形の大行進なのである。巧みな構図、鮮やかな彩色での奇抜な造形は目を奪ってやまない。

詞書《ことばがき》（本文）はない。欠落したのではなく、当初からなかったのである。開巻、妖怪が夜になって行列を組んで繰り出す。巻末には真っ赤な球体が描かれていて、それに気付いた連中は逃げ戻っている。これからして絵巻は明らかに出来事の始終を表している。妖怪説話や他の妖怪絵巻に照らしてみると、ストーリィ性が感得できる。近代以前は怪異や霊威の話題に満ちており、真珠庵本は妖怪の出没を説明づけたものと捉えるべきである。いずれにしろ、ことばの記載がないゆえに、かえって直後や後世の絵師たちの想像力を刺激した。だからこそ、転写本や改編本が極めて多い。

真珠庵本はなおも解明すべきことが多い。例えば、当初から『百鬼夜行絵巻』と命名されていたのか。また、出だし（巻頭）は唐突な印象であり、転写による錯簡《さっかん》が生じていた可能性もある。そうだとすれば、原本はどのような構成だったのか。さらに、先の『付喪神記』との関連はあるのか。別途に〈百鬼夜行〉をテーマにして編んだ絵巻や、新たに詞書を付置した絵巻も伝わっており、互いの影響関係などの検討はようやく始まったばかりだ。中世における妖怪形象の達成としても過言ではないこの絵巻は、私たちの一層のアプローチを待っている。

お伽草子の妖怪、化物

お伽草子にはさまざまな妖怪や化物が、またそれに準じる異形のものが登場している。以下に部分けし、該当作品を掲げておいた。なお、広くあつかっており、神の化身《けしん》、神使《しんし》、その異形化と見なしうるものも含んでいる。また、妖怪説話およびお伽草子の〈妖怪物〉は、題材や展開が異類物《いるいもの》と近似している。異類物は動植物を擬人化した物語であり、民間伝承と内容を同じくする作品も多く、結末が『百鬼夜行絵巻』のそれと類似したものもある。その観点から、異類物の代表作品も併記しておいた。

なお、お伽草子の絵巻では、動植物などの異類を擬人化して表現するとき、頭部に本来の姿を示す物を載せて描くことが多い。『をこぜ』『隠れ里』『大黒舞《だいこくまい》』『俵藤太物語』などであり、絵入り版本に『魚太平記《うおたいへいき》』『諸虫太平記《しょちゅう》』『墨染桜《すみぞめざくら》（草木太平記《そうもくたいへいき》）』などがある。これは、つくも神などの妖怪表象の方法と似通っている。それはまた、古くは諸天《しょてん》・竜王などの造形に見られ、芸能の狂言に同様な演出があり、十六世紀の祭礼風流《ふりゅう》の仮装行列もそうした趣向を取っていたと察せられ、多方面からの把握が必要である。

蜘蛛の妖怪

さて、お伽草子は妖怪や化物をどのように表現しているのだろうか。紙面の都合でごく一部にすぎないが、具体的に見てみよう。

十八世紀の絵師、狩野宗信が描く『化物図鑑』に「鬼蜘蛛」が登場する（『日経アート』11巻9

お伽草子の妖怪・化物一覧

つくも神（付喪神）	土蜘蛛草紙、付喪神絵巻（崇福寺蔵本）、同・別本（寛文六年奥書本の江戸後期模本）、化物草子絵巻（光信《みつのぶ》絵巻）第二・三話、百鬼夜行絵巻（真珠庵本系）〔参考〕桜梅草子《さくらうめのそうし》（第二話、懸想文《けそうぶみ》・筆）、調度 歌合《ちょうどのうたあわせ》
鬼・鬼神、鬼女	天稚彦《あめわかひこ》物語（大蛇婚姻系）、一寸法師、伊吹童子《いぶきどうじ》、御曹子島渡《おんぞうししまわたり》、かなわ、元興寺縁起《がんごうじえんぎ》、きまん国《こく》物語、酒呑童子、諏訪の本地（諏方《よりかた》系）、清薗寺《せいえんじ》縁起《えんぎ》絵巻、田村の草子（鈴鹿）、立烏帽子《たてえぼし》、土蜘蛛草紙、天地《てんち》三国之《さんごくの》鍛冶《かぢ》之惣系図歴然帳《そうけいずれきぜんちょう》、道成寺縁起《どうじょうじえんぎ》絵巻（在地伝承系）、戸隠山《とがくしやま》絵巻、ともなが、にんらん国（しやうはう）、化物草子・別本、橋姫、長谷雄草紙《はせおそうし》、百鬼夜行絵巻（真珠庵本系）、羅生門《らしょうもん》絵巻〔地獄の鬼〕朝ひな、朝比奈物語、閻魔王物語、強盗鬼神、義経地獄破り
牛鬼《うしおに》	羅生門絵巻〔参考〕枕草子、太平記、鳥山石燕『画図百鬼夜行』、伊予の「牛鬼」祭り
がごぜ	元興寺縁起《がんごうじえんぎ》〔参考〕鳥山石燕『画図百鬼夜行』（「元興寺《ぐはごぜ》」）、妖怪絵巻（『百怪図巻』等）
わざはひ（禍、災い）	鶴の草子（一巻本系）
蛇・大蛇	熱田の神秘、天稚彦物語（大蛇婚姻系）、伊吹童子、群馬《ぐんま》高井《たかい》岩屋《いわや》縁起《えんぎ》、興福寺の由来物語、さよひめ、地蔵堂草紙、七人童子絵詞《しちにんどうじえことば》、田村の草子（鈴鹿）、俵藤太《たわらのとうだ》物語、天地三国之鍛冶之惣系図歴然帳（一行阿闍梨《いちぎょうあじゃり》の大蛇退治）、道成寺縁起絵巻、榛名《はるな》山御《さんご》本地《ほんじ》、富士の人穴《ひとあな》草子、法妙《ほうみょう》童子《どうじ》、堀江物語、横笛草紙（清涼寺本）
天狗	赤城山の本地、車僧草子《くるまぞうそうし》、七天狗絵《しちてんぐえ》、是害房《ぜがいぼう》絵巻、稚児いま参り、天狗の内裏《だいり》、破仏《はぶつ》物語絵巻、船尾山縁起《ふなおやまえんぎ》
雪女	雪女物語（本性は「古狸」）

狐	狐の草子、獣《けだもの》の歌合《うたあわせ》、木幡狐《こわたぎつね》、玉水《たまみず》物語、玉藻《たまも》の草紙、変化《へんげ》あらそひ、雪女物語、寛文十年写・十二類絵巻（国会図書館蔵）〔参考〕鳥獣人物戯画、婚怪草紙絵《こんかいそうしえ》巻《まき》〔狐火〕付喪神絵巻（寛文六年奥書江戸後期模本）、百鬼夜行絵巻（京都芸大本）
狸・狢《むじな》	十二類絵巻、変化あらそひ、雪女物語、獣の歌合〔狢〕むぐらの中将
猿・猿神	申陽侯《しんようこう》絵巻、藤袋《ふじぶくろ》の草子〔参考〕「下手猿楽《へたさるがく》に似たる化物《ばけもの》／拍子にも合はぬ狸の腹鼓」（天文八（一五三九）年頃『犬筑波集』雑）
蟹・蜘蛛（多足系）	岩竹、土蜘蛛草紙、土蜘蛛、天地三国之鍛冶之惣系図歴然帳、番神《ばんじん》絵巻（「まるもの」）〔参考〕俵藤太物語、日光山縁起《にっこうさんえんぎ》（百足）
鳥	七人童子絵詞

お伽草子の異類物

猿の草子、十二類絵巻、是害房絵巻、調度歌合《ちょうどうたあわせ》、はなひめの物語、ふくろふ、虫の歌合など数十種〔参考〕鳥獣人物戯画

異類の人間への変化《へんげ》＋婚姻型

〈植物〉	かざしの姫君、桜梅草子（第一話）、他〔変化《へんげ》のみ〕花情《かじょう》物語、胡蝶物語
〈動物〉	天稚彦物語（大蛇婚姻系）、雁の草子、狐の草子、木幡狐、玉水物語、田村の草子（鈴鹿）、鶴の草子、鼠草子、鼠の草子（権頭《ごんのかみ》系）、蛤の草紙、他
〈無生物〉	壺の碑《いしぶみ》（大石）、化物草子絵巻・第五話（案山子《かかし》）

号、特集［妖怪づくし］）。現代では、強剛で歩脚の太く長い蜘蛛をオニグモ（カミナリグモ、ダイミョウグモ）と呼んでいるが、「鬼蜘蛛」は大きなからだに、鬼の顔が据えられている。この形象は、多足の生き物に不気味なものを観想したところに起因している。

蜘蛛には独特な伝承がある。古くから和歌神の衣通姫《そとおりひめ》と結びつけられ、姫が美女とされたことから小野小町とも関係づけられてきた。また、その尻から糸を出す奇態は多くの説話を生みだしている（吉備《きびの》大臣《おとど》の野馬台詩《やばだいのし》読破、祇園社の神域由来、源頼朝主従の洞籠《ほらごも》り等）。さらに、その網（巣）の形状も神意の現れと感得されて、占いに用いられた。

我が夫子《せこ》が来《く》べき宵《よひ》なり 笹蟹《ささがに》の蜘蛛のふるまひ かねてしるしも

（『古今和歌集』仮名序、能『土蜘蛛』等）

君来《く》べき宵をば人に告《つ》ぐれども 我が逢瀬《あふせ》には占《うら》ひもなし（『虫の歌合』十四番左・蜘蛛）

蜘蛛の出現を何かの予兆とするのは民俗社会でもおこなわれてきており、朝グモ・夜グモによる吉凶判断の俗信はよく知られている。

「鬼蜘蛛」は、こうした蜘蛛の霊異性に加えて、獲物をじっと待ち、いったん捕らえると決して逃がさない生態に、鬼のごときの執念を想い合わせて造ったのであろう。鬼形にはまた、執着心を女性の罪障とし、それを蛇に譬えてきた歴史（堤邦彦『女人蛇体』角川叢書）も反映している。昔話「食わず女房（蜘蛛型）」や伝説「蜘蛛淵」は、そうした蜘蛛を畏怖して語り継いできた物語である。

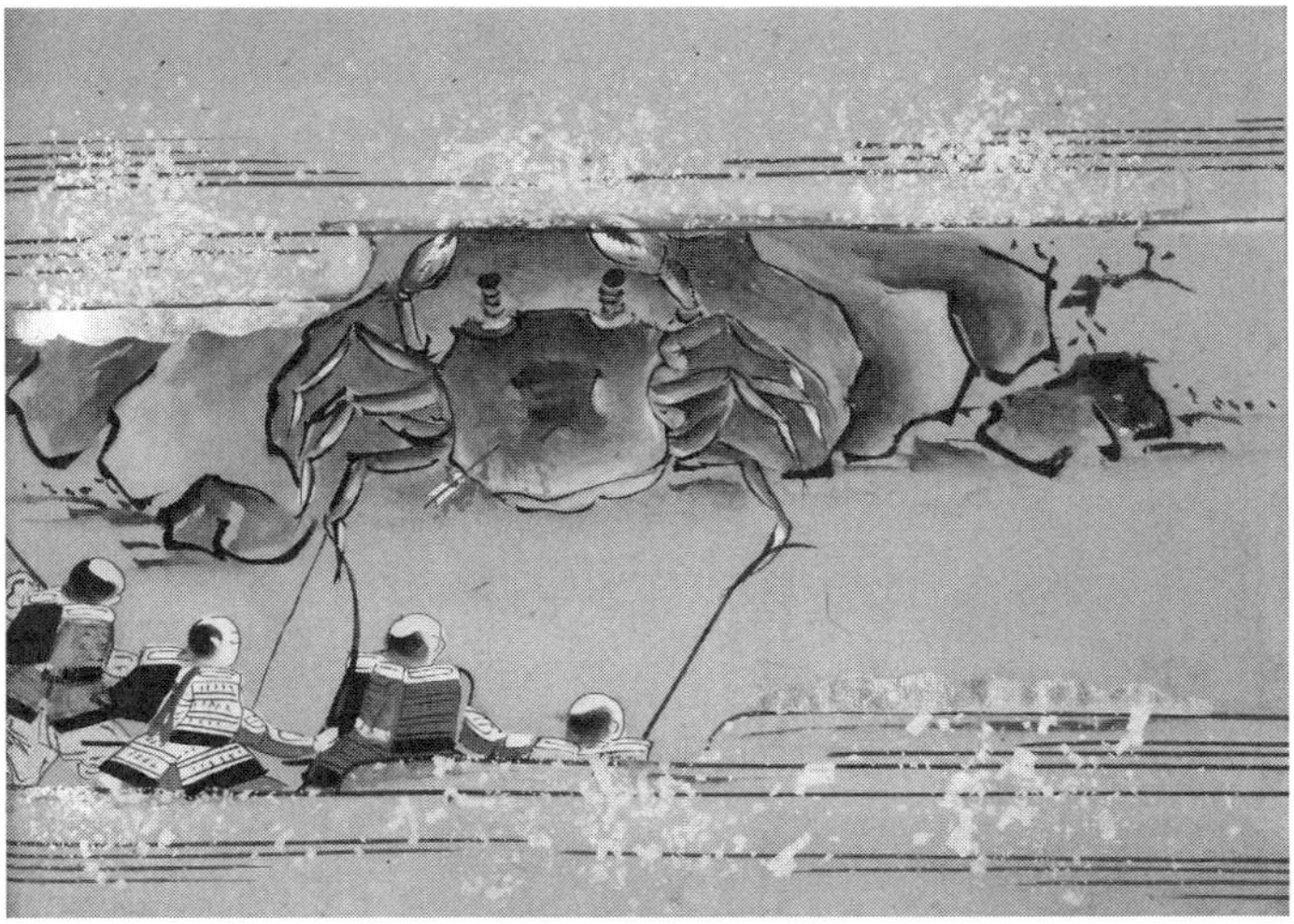

『岩竹』の蟹の妖怪

蜘蛛の妖怪化は何よりもその奇異な姿形に着想していた。『俵藤太物語』の大百足《おおむかで》には及ばないものの、多足という異形性に根ざしている。宝剣の伝承を集めた『天地三国之鍛冶之惣系図歴然帳』に摂津源氏多田満仲《せっつげんじただのみつなか》の武勇説話が載り、大蜘蛛が登場する。それは「かげろふの如くなる物」で、「丈《たけ》七尺計《ばかり》なる大入道」に化けたが、「大きなる蜘《くも》なり。高き事、五尺計有り。足八つ有」るのであった（同書には「玄一坊」の「赤色の鬼神」「大なるむささびの様なる獣」の退治譚も載る）。

蟹の妖怪

ところで、右の和歌にみえるように、蜘蛛の枕詞《まくらことば》は「笹蟹《ささがに》」である。そのように使うのも、蜘蛛と蟹とは生態、形状が似ていたからである。ともに多くの長い手足があり、多産である。蟹は浜、水辺に棲息し、蜘蛛には湿地を好むものが多い。では、蟹の妖怪はいるのだろうか。民間説話に「蟹問答」という昔話がある。旅の僧や修験者が日暮れて荒れ寺に泊まる。深夜に異形の物が出現し、大きな目玉が二つ、足が八本のものとは何かと謎かける。僧が蟹だと解き明かすと、異形の物は消え去ったという。この物語は、室町時代には狂言となっている。『蟹山伏《かにやまぶし》』である。十六世紀の狂言台本、天正狂言本には「かに化物《ばけもの》」とある。

お伽草子では、蟹の化物は『岩竹《いわたけ》』に登場する。十七世紀の横型の奈良絵本は、岩屋を背にしたそれを大きく描いている。その名は「岩嶽《いわだけ》」である。筑紫の西海に長いこと暮らしていたが、子を殺された恨みを晴らそうと出現し、高倉中納言の姫君を攫《さら》った。

眼《まなこ》を見れば、日月《じつげつ》の山より出《い》づるごとくなり。手足は八つありて、その丈《たけ》五尺余りなり。恐ろしきとも、中々何に例《たと》へんかたもなし。

岩嶽は四尺余りの鋏を振り立てて襲ってくるが、四人の武士によって討ち取られる。姫君は無事にもどり、めでたく婚礼をすませた。この展開には、『酒呑童子』や『田村の草子』の物語との類似が指摘されている。また民間説話の美女奪還モティーフに対応し、世界的に語られている「失われた花嫁」説話を基にした『諏訪の本地』(諏方系《よりかた》)の前半部ともよく似ている。甲賀三郎の妻、春日姫は美しい三帖の草子に気を奪われる。草子はたちまち三人の稚児と変じて、姫を連れ去って行く。それは信濃国の立科山《たてしなやま》(蓼科山)の洞窟の底にある「御鬼国《おんきこく》」の主《あるじ》「魔王」が仕組んだことであった（『神道集《しんとうしゅう》』は「天狗共ノ仕態」とする）。

岩嶽の図は、十四世紀の『土蜘蛛草紙』における、荒れ果てた屋敷にひそむ巨大な蜘蛛の絵と重なる。こちらは、源頼光と渡辺綱に討たれている。また、『土蜘蛛』も想起される。というのは、かつては「笹蟹の蜘蛛」といわれたように、蜘蛛と蟹は同類のものと見なされていた。事実、クモ科の一種にカニグモと呼ばれる種類がある。日本だけで二十三属・約六十種が棲息するという（世界で百六十属約二千種）。大きくはないが、前足の二本は特に長く発達し、左右に拡がっていて、これで獲物をしとめる。まさに蟹と似ているところから、そのように名づけられているが、この呼称は古くからのものである。十七世紀の『諸虫太平記』にはさまざまな蜘蛛が登場している。その一つの擬人名が「蟹蜘《かにぐも》の才蔵」である。挿し絵には、頭に蜘蛛を載せた武者が四人描かれている（同書第三図）。その内の一人が戴《いただ》く蜘蛛は前二脚が発達している。カニグモであろう。

多足の化物といえば、十六世紀作の『番神《ばんじん》絵巻』に登場する「まるもの」もそれである。弓矢の術を陰陽の思想で説いたこの絵巻に、「震旦《しんだん》の事」と題した化物退治の話が載っている。中国古代の出来事に装っているが、日本で創られた説話であろう。源三位《げんざんみ》頼政《よりまさ》の鵺《ぬえ》退治の物語（『平家物語』巻四）に似ており、また藤原氏隠岐広有《おきのひろあり》の怪鳥退治説話（『太平記』巻十二）と同様な物語となっている。後者の「怪鳥《けてう》」は、不気味にも「何時《いつ》まで」と鳴いたという。後に、鳥山石燕《とりやませきえん》は『今昔画図続百鬼』に「鵼《ぬえ》」と並べて「以津真天《（いつまで）》」と表記して取り入れている。黒雲の立ち込める屋根の上に、白い妖気とともに出現した姿は龍のごときである。翅は端が幾本もに鋭く尖っており、顔は鬼といったところだ。

「震旦の事」とは、こうである。ある暮れがたに内裏に黒雲が流れ来て、居すわった。王は重病となり、高僧たちが祈禱したが、治らなかった。陰陽の博士が、武士に退治させるべきだと占い、弓矢に秀でた頓窪《とんくぼ》という者が選ばれた。頓窪が従者の嶋国《しまくに》とともに黒雲に立ち向かった。すると、「かすかな声にて、『まるもの、まるもの』と鳴きて、雲、そよめき廻るを見れば、身の毛よだつ、心も失せるばかりなり。」のありさまであった。頓窪は、すかさず矢を放った。

蟇目《ひきめ》一つ、雲のうちへ射込んでみれば、雲、さざめきて鳴く声、隙《すき》もなし。やがて、二度目の矢にて、はたと射たり。大床に落つるところに、嶋国続き、とどめを見れば、面《おもて》八寸わづかにあり。目は一つ、手は六つあり。名は知らず。鳴く声を取りて、まるものとゆふなり。

この化物は、「手（＝肢）は六つ」だから、蜘蛛のような多足の生物から着想したものであろう。実のところ、先の『土蜘蛛草紙』でも、狩野宗信の「鬼蜘蛛」も手足は六本である。石燕が描いた「絡新婦《じょらうぐも》」（女郎蜘蛛、『画図百鬼夜行』）も同様であり、後ろ姿で描かれていて、長い黒髪は女体を思わせている。

六足の化物が人語を発したとは、まさに奇々怪々である。「まるもの」とは、弓の的《まと》の一種である「丸物《まるもの》」のことであろう。革張りの太鼓形の的である。化物は「的だ、的だ。」と叫んで、王城警固の武士に射てみろと挑発した。それは王朝を嘲《あざ》け笑ったも同然である。その鳴き声は、例の「何時まで」が天下の衰亡を予言したように、王朝の転覆を呪《まじな》ったのである。「まる（丸、円）」の古形は「まろ」であり、それを用いた動詞に「転《まろ》ばす」「転《まろ》ぶ」がある。転《ころ》がす、転《ころ》ぶ、倒れるという意味である。つまり、「まるもの」は「まろもの」であり、「転者《まろもの》」に通じる。「まるもの」は、王朝や政権の崩壊を予告した不吉な鳴き声なのであった。

蟻と蟎《だに》

蜘蛛の頭胸部と腹部の間は、くびれている。これとよく似ているのが蟻である。胸腹間に甚だしいくびれがあり、足は六本である。「まるもの」や「鬼蜘蛛」「絡新婦」の形姿は、むしろ蟻をモデルとしていたかもしれない。蟻の顎は、からだに比して大きく、ものを噛み砕く力は強い。また、頭部から突き出た二本の触角も左右に伸びていて、絶えず動いている。それは足かと見紛うほど大きい。

　さらに、不気味な多足生物に蟎《だに》（蜱）もいる。蟎は、クモ綱に分類され、四対の歩脚がある。蟻には毒針で刺すそれもおり、蟎は人間に食らいついて血を吸う。ともに、人間には嫌われている。そうであるならば、蟻と蟎とが変化《へんげ》して妖異を発する物語が想像される。果たして、両者が人間の子どもに化けて相撲を取ったとの物語も伝わる。十五世紀の土佐光信《とさのみつのぶ》画『化物草子絵巻』（ボストン美術館蔵）の巻頭話である。

　秋の初めの暗い晩に、宮中の護衛に当たる男が庭をながめていると、十二、三歳ほどの、体つきが細い者と肥えた者とが相撲を取っていた。怪しく思って、声をかけると、草むらの中に消え去った。家来を呼んで調べさせたが、そのような人影はなかった。翌日の晩も、同じように現れて相撲を取っている。これは化物に違いないと、弓矢で射てみると、手ごたえがあった。人を呼んで、灯りを燈して調べてみたが、分からない。夜が明けてそこを見ると、大きな蟻と螨が死んでいる。これの仕業と察したが、実に不思議なことであった。

自然界の生き物が姿を変えて現れた。いうならば動物妖怪であり、それも人間変身型としてよい。お伽草子には動植物が人間に化けて現れたり、また夫婦となるという物語が多い。古来からの、また民間で語られてきた異類婚姻譚《いるいこんいんたん》（異類婚）である。背景には、動物も人間と同じように霊魂をもつ存在と考え、神の化身と受けとめ敬ってきた自然崇拝《アミニズム》がある。蛇や狐などの変化《へんげ》説話が目立つなかで、蟻と螨のケースは極めて特異である。やはり多足という奇態から着想したのであろう。その死骸は大きなものであった。絵では人の頭以上のものとなっている。年を取った動物（猫など）は化けるとの俗信があるが、巨大化したものも変化《へんげ》すると考えたのである。

この『化物草子絵巻』は五話構成である。第一話は右の通り。第二話は、杓子《しやくし》（しゃもじ）が人間の手に化ける。杓子は人間の腕と手を思わせるかたちだ。ちなみに、古代中国の『捜神記《そうしんき》』十八（東洋文庫本・第四一三話）に杓子が竈《かまど》と対話をする怪異譚がある。第三話は、銚子《ちようし》が耳の高い法師になる。銚子の二つの注ぎ口は両耳のように見える。ともに棄てられた道具の変化《へんげ》＝つくも神である。第四話は、魂が体内から遊離し蠅となる。民間伝承の昔話「夢と蜂（虻《あぶ》）」「だんぶり長者」と同じ話である。第五話は、案山子《かかし》が武士になって女のもとに現れる。異類婚姻譚である。全話を通じて「不思議」を九回用いており、夢現《ゆめうつつ》の雰囲気をかもし出している（本文を後掲した）。

なお、『化物草子絵巻』と呼ぶ作品には別本もある。第一、二話は荒れた屋敷での化物退治説話であり、第一話は『今昔物語集』巻二七第三一話を基にしている。

清姫の素性

ここに江戸末期（十九世紀）の刊行と思われる一枚刷り『變化《ばけもの》名《な》の見《み》立角力《たてすまふ》』がある（架蔵）。およそありとあらゆる妖怪、幽霊、鬼などの名を列ねている。滑稽味もまじえていて、江戸人の妖怪観をうかがう好資料である。その〈頭取《とうどり》〉の箇所に、「玉藻《たまも》の前」「大和源九郎」「頼光《よりみつ》土ぐも」「すゞかの鬼神」「羅生門《らしやうもん》の鬼」「分福茶釜」「頼政のぬえ」「くずの葉」「黒づかの鬼」「大裏の鬼神」「酒呑童子《しゆてんどうじ》」の錚々《そうそう》たる面々とともに、「清ひめ」と記載されている。

「清ひめ」とは、いわゆる道成寺説話《どうじようじせつわ》（「安珍《あんちん》と清姫《きよひめ》」の物語）の女主人公である。早くに十一世紀の『本朝法華験記』に載る物語であり、十二世紀末期の『今昔物語集』などに受け継がれ、後に能や歌舞伎の演目にもなっている。また、紀伊国《きいのくに》（和歌山県田辺市《たなべし》中辺路町《なかへじまち》、日高郡印南町《いなみちよう》、御坊市《ごぼうし》）では伝説として流布している。ここでは、その清姫が妖怪として扱われるようになった理由を考えてみよう。

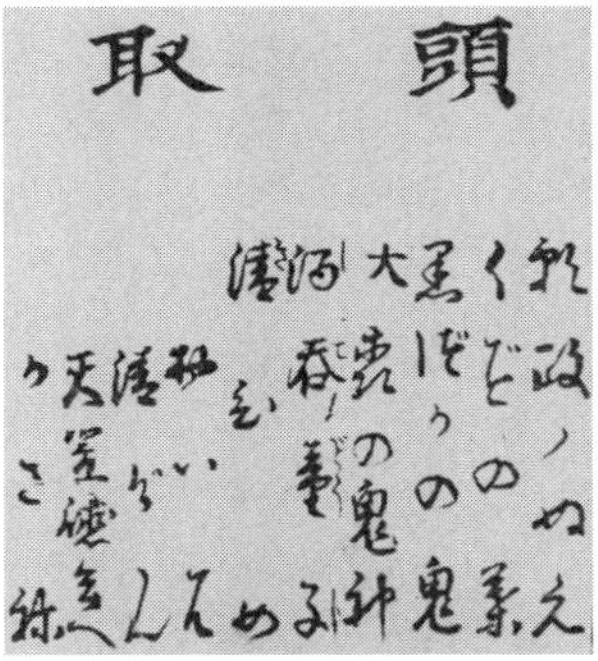

『變化名の見立角力』

鬼の清姫

『今昔物語集』にいわく、女（＝清姫）が、熊野参詣の若い法師（＝安珍）を恋慕する。法師は再会を約して逃れた。しかし、戻って来ない。女は落胆して家に閉じ籠もった。やがて大蛇が現れ出て、追いかける。法師が道成寺（御坊市）に逃げ込むと、寺僧は釣鐘を降ろし、その中にかくまった。大蛇がそれと知って巻きつくと、法師は焼き殺されてしまった。この後、道成寺の住職の夢に二匹の小蛇が現れ、執着の罪に苦しんでいると告げた。寺で法華経による供養を営むと、再び夢に男女が現れて、罪は滅して極楽へ転じたと礼を述べた、と。

ここでの蛇身は、人間の執着心を表している。怨みや妬みを、蛇への変身というかたちで叙述しているのである。無論これは古道具や動物の変化《へんげ》ではない。また、不思議な現象（怪異現象）を説明づけるための妖怪造形ではない。では、清姫はなぜ「変化《ばけもの》」とされたのだろうか。あるいは、清姫はもともと人間ではなく、何かの化身《けしん》であったのか。それは『道成寺縁起絵巻』を検してみると明らかになる。物語性に富んだ作品で、十六世紀の絵巻（道成寺蔵）は著名である。原物語は十五世紀に成ったとされる。さらに、それを基にして地元の清姫伝説を取り込んで仕立てた絵巻（在地伝承系絵巻）がある。これは十七世紀末期あたりから作られ始め、多数が伝わっている。

十六世紀絵巻では、安珍を追いかける清姫は、詞書《ことばがき》（本文）に「虵」「大毒虵」とあるように、やはり蛇の姿形を取っている。具体的にいえば、徐々に変身しており、絵でも顔の変形に始まり、上半身へと移行していく。そして、道成寺直前の日高川を渡るところでは完全な大蛇（＝龍体）となっている。ついては、見逃せないのは鐘巻《かねまき》の場面での画中詞《がちゅうし》である。衆徒《しゅと》が次のように話している。

その事に候《さうら》ふ。生田《いくた》の森に身を捨てし女も死にてこそ鬼とはなりけると聞き候へ。

「生田の森」とは神戸市の生田川のこと。そこで身を投げた女が、死んで鬼になったという。これは能（謡曲）『求塚《もとめづか》』での物語を指している。女は二人の男に求婚され、悩んだ末に入水《じゅすい》した。旅の僧がその墓所の「求塚」に行くと、女の亡霊が現れて地獄に堕ちた苦しみを語る。その姿は「火炎」を発する「飛魄《ひはく》の鬼」であった、……。こうした逸話を、道成寺の衆徒は今しがた境内で起きた事件に重ねている。これは絵巻の作者の感慨に他ならず、言い換えれば、十五世紀ごろには清姫の執心と蛇体変身を「鬼」の所行とみていたのである。

在地伝承系の絵巻を見てみよう。そこでは、追走する清姫は鬼の姿で描かれている。例えば元禄五（一六九二）年作のサントリー美術館本は、「首より上は蛇と成る所」（画中詞）、「たちまち大蛇となり、十二の角を振りたて大河をやすやす渡りける」（詞書）と叙述しているが、絵では二本の角を付けた鬼の形相となっている。渡河の場面では、顔は般若である。明治大学図書館本や南方熊楠《みなかたくまぐす》顕彰館（田辺市）本も同様であり、国際日本文化研究センター蔵A本も二本角の顔である。いずれも清姫を鬼としている。清姫を化物すなわち妖怪と見なしているのである。鬼は十六世紀の真珠庵本『百鬼夜行絵巻』に、また各種の妖怪絵巻に妖怪とともに登場している。室町後期には鬼は妖怪と同類のものと認識されていた。ちなみに、鳥山石燕画「道成寺鐘《どうぜうじのかね》」（『今昔百鬼拾遺』）は、からだは蛇、顔は般若で長い髪を垂らしている。

なお、清姫の鬼への変身はまず顔から始まり、続いて上半身、最後に全身となる。対して、例えば石燕が描く「濡女《ぬれをんな》」（『画図百鬼夜行』）は蛇体であるが、女の顔である。『怪奇談絵詞』の「蛇体の女」（『日経アート』11巻9号、特集［妖怪づくし］）も同様で、ともに下半身からの変化《へんげ》を表している。また中世の絵巻では、罪を犯した者を蛇の姿で描くこともよくおこなった。『箱根《はこね》権現縁起《ごんげんえんぎ》絵巻』では継子を虐めた継母が、『志度寺《しどじ》縁起絵』の「当願暮頭《とうがんぼとう》縁起絵」では殺生を犯した狩人が下半身から蛇の尾をのぞかせている。まずは〈尻尾を現す〉のである。蛇体変身の描出はこうしたかたちが通常であり、古くにさかのぼれば、雨水を司《つかさど》る女神の下半身を蛇体で描く曼陀羅もある（十二世紀。メトロポリタン美術館、他蔵）。

そこにあって、『道成寺縁起絵巻』は独自な変身プロセスである。おそらくこれは、当時の能楽の型付《かたづけ》（演出、衣裳・作り物）によったのであろう。能『道成寺』はもちろんのこと、『葵上《あおいのうえ》』などのいわゆる鬼能では顔に般若面を付ける。上半身は白地に鱗模様の半切《はんぎり》である。舞台での鬼の姿形は強烈な印象を与えるものだ。

ちなみに、狐が人間の女に化けるというお伽草子の一つに『木幡狐《こわたぎつね》』がある。絵巻テキストでは顔は女だが、下半身はいまだ狐である。また、狸が鬼に化けて復讐するという場面が『十二類絵《じゅうにるいえ》巻《まき》』にある。堂本家本の絵ではすでに全身が鬼となっていて変身の過程はわからない。しかし、スペンサーコレクション本やチェスター・ビーティ・ライブラリー本では上半身が鬼となり、下半身はいまだ狸である。これはいうならば〈清姫〉型である。

あらためて、〈鬼の清姫〉を十六世紀絵巻では、蛇形で描くのはなぜなのか。嫉妬や執着心を蛇で表すのは普遍的な方法だが、さらに清姫伝承からも説き明かすべきである。

清姫の出生地とされる地元の伝説には、彼女の母が蛇と通じ、生まれたその子が清姫であると語るものがある（『日本伝説大系』第9巻、みずうみ書房）。これは、清姫を特異な女として、異類婚姻譚の話型を用いて説明するものである。清姫が暮らしたという中辺路町の旧真砂《まなご》は富田川《とんだがわ》の岸にある。清姫はその淵で火照ったからだを冷やしたとか、彼女が衣服を懸けた松を「衣掛松」というなどと伝えている。

その地の福厳禅寺には在地伝承系の『清姫由緒絵巻』（内題「清姫由緒圖繪」）が蔵せられる。冒頭で、安珍が清姫の家に泊まり、いったん熊野参詣に向かうまでをひと通り語る。続く絵は、熊野三所権現、真砂庄司《まなごのしょうじ》宅での安珍と主人との対面を描く。さらに注目すべきは、清姫が川で泳ぐ情景を描いているのである。その画中には「庄司ケ渕」との記載がある。清姫を蛇の子とする伝承の絵画化である。また、国際日本文化研究センターA本には、真砂庄司宅で安珍が清姫の部屋をかいま見る場面がある。

或る夜、安珍、清姫の臥室をのぞき見るに、豈《あに》はからんや、清姫の形ち《ママ》、さも人間にあらず、恐ろしき変化《へんげ》の姿なり。安珍、びつくり驚き立ち退《の》きしが、後にて清姫の出《いづ》るを見れば、別に変わるところなし。

この絵では、清姫が屋内で鏡に向かって化粧をしている。彼女の裾からは蛇の尾と思しきが見えている。そして、鏡にはとぐろを巻く蛇が映っているのである。安珍はこれを見て、逃げ出すことになる。

このように地元では、清姫はもともと蛇であったと理解されていた。まさに異類の人間への変化《へんげ》である。いうならば、清姫は徐々に蛇へと変身すると見えて、実は本性にもどっていたのである。この在地伝承は存外に古いようだ。物語の女主人公を蛇の化身とするのは、室町時代にまでさかのぼり得る。横笛《よこぶえ》と呼ばれる女もこれであった。

お伽草子の『横笛草紙』は、『平家物語』諸本の挿話（流布本・巻十「横笛」）を基にした物語草子である。滝口の武者斎藤時頼《ときより》と、宮中に仕える美女の横笛との悲恋物語である。二人は互いに惹かれて契りを交わし、逢瀬《おうせ》を重ねる。ところが、時頼の父がこれをとがめ、時頼を出家させる。横笛は悲しみに沈むが、諦めきれず、ようやく嵯峨野に時頼入道の庵を探しあてる。しかし、追い帰されてしまう。ついに、横笛は桂川《かつらがわ》（大堰川《おおいがわ》）に身を投げる。入道はその死を弔った後、高野山に籠もる。

この作品のテーマは男女の悲恋と、滝口の発心修行である。とともに、横笛の無念やるかたない心情も述べている。横笛は身投げするしか仕方なかったのであり、この世に恨みを残すことになった。そして、その入水《じゆすい》には、彼女が水にかかわる特異な女であったとの観想がはたらく。それは清姫の日高川の渡河シーンと重なるものである。

『平家物語』のこの挿話はテキストによって異同がある。それじたい、早くからさまざまな伝えが派生していたことを意味する。連動して『横笛草紙』にも諸本がある。そのなかで、とくに清涼寺本（書名「滝口縁起」）は注目すべきものである。ここでは、なんと横笛を蛇の子として設定している。母が、みぞろが池の大蛇と契って、生まれたのが横笛であった。清涼寺本は十六世紀にさかのぼる絵巻（元は奈良絵本《ならえほん》）であり、室町時代には横笛をそのようにも語っていたのである。

そして、先の『付喪神記』の詞書ではこの横笛を話題としている。別本では狼と鬼との会話となって絵の中に記され出てきている。

一（狼）聞給《(きき)たま》へ。かの横《よこ》笛の鬼と成《(なり)》し時のやうに、大豆草怖《おそ》れ給《たま》うな。
二（鬼）さる臆病鬼や侍るべき。豆《まめ》にて打《う》たば、良《よ》き茶子にて候《さうらふ》物《(もの)》を。拾《ひろ》ひて賞《(しやう)》玩《ぐわん》すべし。（早稲田大学図書館本）

狼が、横笛は鬼になったが、彼女が節分の豆まきを怖がらなかったように、豆を怖れなさるなという。すると、鬼は、そんな臆病な鬼はいない。豆で打たれれば、拾って菓子のように味わってやろうと返している。

この〈鬼の横笛〉は、『平家物語』での横笛の哀しみに同情した人びとが、さらにその怨霊の発動を怖れて慰撫するために語り出したものであろう。『源平盛衰記』は「異説まちまち也」として次の一説を引いている（巻四十）。横笛は髪を下ろして東山の双林寺に籠もった。そこに、滝口から「そるを怨みに思うな」との和歌が届く。「そる」は「剃る」に気持に反することを掛けている。

横笛は「そるは怨みと思ひしに真《まこと》の道に入るぞ嬉しき」と詠んで返した。この二首は横笛の哀しみと怒りを映したものである。換言すれば、横笛を鬼に作り上げて行く動きを体している。したがって清凉寺本『横笛草紙』の奇異な出生説話も室町人には理解されたものであった。

なお、横笛説話・伝承は江戸時代の初めには能（謡曲）にも仕立てられている。番外謡曲の『横笛』であり、『幽霊横笛』と題する曲もある。ここにも横笛がこの世に未練を残して怨霊となったとの時代認識が表れている。その一本の尊敬閣文庫本では「古《いにしへ》の横笛の幽霊」が旅の僧の済度で救われ、「二度《ふたたび》、仏果に至れり」と喜んで、「又、千鳥の池に入《いり》給ふ、御池の底にぞ入《いり》にける」といって去っていく。また、横笛を幽霊として捉えていく動きはお伽草子にも見られる。中野荘次氏旧蔵本（大阪大谷大学図書館友山文庫現蔵）『横笛草紙』では、後日譚のようにして時頼と亡者横笛との再会をものがたっている。

立ちもどって清姫は、横笛と同様に蛇のごとくであり、また鬼のごとくであった。『道成寺縁起』と清凉寺本『横笛草紙』とは直接の影響関係はなかったであろう。まずは女の悲哀と執心をものがたるときに取られた普遍的な方法とみておくべきである。先の『求塚』の女も鬼になっており、かくありうるとの認識から伝承が形成され、清姫に似た女として『道成寺縁起絵巻』の画中詞に記された。その在地伝承系の絵巻は、まさに蛇の子清姫の伝記であった。もちろん、その原話である地元の伝承が清姫をそのように語っていた。清姫は蛇の化身である。そこに、動物の変化《へんげ》による妖怪＝動物妖怪の面も有している。それが鬼ともなれば、化物としてあつかわれるのも道理であった。

『化物草子絵巻』（十五世紀、土佐光信画）

第一話

兵衛司《ひやうゑつかさ》なりける人、七月ばかりに御簾《みすま》捲き上《あ》げて、端《はし》にながめ臥《ふ》したるに、更《ふ》けゆくままに風涼《すず》しく、荻《おぎ》の葉のうちそよぐも秋知《し》り顔《がほ》なる程《(ほど)》、物哀《(もの)あは》れなる心地して、月無《な》き比《(ころ)》なれど、星《ほし》の光《ひかり》さやかなるに、十二、三ばかりにやと見《み》ゆる、丈立《たけだち》のいみじく細《ほそ》き男《おとこ》なめり。又、譬《たとし》へなく横《よこ》ざまへ広《ひろ》く肥《こ》へて、ひきひきとしたると二人出《ふたりい》で来《き》て、相撲《(すまひ)》をぞ取《と》る。いと不思議《ふしぎ》に覚《おぼ》えて、つくづくと見《み》れば、互《かたみ》に意《い》趣深《しゆふか》げにて、寄《よ》り合《あ》ひ寄り除《の》き、度々《たびたび》取れど勝負なし。何《なに》者《もの》ならむと心《こころ》も得《え》ねば、「あれは誰《たれ》そ。」といふ声《こえ》を聞《き》きて、荻《(おぎ)》・薄《すすき》の茂《しげ》れる中へ急《いそ》ぎ入《い》りぬ。いとど不思議《ふしぎ》なれば、侍《さぶらひめ》召して見《み》すれど、「すべて人も無《な》し。」といふ。いと心得難《がた》し。

此人《(この)》、やもめ住《ず》みなれば、いつもただ眺《なが》めがちにて、独《ひと》りのみ明《あ》かし給へば、又の夜も昨夜《よべ》の様《(やう)》に、見出《み(いだ)》しておはしますに、夜深《ふか》くなるほどに同《おな》じ様《(やう)》に二人出《ふたりい》で来《き》て、又相《(すま》

撲《ひ)》を取《と》る。事《こと》の様《(やう)》、化物《ばけ(もの)》にてこそと覚《おぼ》えて、側《そば》にありける真弓《まゆみ》をやをら取《と》りて、ひしひしと二人《ふたり》かけ合《あ》ふ所《ところ》を射《(い)》たれば、手応《(て)ごた》へして倒《たふ》ると見《み》えけり。人を呼《よ》びて火を燈《とも》して見《み》するに、すべてなし。門《(かど)》は鎖《さ》したれば、いづくへか行《ゆ》かむ、ここかしこ見《み》すれどもなし。いと不思議《ふしぎ》に覚えて、夜明けてみづから倒《たふ》れし所をよくよく見給へば、いと大《(おほ)》きなる蟻《あり》と蟎《だに》と、二人《ふたり》取《と》り合《あ》ひて死《し》ににけり。「これが仕事《しごと》にこそ。」と、いとど不思議《ふしぎ》なりけり。

「兵衛司」＝宮中や行幸を守衛する役所に勤める者。「ひきひきとしたる」＝肥えて張りがある。「意趣深げにて」＝恨みが強いようすで。「やもめ」＝独身。「真弓」＝檀《まゆみ》（ニシキギ科の落葉樹）で作った丸木の弓。「ひしひしと」＝みしみしと。力を入れている様子。「いとど」＝大変に。いよいよ。

第二話

九条《くでう》辺《わた》りに荒《あ》れたる家に幽《かす》かにて住《す》む女ありけり。人のもとより勝栗《かち(ぐり)》を招《お》こせたりけるを喰《く》ひゐたるに、向《むか》ひたる炭櫃《すびつ》のあるより白々《しろじろ》としたる手をさし出《(い)》だして、乞《こ》ふや

うにしければ、いと不思議《ふしぎ》なれども、手のいたいけしたるほどに、さまで恐《おそ》ろしき心地もせで、一《ひと》つ取《と》らせたりければ、引《ひ》き入《い》れて、又、さし出《い》だしさし出《い》だし乞《こ》ひければ、度毎《たびごと》に一《ひと》つづつ取《と》らせて、四、五度《ど》賜《た》びて後は見《み》えざりけり。不思議《ふしぎ》に覚《おぼ》えて、つとめて、その下を見《み》せければ、杓《しやく》子《し》といふ物の白《しろ》く小《ちい》さきぞ落《お》ち挟《はさ》まりてありける。取《と》らせし栗もさながら傍《そば》にありける。いと不思議《ふしぎ》なりけり。

「九条」＝都の九条通り。今の京都市南区、東寺近辺。大内裏の羅城門があった。「辺り」＝付近。あたり。「幽かにて」＝ひっそりとして。みすぼらしく。「勝栗」＝干した栗の実を臼で搗《つ》き、殻や渋皮を取ったもの。「招こせたりける」＝寄こした。「炭櫃」＝角火鉢。一説に、「いろり」ともいう。「いたいけしたる」＝かわいらしい様子で。「さまで」＝それほどまで。たいして。「つとめて」＝早朝。翌朝。「さながら」＝そのまま。全部。

第三話

これも女どち住《す》みけるに、みな人静《しず》まりて、ただ独《ひと》り念仏申してゐたりけるに、たし棚《だな》のありける遣戸《やりど》の開《あ》きたる

より、耳高《たか》き法師《(ほふし)》の頭《かしら》を少《すこ》し出《い》だして、のぞきて引《ひ》き入り引《ひ》き入り度々《たびたび》しければ、いと恐《おそ》ろしくて、「盗人《ぬす(びと)》などのかがまりゐて、寝《ぬ》るを待《ま》つかな。」と、せむかたなくて、男まねがたのよろほひ居《ゐ》たるが一人《ひとり》ありけるを、起《おこ》して見せけれど、人もなし。又、ほどなき所なれば、人などの出《い》づべきやうもなければ、心得《え》ず覚《おぼ》えて明《あ》けにけり。又の夜、ただ同じ様《(やう)》に見《み》えたる法師《(ほふし)》、のぞきければ、返《かへ》す返《(がへ)》す不思《ふし》議《ぎ》にて、つとめてよくよく見《み》れば、いつの世《(よ)》のにか、古《ふ》り腐《くさ》りたる銚子《(てうし)》の、柄《え》も折《お》れたるぞありける。「これが化《ば》けけるにぞ。」とて、捨《す》てて後《(のち)》はのぞくものもなかりけり。

「女どち」＝女たち。「遣戸」＝引き戸。「たし棚」＝つぎ足した棚。「かがまりゐて」＝身をかがめていて。しゃがんで。「せむかたなくて」＝どうすることもできずに。「男まねがたのよろほひゐたる」＝男ではあったが、よろよろとした。「ほどなき所」＝近いところ。「つとめて」＝早朝。翌朝。「銚子」＝酒を入れて、杯《さかずき》につぐための容器。金属製または木製で、長い柄《え》がついている。

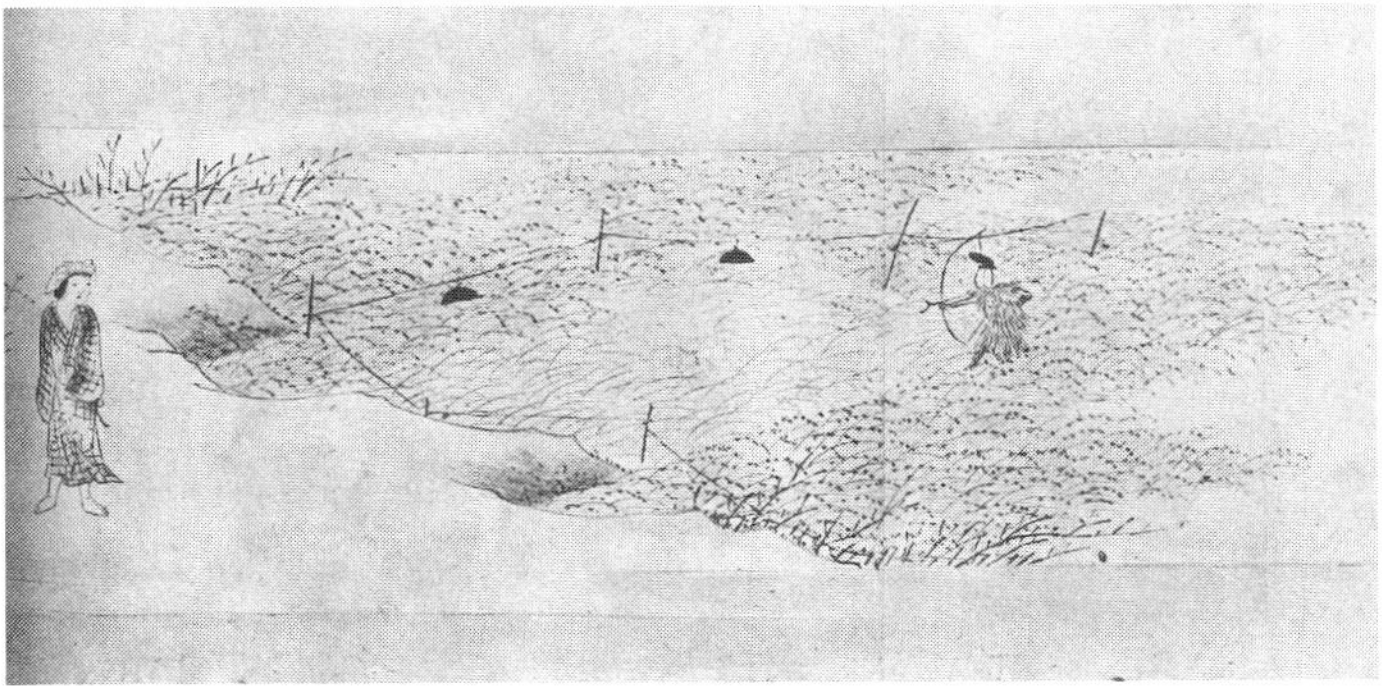

ある人、昼寝《ひるね》をしたりける傍《かたはら》に、提《ひさ》げに水を入れて置《を》きたりけるに、蠅《はへ》の落《お》ち入りて死《し》なんとしけるを、又、ある人、取《と》り上《あ》げたりければ、この蠅《はへ》飛びて、昼寝《ひるね》の人の鼻《はな》にふと入りにけり。この人驚《おどろ》きて、汗水《あせみづ》になりて、「ただ今《いま》、限《かぎ》りなく広《ひろ》き海に落《お》ち入りて死《し》なむとしつるを、者《もの》の取《と》り上《あ》げつる。」と語る。いと不思議《ふしぎ》なりけり。

「提げ」＝酒や水を入れる、弦《つる》のついた容器。

第五話

これも昔《むかし》、ある山里に独《ひと》り住《す》む女ありけり。家の破《やぶ》れたるを取《と》り直《なを》す者《もの》もなし。やうやう秋風も身にしみ、心細《ぼそ》く覚《おぼ》えけるままに、門田《(かどた)》の面《(おも)》に立《た》ち出《い》でて、うち眺《なが》めつつ、「驚《おどろ》かしにても来て、わらはが夫《つま》になれかし。」とぞいひける。

かくて過《す》ぎ行くほどに、ある夕暮《ゆふぐれ》に、門《(かど)》の方《かた》より揉《も》み烏《ゑ》帽子《ぼし》著《き》て弓矢持《も》ちたる者《もの》、「宿借《やどか》らむ。」といへば、宿《やど》しつ。とかく言《い》ひよりて、その夜は語《かた》らひ明《あか》しぬ。かくて夜離《(よ)が》れなく通《かよ》ひけるが、ある暁《(あかつき)》起《お》き、「別《(わか)》る。」とて、飄々《(へうへう)》として立《た》てれば、「空行く鳥も目馴《めな》れぬ。我が身の様《(さま)》も、現《あらは》れぬべし。」といひけり。いづくを泊《とま》りとしも覚《おぼ》えぬ気色《けしき》も心得られず。又《また》、この独《ひと》り言《ごと》も怪《あや》しく覚《おぼ》えて、長《なが》き糸《いと》をつけて、帰る折《おり》に繋《つな》ぎてみれば、そろそろと歩《あゆ》み歩《あゆ》みて、止《と》まりたる所を見《み》れば、田中《(たなか)》にある驚《おどろ》かしといふ物《(もの)》にてぞありける。返《かへ》す返《がへ》す恐《おそ》ろしく、あさましく覚《おぼ》えけり。化《ば》け現《あらは》れぬとや思ひけん。その後《(のち)》は見えざりけるとなむ。

「やうやう」＝しだいに。「わらは」＝私。女性が自分を指して用いる。「揉み烏帽子」＝役人、男性がかぶる帽子。漆を薄く塗り、揉んで柔らかくした烏帽子。「とかく」＝あれやこれやと。いろいろと。「夜離れなく」＝夜の通いが絶えることなく。「飄々として」＝軽い身のこなしで。「驚かし」＝農作物を鳥の害から守るための鳴子《なるこ》や案山子《かかし》のこと。「あさましく」＝驚き、あきれて。

底本：ボストン美術館本。『新収日本絵巻物全集』別巻2影印図版に拠る。

校訂方針

底本は室町後期（十五世紀）以降の語法・表記に拠っており、標準的な旧仮名遣いのそれとは異なる箇所がある。

一、読解の便宜を図って、句読点・濁点・漢字を宛て、また送り仮名を補った。
二、新たに漢字を宛てる場合、原文の表記を傍記した。また原文の漢字には必要に応じてその読みを括弧内に旧仮名遣いで記した。
三、会話文は「　」で括った。また、説話によって段落を設けた。

Ⅵ　妖怪の出現する場所

妖怪は「出現場所が決まっている」

柳田國男は『妖怪談義』のなかで、かの有名な、妖怪と幽霊の違いを指摘した。それは幽霊が人を目指して出るのに対して、妖怪は「出現する場所が決まっている」というものであった。その後さまざまな異論も提示されたが、この妖怪と場所の関係は、今でも密接である、と言ってよいだろう。

そこで本章では、妖怪の出現する場所に焦点を当てて研究を進める場合の、基礎的な手順や手法、あるいは考え方について、具体的な事例に即して示すこととしよう。

過去の場所を復原する

上記のような研究にとりかかるには、まずは文献あるいは伝承から、妖怪が出現したとされる場所を抽出し、その出現があったとされる時代の場所が、どのような性質をもっていたのかを、復原することから始めなければならない。このような場所の復原作業には、歴史地理学の研究方法が有効である。

歴史地理学は、過去のあらゆる文化が、人間と環境の相互関係から生まれた点を、強く意識して研究する地理学の一分野である。したがって妖怪文化についても、それを語り所有する人たちと、その周囲の場所や環境との関係に注目することになる。

また歴史地理学は、文献資料、考古資料、口頭伝承を広く扱い、研究領域は三つあるとされる。一つは、過去の現実世界の復原である。ここでは、文献資料や考古資料によって、できるだけ忠実に過去の地理を復原することを目的としている。例えば、江戸時代に描かれた絵図や文献記録、あるいは発掘された遺構等から、江戸時代の城下町や村落景観を復原する研究である。

二つ目は、過去の人たちが抱いていた、イメージ世界の研究である。私たちの地理的行動の根幹には、豊かな空想世界が広がっている。例えば、平安京は風水思想に基づいて建造された古代都市であるが、その背後には壮大な龍の気が流れるとされる、龍脈という空想世界が横たわっている。妖怪文化資料も、この領域に入るだろう。

三つ目には、私たち人類に普遍的に存在するであろう、抽象的概念の空間的表現について、諸分野の成果や方法論を駆使して行う研究領域である。例えば、さまざまな文化や時代に通底する、都市における中心と周縁のパターンや形態を見いだすのに、社会学や経済学の方法論を使い、あるいは垂直空間や方位観のシンボリズムなどの空間に関する抽象的概念を、文化人類学や心理学、あるいは言語学などの成果を見渡して研究する。

これら三つの研究領域、あるいは多様な形態の資料を組み合わせることによって、妖怪文化をめぐる人々と環境の関係が、色々な角度から浮かび上がってくるだろう。

江戸時代の記録に描かれた付喪神

歴史地理学にはさまざまな技法や方法論があるが、もっとも基本的な作業は研究対象を地図化することである。例えば次のような、付喪神《つくもがみ》らしき妖怪に武士が遭遇した話が、『聖城怪談録』（寛政十一〔一七九九〕年）に残っている。

『百器夜行絵巻』（兵庫県立歴史博物館蔵）に描かれた杵の妖怪

大森小治兵衛父も小治兵衛といへり。此人の宅の近辺に土山金吾とてありし。いつも碁のともにて心易かりしが、或時小治兵衛宅へ金吾来りて碁を打居しが、日の暮るるも知らず打ち居しに、暮合の頃、入口のれんの下より何者やらん顔を出したり。誰なるぞと問へども答へず。よくよく見れば米を舂《つ》く杵なり。こはふしぎと両人其儘出て見れば、彼の杵の頭に手ぬぐひまとひて、入口より余程へだてて倒れありたり。両人甚驚きあやしみけると也。其後は何の異変もなかりしとかや。

武士の宅に、杵の妖怪が出現した記録である。江戸時代、特にこの記録が書かれた十八世紀後半は、鳥山石燕《とりやませきえん》の『画図百鬼夜行』シリーズや怪異をテーマとする文学、そして百物語も流行したようだ。

この杵の妖怪も、江戸時代に描かれた『百器夜行絵巻』（兵庫県立歴史博物館蔵）や『百鬼夜行之図』（真田宝物館蔵）に登場する。

右の図は『百器夜行絵巻』に描かれた、杵の妖怪であるが、手ぬぐいをまとっている姿も先の記録と類似しており、この妖怪画の影響があったのかもしれない。

城下町絵図に見る妖怪の出現場所

ところで『聖城怪談録』は、大聖寺藩主の利考が、寛政十一年の正月に宿衛の武士たちを集めて百物語をさせた、その折の記録である。大聖寺藩は現在の石川県加賀市大聖寺町にあり、もし当時の城下町絵図が残されていれば、この武士の家の位置を、現在の地図に復原できるかもしれない。幸い加賀市役所は、「大聖寺町絵図面」（製作年代は居住者の名前から文化十一〔一八一四〕年～弘化元〔一八四四〕年と思われる）を所蔵しており、また『加賀市史　通史』上巻には「天明六（一七八六）年大聖寺絵図」が添付されている。そこでこれら城下町絵図で、大森宅そして近辺にある土山宅を探したところ、藩邸の南の武家屋敷に、両宅を見いだすことができた（図1）。

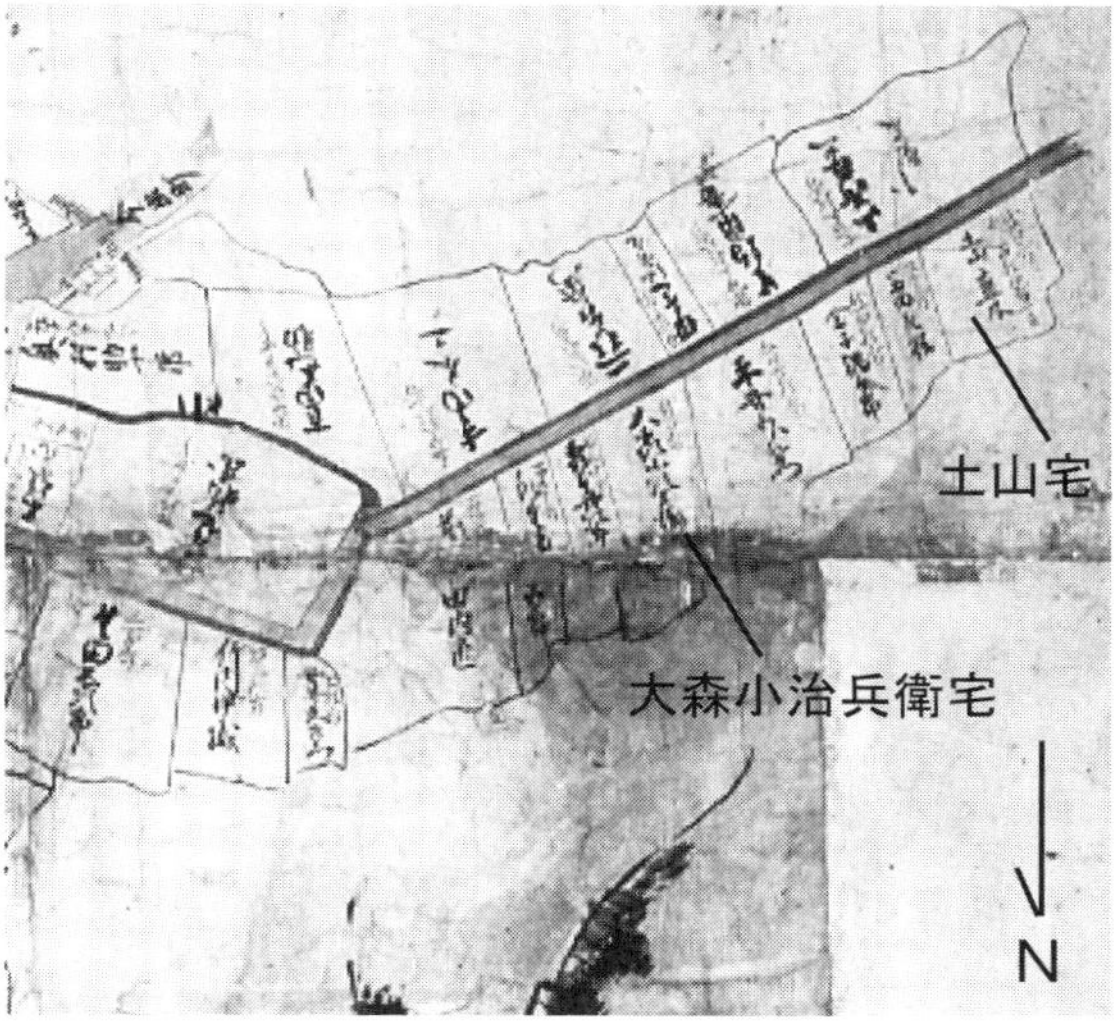

図１　「大聖寺町絵図面」の武家屋敷

さらにこの絵図の町割を、現代の地図に復原することによって、かつての出現場所を確認することが可能となる。このような

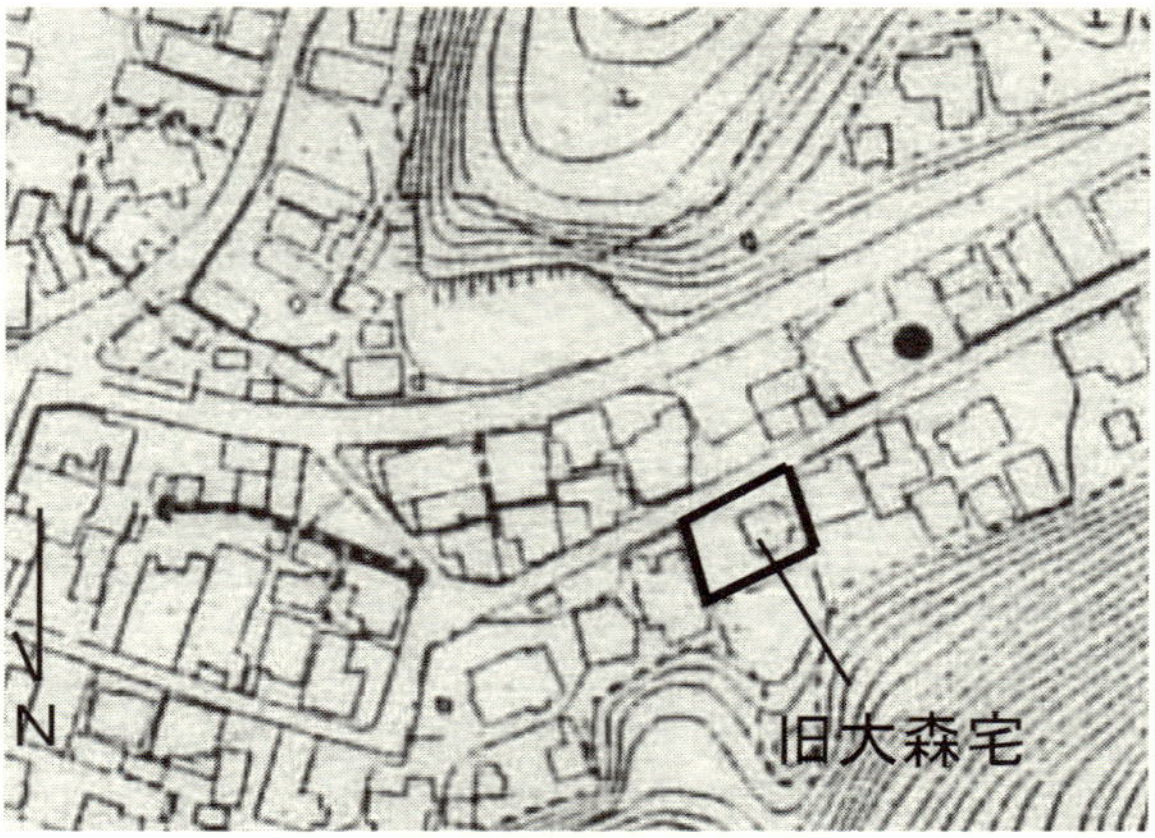

図２　現在の加賀市都市計画図（１万分の１）

作業は、文献と絵図で家の特定を行い、現在の地図で江戸期の絵図の復原をある程度行った上で、現在の住宅地図で確認し、最後に一万分の一の白地図に落とすのが適当であろう（図２）。

このように、一つひとつの怪談を地図化することによって、最終的には『聖城怪談録』の分布図が完成することになる。本怪談録には一〇一話の怪談が記録されているので、最初に表1のような、いくつかの項目を設定した上で一覧表を作成し、フィールドワークに行き、場所の確認をする。ここで設定した項目は、話番号、題、場所、現在の場所、怪異、時、登場人物、結末、備考であるが、一〇一話を通してみると、場所だけでなく、例えば怪異の起こる時間、登場人物、あるいはそれらの相互的な関連性などの傾向も明らかになる。

本怪談録の場合、語り手は大聖寺藩の藩主と直接面談できる上級武士たちである。彼らが頻繁に夜間、魚や鳥の猟に外出していたことや、彼ら自身の体験談が、怪談とはいえないような錯覚の話が多いのに対して、いわゆる都市伝説に特徴的な友達の友達に聞いた話、つまり足軽や町人からの伝聞形の怪談ほどより怖い話になっている点などが浮かび上がってくる。また先述したように、歴史地理学の扱う資料は、文献や絵図だけでなく、口頭伝承も扱うため、フィールドワークに出る際には聞き取り調査も行うことになる。

口頭伝承の妖怪を地図化する

口頭伝承の妖怪を地図化する場合、古い時代の伝承であることを想定して、現在の行政区画ではなく、旧村落ごとに一覧表を作成し、地図化した方がよい。なぜなら口頭伝承の場合、古い共同体が伝承母体である可能性が高いからである。さらに、このような過去のイメージ世界を研究する場合、その空想を抱いた主体がどのような集団であったのかを、きっちりとおさえておく必要があるからだ。

表2は徳島県石井町旧石井村での「首切れ馬」（柳田國男の『妖怪談義』「妖怪名彙」ではクビナシウマ）という妖怪の、口頭伝承を聞き取りした結果の一覧である。事例番号Ⅰ2の伝承を紹介しよう。

本條の百姓屋に、むかし落武者が助けをもとめて来た。しかしその百姓屋は助けず、落武者は首を落とされた。その時、ちょうど稲の収穫の時期で、なぜか在所の穂が急に全部まっ白になってしまった。その後、札の辻でカチャカチャいう馬具の音がするので、町の人が恐る恐る見ると、落武者の乗った首の無い馬だった。

時	登場人物	結末	備考
男が旅商いに出て、妻一人で留守をしていた夕方 次の日の晩	越前屋善三郎とその貸家に住む夫婦 医者 竹屋七左衛門	先妻は幼い子がいるので成人するまで後妻をもらわないように夫に約束していたが、死後三年して後妻をもらったため幽霊になって後妻をとり殺した 越前にも幽霊にかどわかされてさらし首になったものがいるらしい	この商人は人殺しに荷担したと分かるので、誰にも話さなかったが、後に竹屋七左衛門に初めて語った
土山金吾が大森宅に碁をしに行って、時を忘れて打っていて、暗くなった頃	大森小治兵衛の父の小治兵衛 土山金吾	両人が驚いて怪しんでいると、その後何事もなかった	
夕暮れ時：勝木七之丞の実父の惣右衛門が、耳聞山の辺りに話に行こうと家を出ると、夕暮れ時で物の色もうっすらとしか見えない	勝木七之丞の父惣右衛門	刀を抜いて先を払いながら、千助前の堀に取り付いて漸く行くことができた。隣家の丹羽浅丞屋敷前に来ると、もとのように道も見え、恐ろしさはなくなった	

表1 『聖城怪談録』怪異の場所一覧の一部

話番号	題	場所	現在の場所	怪異
41	越前屋善三郎妻幽霊となって後妻をとり殺す事	越前屋善三郎の貸家	不明	三年前に死んだ大家の妻が訪ねてきて、大家の家の表の戸の祈禱の札を取ってくれと言う。札を剝がすと家から騒ぐ声が聞こえ、後妻が死ぬ
42	大森小治兵衛杵の化けたのを見た事	大森小治兵衛の家	大聖寺錦町	碁を打っていると、入り口の暖簾の下から何者かが顔を出した。よく見ると杵だった。杵の頭に手ぬぐいをまとい、入り口から少し離れた所に倒れていた
43	勝木惣右衛門夜中怪事に逢う事	東野十郎屋敷の椎の木の下 千助前の塀 丹羽浅丞屋敷前	大聖寺耳聞山町	椎の木の下を通ったとき、突然真っ暗になって後にも先にも進めなくなった

表2　旧石井村「首切れ馬」伝説一覧

記号：○…村境　△…小字界　◎…古い方位

事例番号	話者の生年	村名	小字名	徘徊場所（記号は図3の記号に対応）	登場人物名	その他	
Ⅰ1		石井	立石			土地が高いのでその話はしない。	
Ⅰ2	T14	石井	野原	札の辻（■）あたり、六地蔵の辻▲……	落武者、百姓屋	しつけ。稲穂が白くなった。馬と落武者の供養を旧の六月三十日にする。	△◎
Ⅰ3	T4	石井	利包				
Ⅰ4	T2	石井	井元				
Ⅰ5	M38	石井	中村	この辺りの藪	また、A、いち	ジャンジャカジャンジャカと鈴の音を鳴らして走る。	○　◎
Ⅰ6	S6	石井	中村	むねの地蔵▼～溜め池の縁～警察（⊗）の真ん中～立石川～大山（魔の道）……		魔の道の両脇の田一枚分は、家を建てても栄えない（火事・病気・怪我）。首切れ馬とは首を切る人が乗った馬のこと。	○　◎
Ⅰ7	S7	石井	中村	この附近ではない。		ジャンジャン鈴をつけた首のない馬	
Ⅰ8		石井	中村	石井警察署（⊗）東南の竹藪		鈴を鳴らして走っていた。注①	○　◎
Ⅰ9	S7	石井	池田	国道192号線のオカマンの辻（六地蔵の辻▲）	敗残の武士	禁忌（葬式の列はこの辻を南北に通ると首切れ馬が出るといって通らない）馬の首を持った武士がジャンジャン行ったり来たりした。その武士のために六地蔵を勧請した。	△◎

注①　上田利夫『続石井昔話と藍の歴史』徳島県染織学会、1988年、18頁。

写真1　札の辻

口頭伝承の場合、聞き取り調査時に伝承者にとって分かりやすい住宅地図等を持参し、出現場所を確認してもらい、すぐに写真撮影を行うとよい。写真1はこの伝承に登場する札の辻である。この辻あたりにこの妖怪が出現したのである。まさに現実世界とイメージ世界が、この場所で重なり合ったということになる。

　このように場所を確認して、旧村毎に一覧表を作成する。一覧表は事例番号、話者の生年、村名、小字名、徘徊場所、登場人物名、その他の項目等を設けている。図3は、それらを地図化したもので、旧石井村における、伝承の語り手と妖怪の出現場所の分布図である（図3と表2の記号は対応している）。

　さて、次に当時の現実世界をできるだけ忠実に復原し、妖怪の出現場所という空想世界を重ね合わせる作業を行う。このような農村

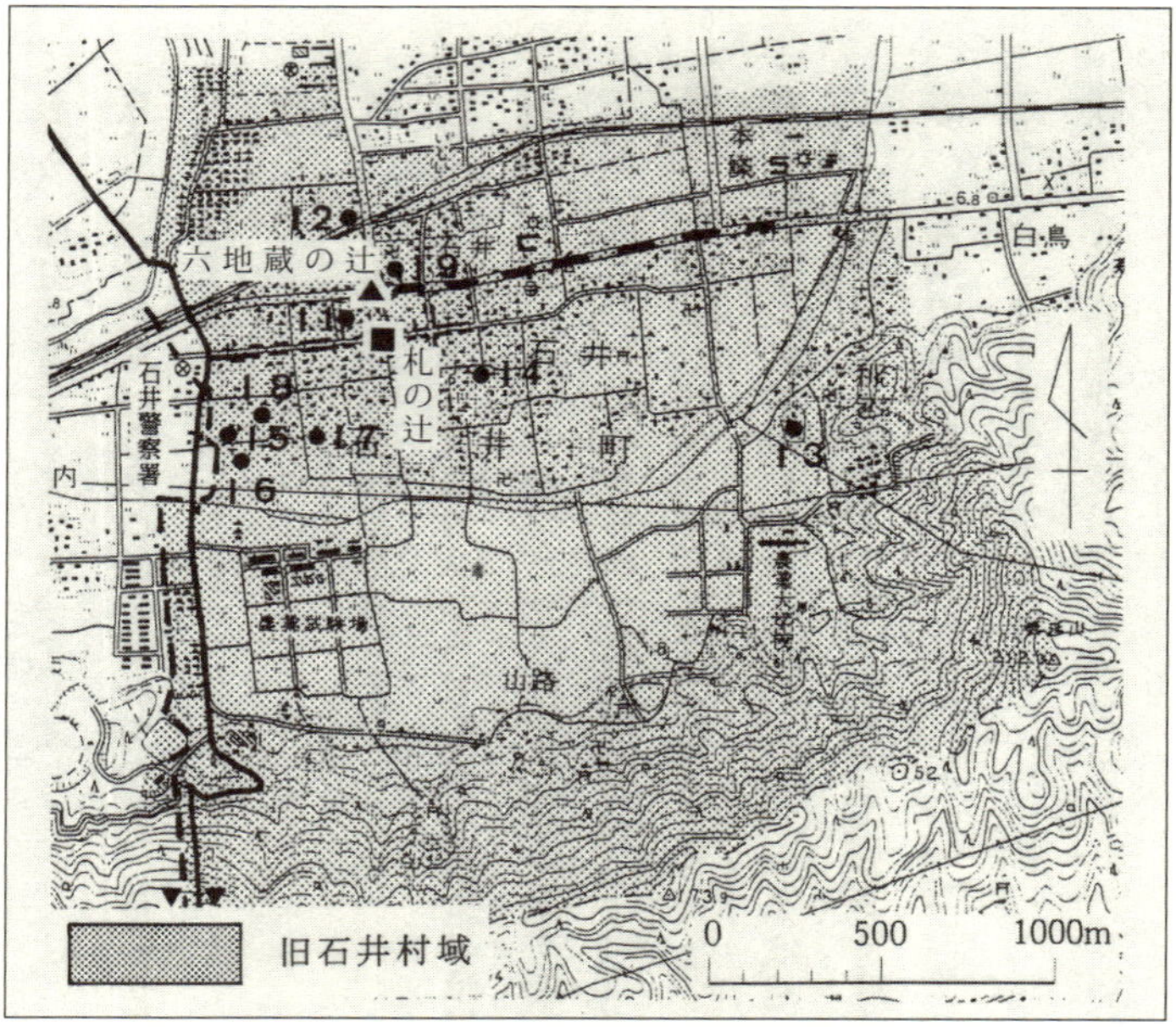

図３　旧石井村「首切れ馬」の伝承者と出現場所の分布図　図中の実線は『日本伝説大系 12』にある首切れ馬の出現場所

部には、先の城下町絵図のような、江戸時代の詳細図が残っていることはあまりない。そこで利用するのが、地籍図である。

地籍図に見る妖怪の出現場所

地籍図とは、土地台帳、土地登記簿に付属している地図で、小字単位ごとに土地の区画を示す境界（筆界）、地番、土地利用などが記入されているものである。わが国で全国統一的に作成されたのは明治六（一八七三）年の地租改正以降で、字限図・字切図・分間図などと呼ばれている。

通常、この地籍図は当該地域の役場の税務課に保存されている。石井町の税務課を訪ねると、明治九（一八七六）年作成と思われる地籍図が保管されていた（図４）。旧石井村の小字図をすべて写真撮影し、それらに描かれている当時の地理情報を、一万分の一の白地図に描き写していく。旧石井村だけでも二十の小字があり、現石井町となると百五十近くの小字になるので、すべての復原は大変な作業となる。

しかしながら、これら地籍図から得られた土地情報、つまり明治初期の現実世界の復原と、その時代に近い当時（別の伝承では、札の辻に首切れ馬が出現したのは、明治になってからだと言う）の人々が語った空想世界を重ね合わせることによって、妖怪の出現する場所に、現在の地図では分からなかった、ある法則があることが明らかとなった。

復原図から妖怪の出現場所の傾向を見る

聞き取りのできた七十一の事例のうち、首切れ馬の出現、徘徊場所と、①旧村境に一致する伝承が十九事例、②小字の境界に一致する伝承が二十五事例、③村境と小字界の両方にまたがる伝承が九事例、④村境や小字界に一致しない伝承が五事例、⑤場所をはっきりと記憶していない伝承が十三事例。村境や小字界を、首切れ馬が走ると伝承するのが、七十一事例中五十三事例、残り十八事例のうち、出現場所を覚えていないとするものが十三事例であるから、明確に記憶されている伝承のほとんどが、この共通点を持っていることになる。

さらに共通点が見いだせる。この首切れ馬の出現、徘徊する場所は、小字や村の境であればどこでもよいというわけではない。図４の地籍図を見ると、この旧石井村が、比較的きれいな碁盤目状

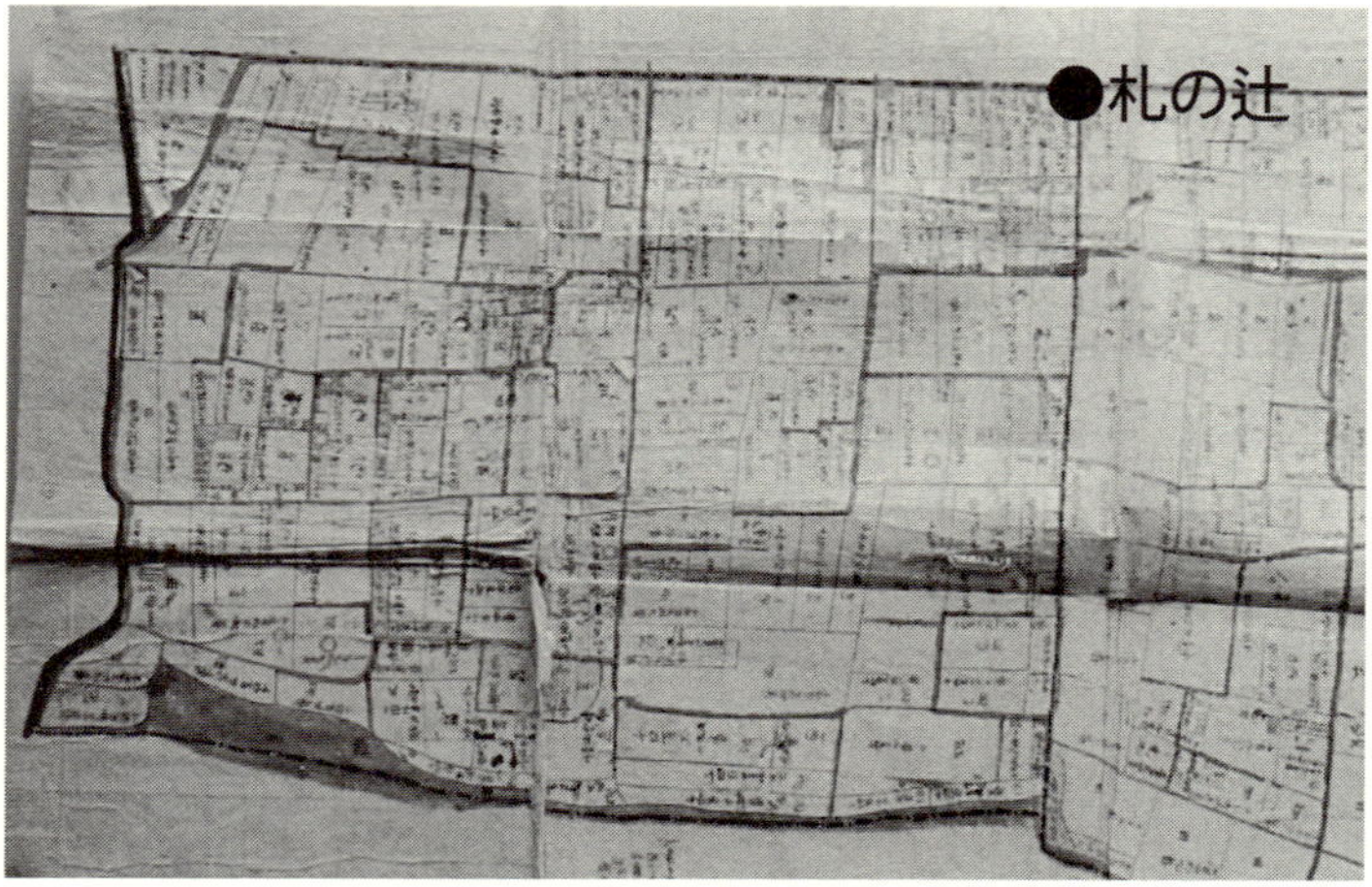

図４　旧石井村字中村地籍図と札の辻の位置

の方格地割を残していることが読み取れる。図5は、旧石井町の地籍図を一万分の一の白地図に復原したものである。例えば、札の辻あたりは最もきれいな方格地割が見える。白地図に地割を落とすことによって長さが、約一〇九メートルあることが分かった。

つまりこの地域には、一〇九メートルを一辺とした正方形からなる、碁盤目状の方格地割が広がっているのである。一〇九メートルとは一町、つまりこの一町四方の地割は、古代の条里地割を意味する。条里地割とは、班田収授法を実施するに際し採用された条里制の土地区画とされ、郡または一平野を単位とし、そのいずれかの地点を起点として、縦横六町間隔に直交する、道路や水路によって区画された古代の計画農村である。

さらに、この地割の方位は正南北より十度西に傾いていることが、図5の復原図で見て取ることができる。実はこの方位、吉野川下流域一帯の統

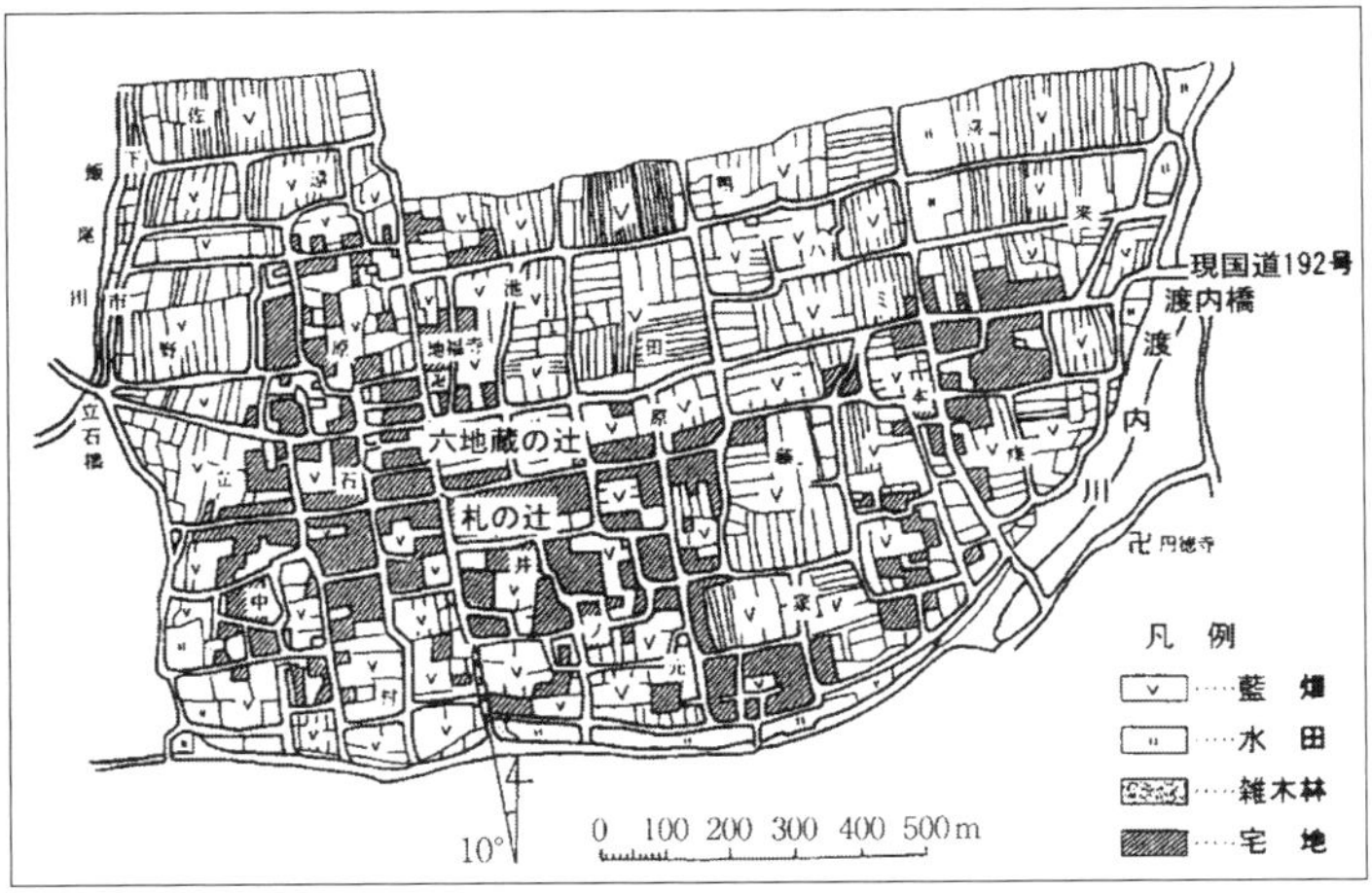

図５　旧石井村の明治初期地籍図による景観復原図

一的な条里方位なのである。つまり、これらの点が示しているのは、この地割が古代にまで遡れるかどうかは別として、少なくとも、かなり古い時代のものを踏襲しているということである。

先にも述べたように、図5の札の辻周辺は比較的碁盤目状の地割が残存しているが、その西の村境や南の地割が崩壊しているのが見て取れる。このように、この地域の多くは吉野川の洪水によって地割が度々崩れ、この方位を持つ村境や小字界はあまり残っていない。であるのに、首切れ馬の妖怪は、村境、小字界の中でも、正南北より十度西に傾いた、古代の条里地割のみを選んで出現している。

この妖怪は、神出鬼没に出現していたのではない。ある一定の法則に従って出現していたのである。聞き取り調査による首切れ馬の出現場所の地図化と、明治初期の村落の景観復原作業とが、この点を明らかにしたのである。

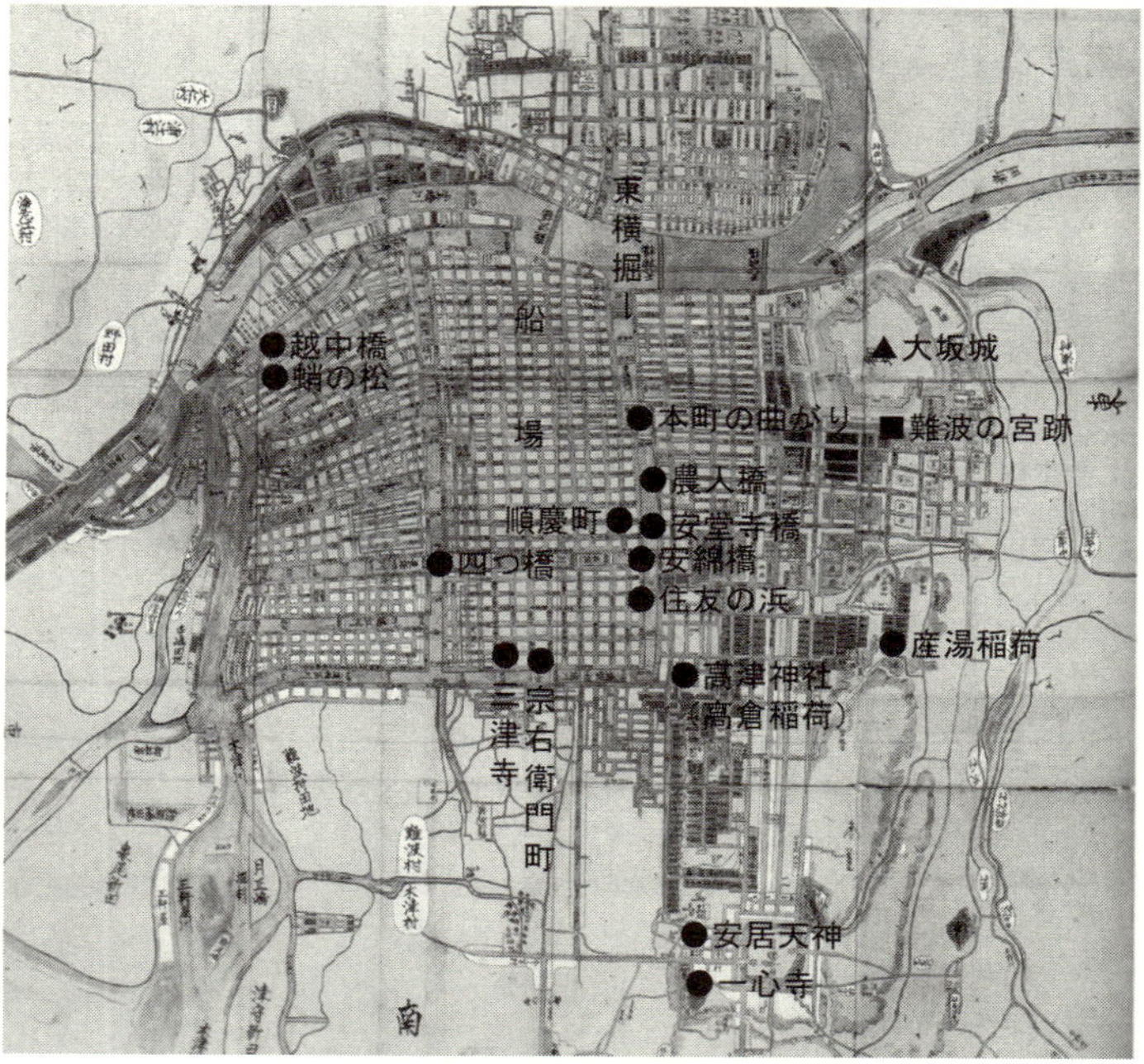

図６　上方落語に描かれる大坂の怪異の場所

近世都市の怪異空間を探る

さて、このように歴史地理学の手法を使うことによって、過去の現実世界の復原作業と、過去のイメージ世界の復原作業を重ね合わせることができる。つまり、妖怪の出現する場所の意味を探るための、基礎的な作業がある程度まで進められるのである。そしてこれら作業の成果に基づいて、歴史地理学はもう一つの、抽象的な世界の研究へと入っていく。ここでも歴史地理学は、さまざまな学問分野の理論や考え方を広範囲に応用することになる。

先に、文献に記録されてい

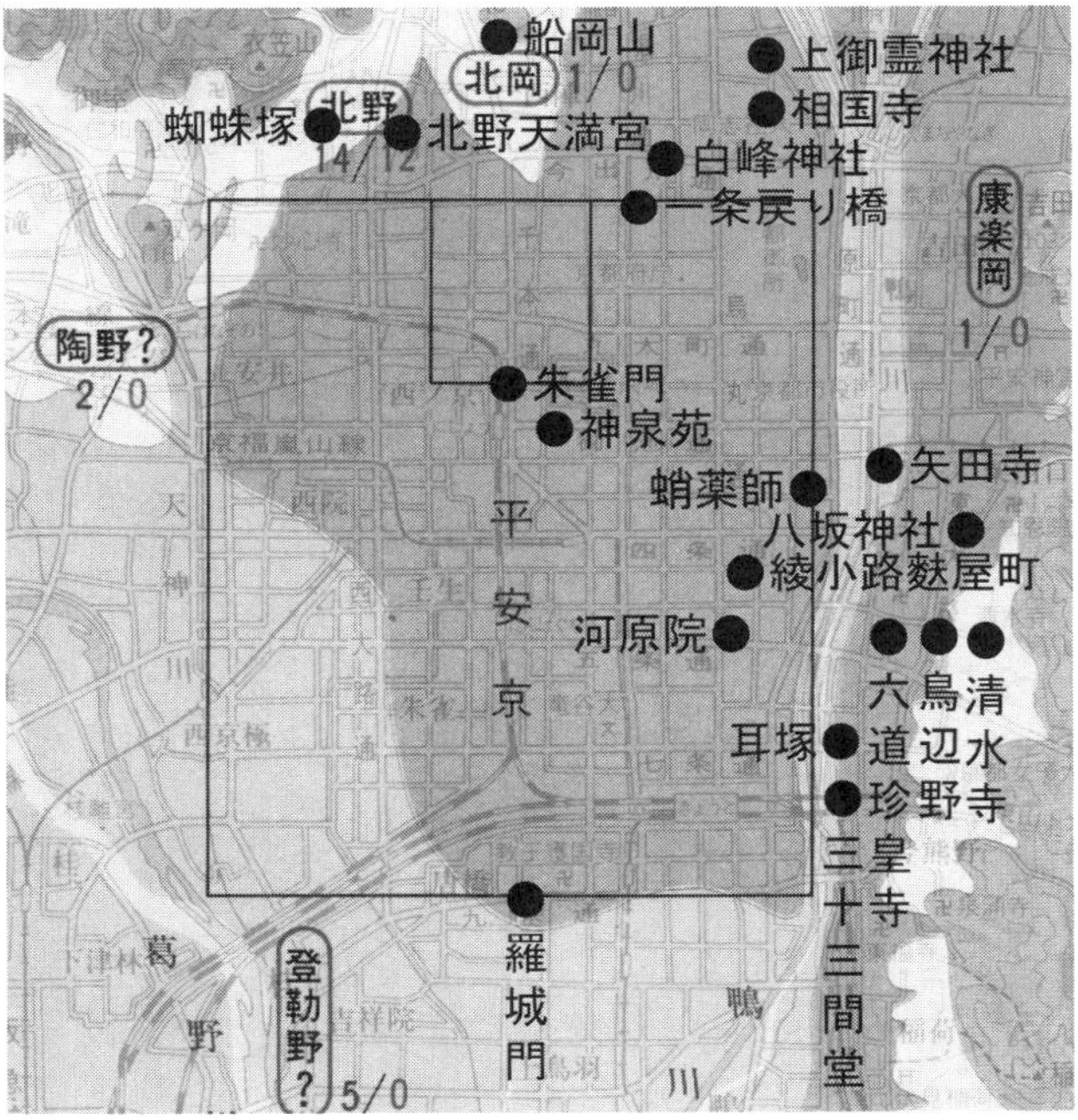

図7　京都の怪異空間

る妖怪の出現場所を、城下町絵図に落とす作業を行ったが、その作業を繰り返すと、最終的には江戸時代のある一都市の怪異空間が明らかとなる。

　ここでは近世大坂の事例を紹介しよう。怪異の題材とするのは、上方落語である。落語は文献にも残されているし、芸能として師匠から弟子へと口頭で伝えられる物語である。いわば、文献と口頭伝承の両方の性格を持ち合わせていると言ってよい。

　すべてを紹介する余裕はないが、表3は上方落語の怪異を語る噺のうち、大坂城下で場所が特定されるものを一覧

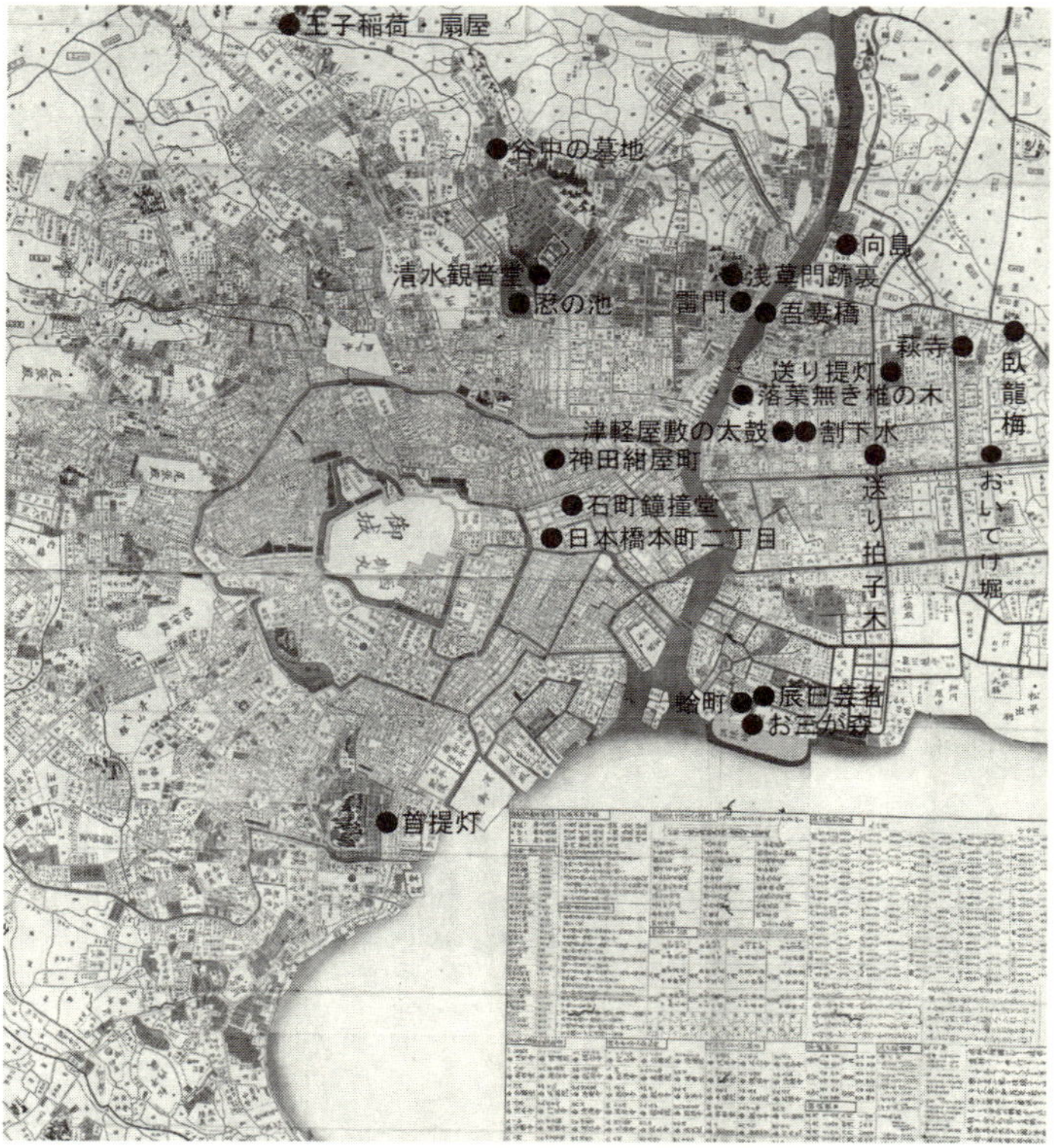

図８　江戸落語の怪異の場所

としている。この場合もいくつかの項目を設定して一覧表を作成した。これらの場所を江戸時代の大坂の絵図で一つひとつ確認し、現代の地図と照らし合わせて、フィールドワークで場所の確定を行い、最後に江戸期の絵図で分布図を作成したのが図6である。

ここでも、イメージ世界の主体が誰であったのかを見据えておかねばならない。当時の大坂は、殿様不在の城下町と言われたように、上方落語を楽しんだ主体は、大坂城ではなく商人の町である船場であった。そこで船場を中心に、妖怪の出現した場所を見ると、東南方向に偏っていることが分かる。なぜ西側にはあまり出てこないのか。これは近世大坂でのみ生じた、特異な現象なのだろうか。それとも単なる偶然なのだろうか。

この点を確かめるため、次に京都の怪異空間を見てみよう。図7は、『京都魔界案内』並びに、上方落語で京都を舞台とした、妖怪の出現した場所の分布図である。京都の場合、平安京を中心とすると、怪異空間は、やはり東南あるいは北に偏向する。大坂でも近松の心中物を怪異に加えるのであれば、北にも偏向する。

であるなら、江戸ではどうだろう。図8は文久二（一八六二）年の「分間江戸大絵図」に江戸落語の怪異空間を表したものであるが、江戸城を中心に見ると、やはり東南から東、そして北に偏向する。

なぜこのように共通して、都市中心部の東側に怪異空間が偏るのだろう。

江戸落語との関係	元ネタ	備考
前半は「九郎蔵狐」	『笑府』（中国明代の笑話集）「野間藤六女を誑し餅くふ事」『為愚痴物語』（1662年）	狐に化かされる噺は奈良県
しゃっくり政談として江戸へ		船場：本町橋の西詰を南へ、唐物町の浜、本町の曲り 南：住友の浜 西：加賀の屋敷の横手、薩摩堀願教寺の裏手、江戸堀四丁目七ツ蔵、中之島、蛸の松
安兵衛狐（亀戸から向島への萩見・萩寺：谷中の墓地）	『芦屋道満大内鑑　葛の葉の子別れ』	高津神社は「崇徳院」の舞台でもある
上方から江戸へ移植		江戸では前半が首提灯と同じ。場所は芝の山内（増上寺前）
	露の五郎兵衛の著書に原話あり	
江戸へ移植され王子の狐に		場所は王子稲荷と扇屋（今もある）
		三遊亭圓長の『牡丹燈籠』や『真景累ヶ淵』を意識した上方落語では珍しい長編人情噺
	道頓堀界隈の伝説を元に三田純一作1966年	
上方から江戸へ移植「たちきり」	松富久亭松竹作（幕末）初代桂文治『落噺桂の花』	
江戸へ移植して「辰巳の辻占」	安楽庵策伝『醒睡笑』	「ひらかな盛衰記」のパロディー。江戸では場所は辰巳は深川。身投げの場所は吾妻橋。

表3　上方落語の怪異の場所（大阪市内・特定）

	題	場所	登場人物	時代
1	饅頭こわい	農人橋 安堂寺橋	長屋の住人（竹・甲・乙・丙・丁・政・光・米） 親方	江戸
2	次の御用日（しゃっくり裁判）	住友の浜・安綿橋 本町の曲がり 七つ倉中之島蛸の松	船場の商家の旦那（堅木屋佐兵衛・安堂寺町二丁目）、娘（糸）、丁稚（常吉） 消防方の男（天王寺屋藤吉・堅木屋借家人） 西町奉行	江戸
3	天神山	一心寺 高津新地 安居天神	長屋の住人（源助・保兵衛） 幽霊（西陣織屋清兵衛の娘糸） 角右衛門（河内）	明治
4	稲荷俥	高津神社 産湯稲荷	俥屋（梅吉・高津橋北詰東入、大浦米店前路地入） 長屋の人たち 紳士（商人）	明治
5	怪談市川堤	越中橋 一心寺 高津橋	西陣織物問屋長男（越後屋次郎吉） 薩摩の国侍（門藤兵左衛門） 博打うち（熊五郎） 芸者（紺、犬上軍太夫の妾）	江戸
6	胴とり	越中橋	長屋の住人 田舎侍	江戸
7	胴斬り	越中橋	長屋の住人 田舎侍	江戸
8	高倉狐	高津神社 高倉稲荷	狐が化けた女 男	
9	解けやらむ下関水	四つ橋	芸者（梅乃、下関の稲荷町の松鶴楼） 質屋の息子（利兵衛、南部町尾道屋）	明治
10	まめだ	三津寺筋	役者（三津寺筋の膏薬屋の右三郎） 市川右団治	明治
11	たちぎれ線香	宗右衛門町	若旦那、丁稚、番頭、お内儀（船場の大きな商家） 芸妓（小糸）、男衆	江戸
12	辻占茶屋	四つ橋	鍛冶屋の源公（梶原源太） 女郎（梅野、難波新地の神崎屋） 甚兵衛	江戸

抽象的な空間概念を探る

抽象的な空間論を使って説明するのであれば、次のような点が指摘できる。地理学者のイー・フー・トゥアンは著書『空間の経験』のなかで、さまざまな文化に共通する人間の普遍的な空間概念を、人間身体に基づいて想定した。

彼は、さまざまな文化の、言語表現や建築空間、儀礼や価値観を見渡しながら、私たちが身体に基づいて空間を認識している点を指摘し、図9のような概念図を描いた。それによると、私たちは普遍的に、空間を身体に基づいて分節化し、言語化することで、人間の価値領域に取り込む。その結果として、私たちの身体の上方は価値が増し、下方は価値を失う。同様に前方には未来の明るい展望が開かれており、後方は暗い過去となる。その際、明るい前方とは太陽の光、つまり南を意味することになる。また右がプラスの価値を帯び、対照的に左はマイナスとなる。このように、そもそも漠とした自然としての地表面に、私たち人類が自身の身体を中心に据え、空間を分節化し、方位に価値を付与し、混沌とした世界を秩序立てていったのである。

トゥアンの言うとおり、この概念図が相当に普遍性を有しているのであれば、まさに都市の東側は、身体を、北を背にして都市の中心部に置いたとき、左側に位置するマイナス空間となるわけだ。

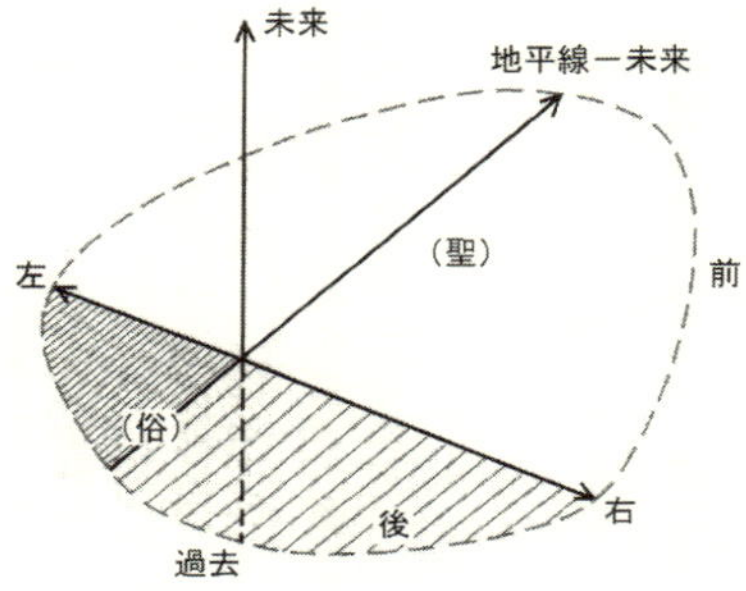

図9　直立した人間の身体と空間・時間
身体から投射された空間は、前方と右方へ偏向する。未来は前方と「上」にある。過去は後方と「下」にある

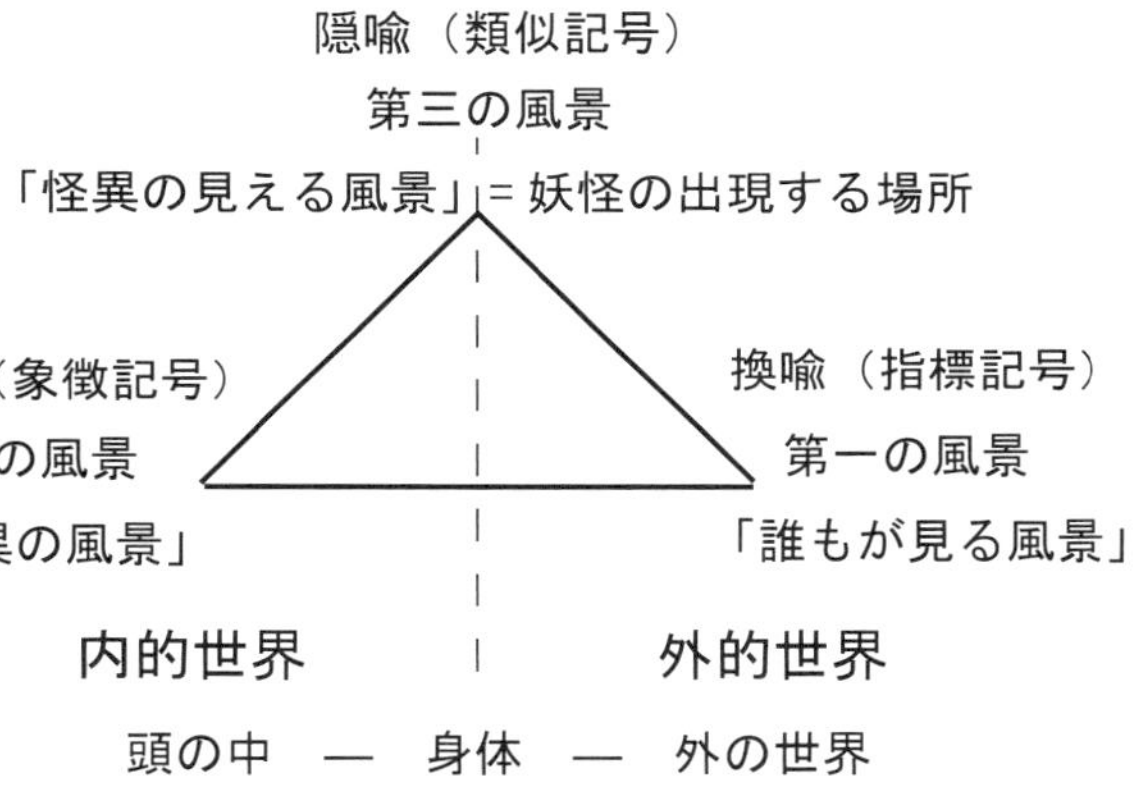

図10　妖怪の出現する場所と認識の三角形

また北側にも怪異空間が集中するが、これもマイナス空間なのである。したがって大坂、京都、江戸のいずれの都市でも、中心から東側と北側、つまり身体的に言うならば、左と後に怪異空間が広がっていることになる。

このように抽象的な空間概念を応用することによって、いままで行ってきた、過去の現実世界と、過去のイメージ世界の、折り重なった復原図に対して、一つの仮説的な解釈が提示されるのである。

言語化された妖怪の出現場所

私たちは、実際に人が妖怪を目撃した現場を見たことがない。私たちが知り得るのは、ある日ある場所で、ある人が妖怪を目撃した、あくまでもそのような話である。つまり目にしたのではなく、耳にしたのである。ということは、私たちが研究対象とする、他者の妖怪の遭遇譚は、ほとんどが言語化されたものということになる。このような前提で、妖怪の研究をはじめたとき、人々によって語られた妖怪の目撃、体験談の中で、ただ一つ、場所だけが確実に実在する、ということに気づく。では、どうしてこのような怪異の語りの中に、実在の場所が、人々によって呼び出されなければならなかったのだろう。

私はかつて『怪異の風景学』の中で、このような空想世界にある怪異と、実在する場所が混在した様態を、「怪異の見える風景」と呼んで、まるごと空想世界にある「怪異の風景」と、区別して考えてみた。つまりこの「怪異の見える風景」が、ここで言う「妖怪の出現する場所」なのである。そしてこの「怪異の見える風景」が、言語記号学で言うところの、隠喩に相当することを指摘し、私たちの言葉を通して見た、世界認識の一つのあり方としてとらえることを試みてみた。

ここで言う隠喩とは、あるものとあるものが類似関係にある、との私たちの言語文化的な認識判断である。記号学では、その他にも換喩を隣接関係（指標記号）、提喩を包含関係（象徴記号）と呼び、隠喩（類似記号）と合わせて、認識の三つのあり方と考えた。これを、彼らは認識の三角形と呼び、私はその三角形の隠喩に位置づけられるのが、「怪異の見える風景（＝妖怪の出現する場所）」と呼ぶ案を提示してみた（図10）。

言語文化的認識上の、あるものとあるものの関係とは、私たちの頭の中のものと、外部世界との関係を言う。その両者の関係を取り結ぶのが、先に図9のトゥアンの概念図で採り上げた、私たちの身体である。私たちは外部情報を身体感覚を通して脳に受容する。先の例で言えば、私たちは身体を中心に、空間を上・下、左・右、前・後と分節化する。これは換喩、つまり隣接関係である。

私たちの視線より頭に隣接している空間を上、足の方に隣接している空間を下、と言語化する。このように私たちの認識は、この境界に立つ身体が外部世界に接することによって、初めて遭遇する新たな世界を、主体的に分節化し、そして新たな類似性を発見、創造する。つまり、身体的知覚によって分節化された世界の一区画は、言語表現を与えられて、次に意味世界へと向かうのである。

それが提喩である。頭は重要性の象徴であり、足は不浄の象徴である。これは私たちの内的世界の問題、つまり意味世界である。そして、これが隠喩の世界で合体する。私たちにとってプラスと認識されるものが上と喩えられ、マイナスが下と喩えられることになる。成績が上がる下がる、給料が上がる下がる、とは日常的な表現であるが、成績や給料が本当に空間的に上がり下がりするわけではない。天国と地獄は、空想の世界であるが、私たちはなぜか天国が上方に、地獄が下方にあると認識している。つまり、それぞれが類似関係にある、と言語的に認識しているわけである。このような認識のあり方を隠喩と言う。

さて、であるなら、妖怪が出現する場所が位置づけられる、隠喩の世界とは、一体どのような役割を、私たちの認識にもたらしているのだろう。言語学者の瀬戸賢一は『レトリックの宇宙』の中で、隠喩は外の世界で生じた出来事が、内の世界である意味と対峙するとき、従来からあった固定的な意味関係を活性化し、新しい意味を再布置させると同時に、世界を再認識する役割を演じる、とする。特に、時代の変わり目は、新しい隠喩を数多く生む。それによって新しい時代精神や世界観が生まれるのだと。新しい隠喩は、社会が変動するときに生じる。つまり社会が変化するとき、私たちの周囲には、今までの認識では理解できないような、新しい事態が発生する。その新しい外的世界を内的世界と折り合わせ、私たちが何とか認識し解釈する役割を、この隠喩が演じていたのである。最初に取り上げた『聖城怪談録』が記録されたのは、十八世紀後半である。この時代、世界的にさまざまな分野で変革が生じている。そして日本でも、世界でも怪異が表象されたのである。

このように見ていくと、この一見取るに足らないと思われた「妖怪の出現する場所」が、私たち自身や社会にとって、特に周囲の環境が変化するとき、私たちがその新しい変化に対応するという、大変重要な役割を演じていた、ということなのである。

妖怪の出現する場所の意味

つまり妖怪の出現する場所（＝「怪異の見える風景」）とは、私たちにとって半分が頭の中の世界、そして半分が身のまわりにある現実世界で、それが私たちの身体を介して認識世界に立ち上がってくる風景ということになる。アラン・コルバンは『風景と人間』の中で、「風景とは解釈であり、人間と不可分」なのだと主張しているが、まさに妖怪の出現する場所とは、この「風景」なのだ。だから人間の空想と現実が混ざり合う。と同時にそれは、場所に対する私たちの解釈でもあるわけだ。

平安時代の貴族たちは、百鬼夜行たちと二条大路の神泉苑で遭遇したと語った。ある人は一条大路で妖怪に遭遇している。彼らは妖怪が、一条大路や二条大路と類似関係にある、と解釈したわけだ。このように考えると『聖城怪談録』では上級武士たちが、藩邸周辺に妖怪が出現すると解釈した。両者とも政治の中心地に相当する。首切れ馬の場合も、徳島城本町、つまり徳島城下の中心地での目撃談が残っている。平安時代の貴族社会や、江戸時代の武家社会の、厳密な階級社会におけ る身分差からくるストレスは、私たちの想像を絶するものだったのだろう。『源氏物語』に描かれ た、六条御息所《みやすどころ》の生霊出現の原因は、一条大路における、身分差から来る、牛車の場所をめぐる争 いの、ストレスにあったことは、よく知られているところだ。現在でも、何らかのストレスを抱え た広場恐怖症の人たちは、都市の中心街で妄想を見ることが報告されている。

旧石井町の首切れ馬の伝承でも、出現地のほとんどが、村境や小字界であるのも、他集団、ある いは他者の土地を侵犯する、あるいは侵犯されることへの、場所をめぐる争いの、ストレスであっ ただろう。特に洪水で、度々境界線が崩壊するような地域ではなおさらである。ゆえに伝承の中に は、首切れ馬の出現するルート上に家を建ててはならないとか、建てた家はすべて不幸になった、 などというものがある。特にこの妖怪の出現場所は、その崩壊をまぬがれた、より古い時代の地割 が選ばれている。現在、小字は失われ、小字界を知らぬ人が多い。度重なる町村合併の末、村境す ら知らない人もいる。しかし、人々は首切れ馬の出現場所は覚えている。古くからの、先祖代々の 言い伝えである、境界侵犯の禁忌を、この妖怪が保存し、人々をして語らしめていたわけだ。妖怪 の出現場所には、このような深遠な伝達能力もあったのである。

Ⅶ　妖怪画の系譜

妖怪画以前

「妖怪」（魔、鬼、化け物、幻獣など）を描いた絵画や造形は、十二世紀頃に制作された『信貴山《しぎさん》縁起絵巻』（朝護孫子寺蔵）や安住院本『地獄草紙』（東京国立博物館蔵）、『吉備大臣入唐《きびのおとどにつとう》絵巻』（ボストン美術館蔵）あたりが始まりであると考えられている。

しかしながら、高松塚古墳やキトラ古墳の内壁に、人々にとって望ましくない魔的な獣とはいえないにせよ、中国・朝鮮半島の文化の影響を受けて描かれた、想像上の動物である青龍・朱雀《すざく》・白虎・玄武といったいわゆる四神が描かれていたように、神秘的な存在に関する絵画・造形は、もっと早い時期からなされていた。

さらに、仏教の伝来とともに仏像や仏画が輸入され、奈良時代には、『絵因果経』のような、仏典の内容を絵と詞書によって示した絵巻が制作され、そこには明らかに仏教の広布を妨害しようとする魔物のたぐいが描かれている。また当時の仏像にも邪鬼を踏みつぶす増長天などの像などがある。これらは、中国で描かれ造形されたものの模写・模倣である可能性が高いが、妖怪の絵画化・造形化の前史をなすものとして念頭に置いておく必要があろう。

平安時代になると、浄土教の流布とともに、地獄図も描かれるようになり、そこには地獄に墜ちた人間を責め苦しめる閻魔王や地獄の獄卒が描かれたが、その頃の地獄図は残っていない。また、平安中期頃には、国家鎮護の密教系寺院では、修正会《しゅしょうえ》や修二会《しゅにえ》の追儺《ついな》の儀礼において、鬼の面をかぶった者が登場して追い払われるということがなされていたので、鬼面の制作もなされていたようである。

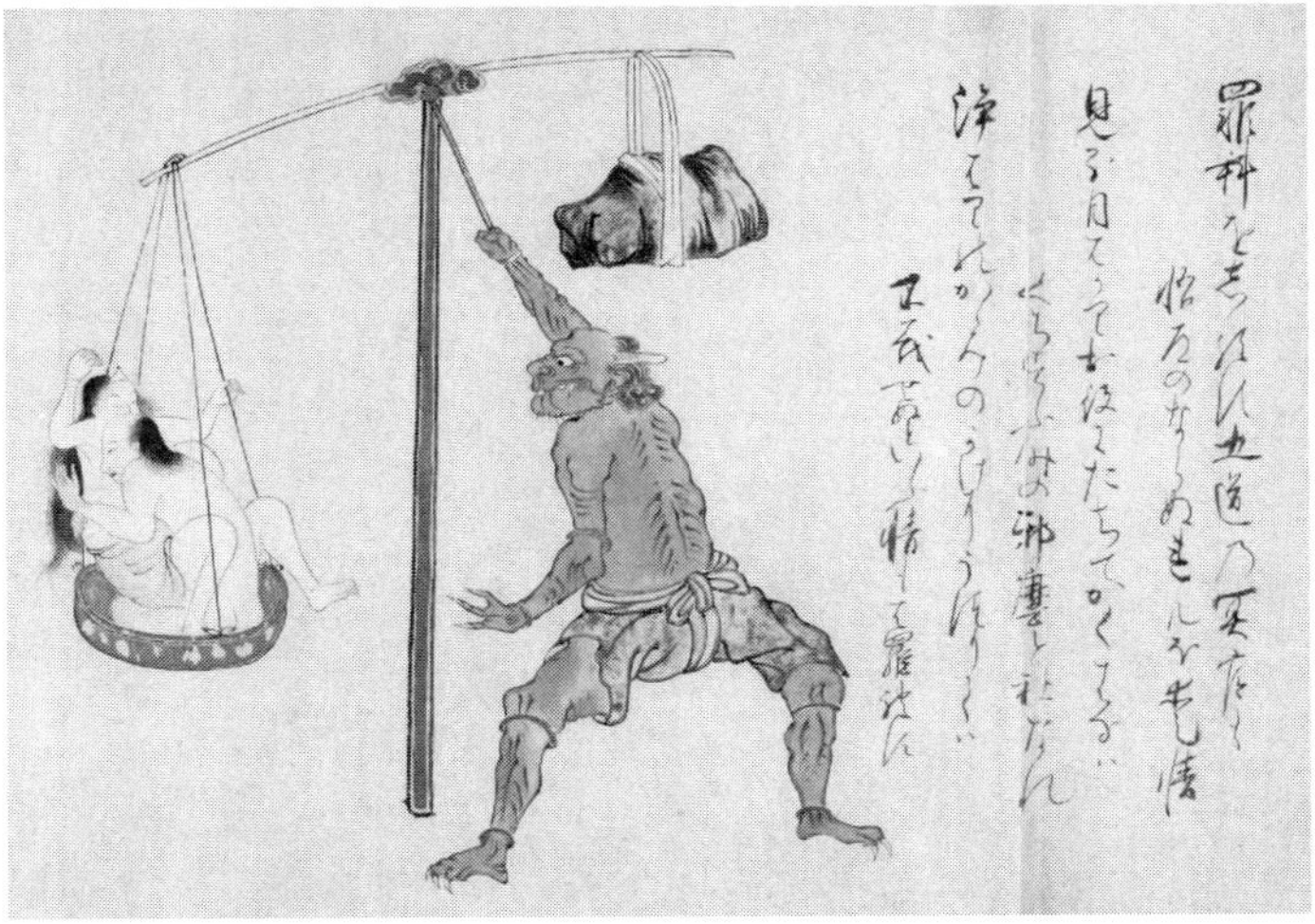

『地獄草紙』

妖怪画は、こうした幻想的存在に関する信仰伝統を継承・発展させることで誕生してきたのであった。

描かれた霊的存在

このような前史があるものの、明確に日本の妖怪画の歴史の原点として位置づけることができるのは、「地獄図」や「六道図」であろう。「地獄図」は、中国・朝鮮半島を通じて伝来し、それが日本の山中他界観などとも結合して、独自の発展を遂げていったものである。

たとえば、現存する「地獄図」のもっとも古いものとしては、前述の安住院本『地獄草紙』などが平安末期の十二世紀のころのものである。また、十三世紀の承久本『北野天神縁起絵巻』（北野天満宮所蔵）には、吉野の山奥の洞窟に籠もった修行者・日蔵が、仮死

『信貴山縁起絵巻』

の状態になって六道を遍歴して生き返ったことが描かれている。そして、そこに描かれている獄卒たちの姿は、今日、私たちが考える鬼のイメージと大差ない。

また、『北野天神縁起絵巻』には、地獄図とともに、鬼の姿をした雷神となった菅原道真の怨霊も描かれており、十二世紀に制作された『吉備大臣入唐絵巻』のなかには、吉備真備を助けるために現れる阿倍仲麻呂の死霊が「鬼」の姿として描かれているので、このころには、すでに怨霊を含む死霊を鬼として描くのが定着していたようである。

そのいっぽう、仏教図像の影響を受けて、高僧や山中修行者を守護する「護法天童」(護法童子)や、仏敵として日本において造形された「天狗」を描き込んだ寺院縁起絵巻や高僧霊験絵巻も作られるようになった。たとえば、『信貴山縁起絵巻』は、信貴山に住

『長谷雄草紙』

む命蓮という聖（呪術師系の僧侶）の霊験譚を絵画化したものであるが、そこには「物の怪」は描かれていないが、それを調伏する命蓮が操る「剣の護法」が描かれており、制作年はやや下るが、『是《ぜ》害坊《がいぼう》絵詞』（曼殊院蔵、十三世紀）には、中国からやってきた「是害坊」という名の天狗および彼に協力する日本の天狗と、高僧が派遣した是害坊天狗を制圧する護法童子が描かれている。

日本の呪術の伝統は、密教系の宗教者とともに中国伝来の陰陽道の専門家である陰陽師によっても形成されてきた。この陰陽師にも、仏教系呪術師に随従していた護法童子に相当する鬼神の一種「式神」が従っており、その絵画化が『不動利益縁起絵巻』（東京国立博物館所蔵、十四世紀）においてなされている。

すなわち、中世から、一般の人には見えない「霊的存在」や「異界」の物語をしきりに語るとともに、それを絵画化することが行われ始めていたのであった。

妖怪譚の絵画化

通常は目に見えない存在である鬼その他の妖怪の絵画化がなされるようになった中世には、やがて妖怪の出現からその撃退までをテーマにした「妖怪絵巻」も制作されるようになる。これらの絵巻では、妖怪はもはや寺社縁起絵巻や高僧霊験絵巻などの脇役としての登場ではなく、妖怪を退治する英雄とともに絵巻の物語の中心的な役割を演じており、絵巻の享受者たちは、妖怪の姿かたちやその悪行の様子、あるいは英雄に退治される様子などが描かれた物語やその絵画表現を大いに楽しむようになっていた。

『長谷雄《はせお》草紙』は、紀《きの》長谷雄と鬼が、鬼が勝てば長谷雄の命を奪い、長谷雄が勝てば鬼が長谷雄に絶世の美女を与えるという約束で、朱雀門の上で双六の勝負をするという絵物語である。長谷雄が勝負に勝って、鬼は約束通り絶世の美女を連れてくる。ところが、長谷雄がその美女の色香に負けて、百日経たなければ女を抱いてはいけない、という鬼の忠告を忘れて抱こうとしたために、女は水となって溶けてしまうのであった。ここでは「鬼」と書いたが、鬼は最初から鬼の姿かたちで現れるわけではない。人間の男に化けて現れる。長谷雄は、この男が勝負に夢中になったときに思わず鬼の姿になるので、この男の正体が鬼であることに気づくのである。そして最後の場面で、役所からの帰宅途上の長谷雄を、この鬼が鬼の姿で出現して攻撃してくるのだが、長谷雄は鬼除けの呪文を唱えて事なきを得る。

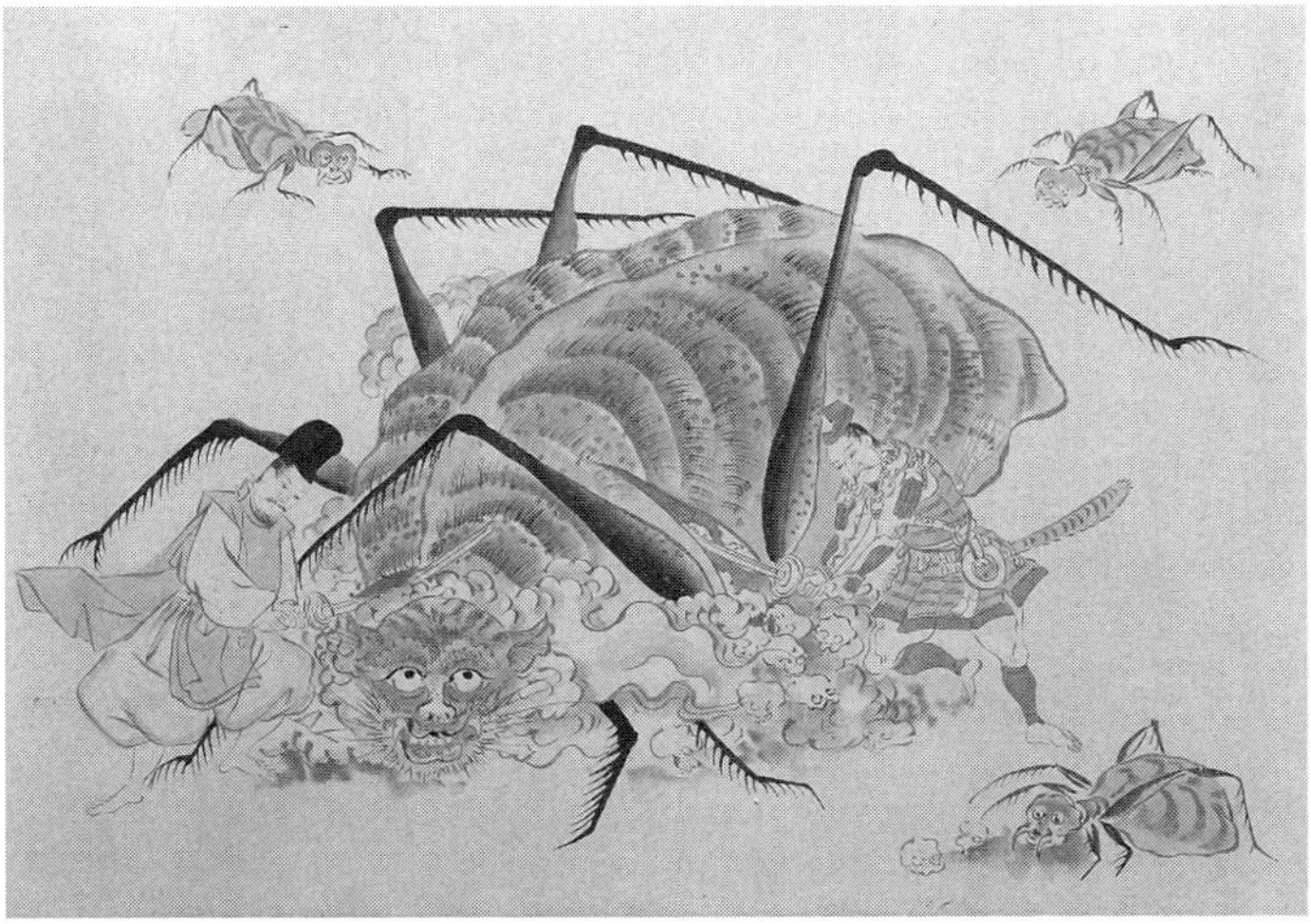

『土蜘蛛草紙』

『長谷雄草紙』に登場する鬼の素性は明らかではない。これに対して、大江山に本拠を構える鬼の一団が帝の命令を受けた源頼光たちに退治されるという単純明快な絵物語『大江山絵詞』（逸翁美術館所蔵、十四世紀）のなかの鬼の首領は、「酒呑童子」という呼称をもち、「自分は越後国の生まれで、山寺に入れられ稚児として育てられたが、そこで法師と争いを起こして殺してしまったために逃亡し、比叡山に移り住んでいたのだが、あるとき、伝教大師という者がやってきて、私を追い払ったので、やむなくここに住んでいる」と、鬼になるまでの個人史を自ら語っている。つまり、鬼は個別化され、鬼たちのそれぞれの誕生の物語を想定することができるようになったのであった。この種の鬼の物語として、たとえば、『田村の草子』の大嶽丸や『鉄輪《かなわ》』の宇治の橋姫の物語を挙げることができるだ

『道成寺縁起絵巻』

ろう。

『土蜘蛛《つちぐも》草紙』（東京国立博物館所蔵、十四世紀）は、源頼光が都のはずれの廃屋に住む土蜘蛛の妖怪を退治する絵物語である。興味深いことに、この土蜘蛛も鬼の姿をして出現する場面がある。つまり、妖怪化した土蜘蛛の精も、古代からの鬼の思想を引き継いで、人前に示現するときには鬼の姿になるとも考えられていたのである。

『道成寺縁起絵巻』は怨霊・妖怪の勝利を描いた物語で、『本朝法華験記』や『今昔物語集』などに語られている道成寺にまつわる伝説を絵物語化したものである。熊野に参詣途上の若い僧が、宿の女主人に見そめられ、その場しのぎに参詣後に夫になるとの約束をしたため、裏切られたと知った女主人が大蛇となって僧を追いかけ、道成寺の鐘のなかに逃げこんだ僧を焼き殺す、という話である。この女が変身した大蛇は、絵巻では、角をもった大蛇（龍）として描かれるとともに、「鬼」の頭をした大蛇としても描かれている。すなわち、ここにも、妖怪の素性つまり個体史をもった妖怪（人間の女→大蛇・鬼）が描かれているわけである。

　こうした妖怪譚・鬼譚の延長上に、道具を妖怪化した絵物語である『付喪神《つくもがみ》絵巻』が現れてくる。この物語は、道具も百年経てば化ける能力をもつというので、その前に（九十九年になったときに）捨てられた道具たちが、さんざん使ったにもかかわらずなんの感謝の念もなく捨てられたことを恨んで人間どもに復讐するために集まり、知恵を絞って鬼になり、悪行の限りを尽くすが、高僧の派遣した護法童子に退治される、という話である。この話でも恨みを抱く道具の精が鬼になっている。この話で興味深いのは、退治された鬼たちが自分たちの悪行を悔い改め、仏教修行を積んだ末に成仏するという結末になっていることである。草木国土悉皆成仏の思想が、日本では道具にまで及んでいたわけである。

　室町時代は、絵巻や絵本という形式を借りて制作された短編小説が隆盛した時代であるが、そのなかにはさまざまな妖怪物語もあった。たとえば、妖怪化した狐に題材を求めたものとして『玉藻前《たまものまえ》絵巻』（常在院、室町時代）や『狐の草紙』（個人蔵、室町時代）がある。『玉藻前絵巻』は、インドから中国を経て日本に渡ってきた金毛九尾の妖狐が、美女に化けて宮中に入り込み、その色香で上皇の命を奪おうとするが、見破られて退治されるという話であり、『狐の草紙』は、好色な僧が狐に化かされるが、信仰する地蔵によって救われる話を絵巻にして描いたものである。

「百鬼夜行」の絵画化と「百鬼夜行絵巻」の登場

「百鬼夜行」とは、もとはたんにたくさんの鬼たちが夜中に出没する様子を示す語であった。しかしやがて鬼の群れそのものを意味するようになったものである。今日では、鬼といえば、角をもち、ふんどし姿の、筋骨たくましい異形の者をイメージするのが一般的である。もっとも災厄の原因を鬼に求める考え方が広く流布していた平安時代から中世においては、地獄の獄卒のイメージを基礎にしつつも、今日では単体で示されたならば鬼とはとても言い難いような姿かたちの者も含む多様な姿かたちをした異形の者として語られ、そのなかには、人間の怨霊はもちろんのこと、動物の怨霊、道具の怨霊も含まれていた。こうした怨霊たちは、病気の原因とされることが多く、そうした文脈のなかでは「もののけ」（物の気、物の怪）として把握される存在でもあった。

たとえば、『今昔物語集』や『宇治拾遺物語』などには、手が三本で足が一本の者や、目が一つの者、目が三つの者、馬の頭をした者、牛の頭をした者、あるいは鳥の頭をした者、鹿の頭をした者など多様な姿かたちをしていた、と語られている。十四世紀に制作された『融通念仏縁起絵巻』（クリーブランド美術館所蔵）や前述の『不動利益縁起絵巻』などに描かれた疫病神群は、このような百鬼夜行を絵画化したものであって、よくみると、頭に動物の頭蓋骨を載せたり、その身体の一部を保存させたり、道具に目鼻や手足をつけたような姿で描かれている。これは鬼のイメージを基調としつつも、その本性・正体を暗示しようとしているためであろう。

このように、当時の鬼たちは、今日では「化け物」「妖怪」と呼んでしまいそうなものも含めていずれも「百鬼」であり、その絵画化されたものは、広義の百鬼夜行図であり妖怪図であった。もっとも、のちに百鬼夜行といえば、大路を夜中に群行する鬼たちを想起する傾向が強くなったが、これは後述する「百鬼夜行絵巻」の影響を受けたために生じた変質であった。

『百鬼ノ図』

「百鬼夜行」とは、上述のように夜中に出没する鬼たちのことであるとするならば、『大江山絵詞』も『土蜘蛛草紙絵巻』も『付喪神絵巻』も、〝百鬼夜行図〟であり〝百鬼夜行絵巻〟であるということができる。しかしながら、いつのころかは定かでないが、「百鬼夜行図」とは、そうした意味合いとは異なった、もっと限定的な意味合いで用いられるようになっていた。すなわち、鬼を主体とする異形の者たちが、夜中に大路を群行したり、大路で歌舞をする様子を描いた絵巻を意味するようになったのである。この絵巻群が、今日「百鬼夜行絵巻」と総称されるものなのである。

この系統の絵巻のもっとも古いものは、室町時代に制作された真珠庵所蔵の『百鬼夜行絵巻』（十六世紀）であるが、国際日本文化研究センター所蔵の『百鬼ノ図』（十七世紀）

『妖怪絵巻』

や京都市立芸術大学所蔵の『百鬼夜行絵巻』（十八世紀）の祖本も室町時代の制作と考えられている。これら三本の絵巻のなかでも、重要文化財に指定されている真珠庵本がもっとも有名である。この絵巻は、上述の『付喪神絵巻』によってクローズアップされることになった、道具の妖怪が大半を占めているという点で独創性に富んでいるといえる。だが、当時の妖怪観からいえばきわめて特異な作品であり、むしろ京都市立芸術大学本や国際日本文化研究センター本のほうが、道具の妖怪のみならず、動物や魚介などの妖怪も描かれており、当時の妖怪観に即したものとなっているといえるであろう。

妖怪図鑑の萌芽

たくさんの妖怪つまり鬼たちが群行したり歌舞を楽しんでいる様子を描いた百鬼夜行絵巻は、多種多様な妖怪が描かれているという点では、妖怪図鑑的な意味合いをもっているといえる。しかしながら、妖怪一体ずつを前後の妖怪たちとの物語的な関連を断ち切ったかたちで羅列し名称や属性を記しているわけではないので、妖怪図鑑の萌芽とは見なせても、妖怪図鑑そのものの始まりとみなすわけにはいかない。現在確認できるもっとも古い年号をもつ妖怪図鑑は、元文二年（一七三七）に狩野元信筆とする絵巻を佐脇嵩之が模写したという識語をもつ、福岡市博物館所蔵の『百怪図巻』である。佐脇自身が模本であると記していることから判断すると、その原本にあたる作品がそれ以前に制作されていたわけであるが、その祖本が室町時代の人である狩野元信によって描かれたものであるかどうか、言い換えれば、妖怪図鑑の始まりを中世にまで遡ることができるかどうかは定かでない。

留意したいのは、佐脇は英一蝶《はなぶさいっちょう》の弟子にあたる絵師だということである。英一蝶も妖怪絵巻や妖怪図鑑の模写を行っているので、妖怪図鑑の流布にあたって、この絵師グループの果たした役割は大きいものがあったと思われる。たとえば、国際日本文化研究センター所蔵の英一蝶の落款をもつ『妖怪絵巻』は、真珠庵本系統の『百鬼夜行絵巻』の図柄と兵庫県立歴史博物館所蔵の『百器夜行絵巻』の図柄を合わせた絵巻である。

妖怪図鑑の登場

江戸時代後期から明治前期にかけて妖怪画・妖怪文化は、未曾有の隆盛を迎えた。この時期の妖怪文化の特徴は、妖怪を恐怖の対象としてではなく娯楽の対象として把握し、それを享受し始めたことである。妖怪は人間がその想像力を駆使して造形するものとなったのであった。そのような娯楽の対象としての妖怪画の浸透において決定的ともいうべき役割を果たしたのが、鳥山石燕《とりやませきえん》の『画図百鬼夜行』シリーズの刊行であった。

このシリーズの一作目にあたる『画図百鬼夜行』は、安永五年（一七七六）に刊行され、これが好評を博したらしく、その続編の『今昔画図続百鬼』が安永八年（一七七九）、その続編の『今昔画図続百鬼拾遺』が安永十年（一七八一）に、さらに『百器徒然袋』が天明四年（一七八四）に、という具合に次々に刊行される。『画図百鬼夜行』の体裁は木版単色刷り・半紙形の綴じ本で、一頁ごとに一体の妖怪の絵とその名称が付されて、続編の『今昔画図続百鬼』以降では、名称とともに簡単な解説めいた文言も記されるようになる。これは明らかに妖怪図鑑として作成されたことを物語っている。ここで「百鬼」という語で意味されているのは、角をもった筋骨たくましい鬼のことではなく、さまざまな姿かたちをした異形の者としての「百鬼」つまりは「化け物・妖怪」のことである。

このような妖怪図鑑の登場の背景には、実際に怪談を語り合って楽しむ「百物語怪談会」を基礎にした『諸国百物語』（一六七七年）をはじめとする各種の挿し絵付きの「百物語怪談集」がもてはやされ、さらにはそれに登場する妖怪たちの解説書にあたるような『古今百物語評判』（一六八六年）まで刊行されていたことや、赤本、黒本、青本、黄表紙などと呼ばれる江戸時代の通俗的な絵入りの読み物いわゆる草双紙でも妖怪話が好まれたという事情があった。ようするに、石燕の妖怪図鑑シリーズは、こうした江戸時代前期において形成された怪談・妖怪話の愛好者たちを念頭におきつつ、室町時代から江戸時代にかけて制作された妖怪絵巻や妖怪絵本（奈良絵本）の伝統をも吸収するかたちで制作されたものであったわけである。石燕は『画図百鬼夜行』の巻末において

『暁斎百鬼画談』

「もろこしに山海経吾朝に元信の百鬼夜行あれば、予これに学てつたなくも紙筆を汚す」と記している。もちろん、ここで言及されている元信とは狩野元信のことで、上述したように、当時、すでに狩野元信が描いたという妖怪図鑑風の模写絵巻が流布していた。石燕はそれに刺激されて、自分なりの妖怪図鑑を冊子形式で出そうとしたのであった。

妖怪図鑑に関するその後の変化として指摘しておくべきは、錦絵の影響である。石燕の『画図百鬼夜行』シリーズはすべて単色刷りであった。同時代に多色刷り錦絵の技法が開発され、一枚刷りの美人画浮世絵に用いられていたが、経費の面からいって、まだ多数の絵を収録する冊子本のすべてを多色刷りにするには至らなかったようである。おそらく、当時の妖怪文化の愛好家たちは、全編多色刷りの妖怪図鑑や妖怪絵本を待望していたことであろう。それに応えるかたちで登場したのが、『絵本百物語』(一八四一年)であった。この図鑑は全編多色刷りで、絵は竹原春泉斎、解説文は桃山人が担当した。この本を別名『桃山人夜話』と称するのは、解説を桃山人が書いていることによっている。

妖怪錦絵と幽霊画の隆盛

妖怪画・妖怪文化の人気は江戸時代後期以降徐々に高まり、幕末から明治にかけて頂点を迎えた。その人気の中心にあったのが、錦絵の妖怪である。細密な多色刷りの錦絵は、風俗、風景、美人、芝居、役者、事件などあらゆる事象を描いて人気を博したが、その題材のなかには妖怪たちも含まれていた。売れれば柳の下のドジョウを狙って次々に同様の商品を売りに出すのが商売の常で、妖怪錦絵は、百鬼夜行絵巻や妖怪図鑑などの妖怪画を参考にしつつも、芝居のなかの妖怪や古今東西の伝説や昔話のなかの妖怪など、さまざまなものに画題を求めて、多数の妖怪画が生み出された。しかも、葛飾北斎、歌川国芳、月岡芳年、河鍋暁斎《かわなべきょうさい》といった著名な絵師たちも、妖怪画の制作に動員されて、多くの優れた作品を残している。

妖怪錦絵の特徴として指摘したいのは、三枚続きやさらには六枚続きなどのワイド版の作品が多いことである。通常の錦絵はB4判サイズ一枚であるが、これを三枚とか六枚とつなげることで、絵の迫力を格段に高めることができた。たとえば、天保の改革を風刺していることで知られる国芳の「源頼光公館土蜘蛛作妖怪図」は、三枚続きの作品であり、六枚続きの作品としては、秀斎の「後鳥羽法皇の夢中にあらわれる妖怪の図」が挙げられる。

『化物婚礼絵巻』

妖怪錦絵は明治になってもしきりに制作されたが、文明開化という時代の風潮や、石版印刷や銅版印刷、さらには活版印刷の技術の浸透によって、木版印刷は次第に人気を失っていった。

妖怪錦絵とともに注目したいのは、この頃、幽霊画の人気も高まったことである。幽霊画の多くは肉筆の軸絵として制作され、幽霊の怨念の深さつまりは恐ろしさが強調されていた。これは幕末に大いに人気を博した芝居の『東海道四谷怪談』や『番町皿屋敷』に登場する怖ろしい怨霊系の幽霊の影響を受けてのことであった。

継承・発展する妖怪絵巻の伝統

江戸の妖怪文化の隆盛は、妖怪図鑑や妖怪絵本、妖怪錦絵などが娯楽の対象として人気を博したことによってもたらされた。しかしながら、それと同時に、旧来の絵画形式である絵巻形式によった肉筆の作品もしきりに模写されたり、新たに制作され続けていたことも忘れてはならない。

真珠庵本系の「百鬼夜行絵巻」の模本は、絵師たちのかっこうの手本とされたためであろうか、明治に至るまで制作され続けた。同様にしてやはり人気の鬼退治譚となっていた「大江山酒呑童子絵巻」も繰り返し模写された。そして、こうした模本絵巻に混じって、草双紙に描かれた妖怪たちを主体とした「百鬼夜行絵巻」や「化物婚礼絵巻」、あるいはオリジナルの「百鬼夜行絵巻」、たとえば『異形賀茂祭図巻』（田中訥言《とつげん》筆、十九世紀前半、出光美術館蔵）や『婚怪草子絵巻』（浮田一蕙《いっけい》筆、一八五八年、メトロポリタン美術館蔵）、さらには広島藩士稲生平太郎の体験譚（実録）に基づいた各種の「稲生物怪録」（絵巻、絵本）も制作されている。いいかえれば、絵巻史では見逃されがちであるが、平安時代に生み出された絵巻の伝統は、妖怪絵巻を通じて、室町から江戸へ、そして明治にまで継承・維持されてきたのであった。

しかしながら、こうした江戸時代に多様な形式を借りて生み出された妖怪画の伝統も、大正から昭和の時代になると衰退期を迎えることになった。この時期の妖怪画は見るべきものがないというよりも、新たに制作されることがほとんどなくなったのである。

妖怪画への関心が再び高まり、妖怪画が新たに制作されるようになるのは、戦後、水木しげるの妖怪画が注目されるようになり、合わせて過去の妖怪画をはじめとする妖怪文化の発掘がなされるようになってからのことである。

Ⅷ　娯楽と妖怪

妖怪に対する新たな態度

中世までの妖怪とは、人間にとってただひたすらに恐怖の対象、畏怖《いふ》の対象であった。ところが江戸時代になると、それとはまったく異なる態度がみられるようになる。妖怪を娯楽として楽しむという態度である。

もっとも、娯楽の題材となったのは、人工的に再現され、表象化された妖怪――わかりやすく言えば、フィクションとしての妖怪であった。江戸時代は、このようなフィクションとしての妖怪というものが独自の発達を遂げ、人びとの遊びや楽しみに貢献するようになった時代であった。

そして、これは妖怪のリアリティの喪失と表裏一体をなす現象であった。江戸時代中期の十八世紀後半ごろからしばしば用いられるようになったことわざに、「野暮と化物は箱根から先」「ないものは金と化物」「下戸と化物は世の中になし」などというものがある。化物、つまり妖怪は「ないもの」の代名詞だったのである。

その根底には、日本人の自然観、神霊観の変容があったと考えられる。中世までの日本人の世界認識のなかでは、自然は人間よりも上位にあり、その具現化である神霊や妖怪は、畏《おそ》れと恐怖の対象であった。ところが江戸時代になると、自然の恩恵とも脅威とも無縁な生活を送る都市の住民のあいだで、そうした畏怖の念はしだいに減退していった。また貨幣経済の発達が、「お金の力で何でもできる」というような考え方を生み出し、神仏との関係も貨幣（お賽銭）を介した対等の立場へと変わっていった（これは、願掛けをして「ご利益」があれば相応の礼をするが、効験がないとわかればすぐさま別の神仏に乗りかえる「流行神」のあり方によくあらわれている）。

こうして自然や神霊に対する畏怖の念が薄らいでいった結果、それらと不可分に結びついていた「妖怪信仰」そのものが揺らいでいった。さまざまな怪異や妖怪は、心の迷いや目の錯覚、あるいは単なる「物理的」「生物学的」な現象、狐や狸のしわざ（狐や狸が人を化かすということは、江戸時代の人びとにとってはまだ「生物学的」な現象であった）などとして脱神秘化されていったのである。

ところが、これによって逆に人間たちが自由に妖怪を創り出し、それを娯楽の対象とすることが可能になった。安全であることがわかっているからこそジェットコースターに乗ることができるのと同じように、妖怪のリアリティが失われたからこそ、心おきなく妖怪を楽しむことができたのである。「妖怪はいないけれども、それじゃつまらないから、いることにして楽しもう」――それが江戸時代の人びとの、妖怪に対する新しい態度だった。

この章では、江戸時代に生み出されたさまざまな「妖怪娯楽」について紹介することにしたい。

妖怪手品

江戸時代の人びとの妖怪観がよくあらわれた「妖怪娯楽」として、まずは「妖怪手品」を紹介しよう。「妖怪手品」とは、妖怪や妖怪がひき起こすとされた現象を出現させる手品のことである。

手品はかつて「幻術」と呼ばれ、妖術のたぐいと区別のつかないものであった。ところが江戸時代中期、十八世紀に入るころになり、手品の種明かしをする本が続々と出版され、手品は誰にでも再現可能な「遊び」に変わっていった。そうした本に紹介された手品のなかに、「妖怪手品」をし

摩醯首羅王三目の術

ばしば見いだすことができる。なかでも宝暦十四年（一七六四）に大坂で刊行された『放下《ほうか》筌《せん》』は、自ら「化物の本」であることをうたい、多くの「妖怪手品」を紹介している。

例えば、「摩醯首羅王《まけいしゆら》三目の術」。摩醯首羅王とは、ヒンドゥー教の最高神シヴァが仏教に取り入れられて護法神となった大自在天の別名であるが、ここでは四国の山中にあらわれる火を噴く三つ目の大入道ということになっている。『放下筌』の口絵にはものすごい妖怪出現の場面が描かれているが、さてその種はといえば、ホタルかアワビの貝殻を三つ目の形になるように顔に貼りつけ、火のついた消し炭を口にくわえて火を噴いているように見せる、というばかばかしいともいえるものであった。

また、「逆《さかさ》に歩く女のすがた」は、手に脚半と足袋を着け、着物を上下前後逆に着たうえで、帯に女のカツラをつけた提灯をぶら下げ、「逆幽霊」（逆立ちした姿であらわれる幽霊）のように見せかけるという、手品というよりは仮装に近いものだった。実は「妖怪手品」には、こうした仮装的なものがかなり多く見受けられるのである。

もっとも、当時の科学的な知識を応用した「妖怪手品」もあった。「障子に人の面《おもて》をあまた生ずる術」は、障子のマス目一つ一つに鉄とミョウバンの水溶液で顔を描き、乾かしておくとただの白い紙の障子になるが、水を吹きつけると顔が浮き出してくるというものである。また、「庭前に化《け》粧者《しようのもの》を集め五色の雲を発さしむる術」は、庭に置いた妖怪の造り物を「五色目鏡《ごしきめがね》」、つまりプリズムを通して覗かせると、光の屈折によって実際にある位置よりもはるか上方に見え、またスペクトルの分解によって五色の光に包まれて見える、という光学的な仕掛けを用いた手品であった。

『放下筌』と同じ平瀬輔世《すけよ》という人物によって著され、安永八年（一七七九）に刊行された手品伝授本『天狗通』にも、こうした光学的な仕掛けに基づいた「妖怪手品」がいくつか紹介されている。なかでも「幽魂霊鬼をあらわす術」は、当時「影絵目鑑《めがね》」と呼ばれていた幻灯器を用いて妖怪の姿を映し出すというものであるが、これは日本で最初の幻灯器に関する記述とされている。

幻灯器は十七世紀にヨーロッパで発明され、日本にはオランダから長崎貿易を通じてもたらされたが、十八世紀後半にはすでに商品化されて眼鏡屋などで売られていたことが、『天狗通』の記述からわかる。幻灯器はラテン語でランテルナ・マギカ、つまり「魔法のランタン」と呼ばれ、オランダ語ではトーフェル・ランタールン、「悪魔のランタン」と呼ばれていたことからわかるように、はじめから何やら怪しいものを生み出す道具としてイメージされていた。日本でも、幻灯器は「妖燈」「現妖鏡」「招魂燈」などと訳され、まさに妖怪や幽霊を出現させる道具ととらえられていたのである。

ところで、この『天狗通』には、「狸形を化《け》すいわれ」という「妖怪手品」が紹介されている。これは、狸が幽霊に化けて姿を消すという怪異のトリックを明らかにし、さらにそれを応用することで人間も同様の怪異を再現することができるということをうたったものであった。

それは狸が幽霊に化けるトリックを、次のように説明している。狸は背中の毛が黒く、腹と喉の下の毛は白いので、後ろ足で立って歩く時は喉の下が人の顔のように見え、全体的には白い着物を着た人のように見える。一方、逃げる時は背中を向けて逃げるので、背中の黒い毛が闇にまぎれて消えたように見えるのだと。だから人間も顔から腹にかけて胡粉か白粉で白く塗り、背中を墨で黒く塗って狸と同じようにすれば、幽霊に化けることができるというのである。

これは、「妖怪手品」のスタンスがもっとも明瞭な形であらわれた手品だといえるだろう。『放下筌』の序文には、「今迄世にばけ物の本あまたありといへども、皆怪く恐敷《をそろしき》のみにて其変化の正体しるべからず。黄金の精が人に変じ、川太郎が女にばけ、天狗が小性になりたる類あれ共、ばけ様を見たる人なし。然る時ハ人其妖怪を恐れて、神明の如く貴《たつとむ》ことあり。人ハ万物の霊長なれバ、人こそばけて畜類をたぶらかす程に有べき也」と書かれている。つまり、化ける方法がわからないから、人間たちは妖怪を恐れてきたが、人は万物の霊長なのだから、人間の方こそ化けて狐狸妖怪のたぐいをたぶらかすくらいでないといけない――というのである。これこそ「妖怪手品」を根底から支える認識であったと考えられる。

「妖怪手品」とは、怪しく見える現象には必ず何らかの「種」がある、としてその神秘性を無化したうえで、人の手で自在にそれを再現するという特異なわざであった。そして、この怪異の否定とその人為的な再現は、『放下筌』の序文にも記されているように、「人は万物の霊長」という人間中心主義的な認識に基づくものであった。「妖怪は存在しないが、人が作ったもの（フィクション）として楽しもう」というこの「妖怪手品」に見られる姿勢は、すべての「妖怪娯楽」に通じるものであったといえる。

写し絵・怪談狂言・怪談噺

「妖怪手品」はいわば素人の座敷芸としておこなわれたものであったが、十九世紀に入ると、仕掛けを用いて妖怪・幽霊を出現させることがお金を取って見せる芸能へと発展する。

まずは享和三年（一八〇三）に都屋都楽《みやこやとらく》によって創始された「写し絵」がその一つである。西洋から伝えられた幻灯が、十八世紀後半にはすでに商品化されていたことは前に述べたが、これが日本風にアレンジされ、芸能として確立されたものが写し絵である。都楽はもともと焼きものなどに彩色を施す上絵師《うわえし》だったが、上野山下でおこなわれた「エキマン鏡」とよばれる幻灯の興行を見て、自分でも同じものが作れないかと思い立ち、蘭方医を父に持つ友人の協力を得て、ガラスに絵を描く薬法を発明した。そして、それを用いて自分で種板を描き、幻灯の興行をはじめたのである。

写し絵は、「風呂」とよばれる木製の幻灯器で、種板というガラス板に描かれた絵を紙のスクリーンに映し出す。現在の映画とは異なり、スクリーンの裏側から映写する方式で、「風呂」も固定式ではなく、演者が手に持って映写していた。これは「動き」を表現するためで、複数の「風

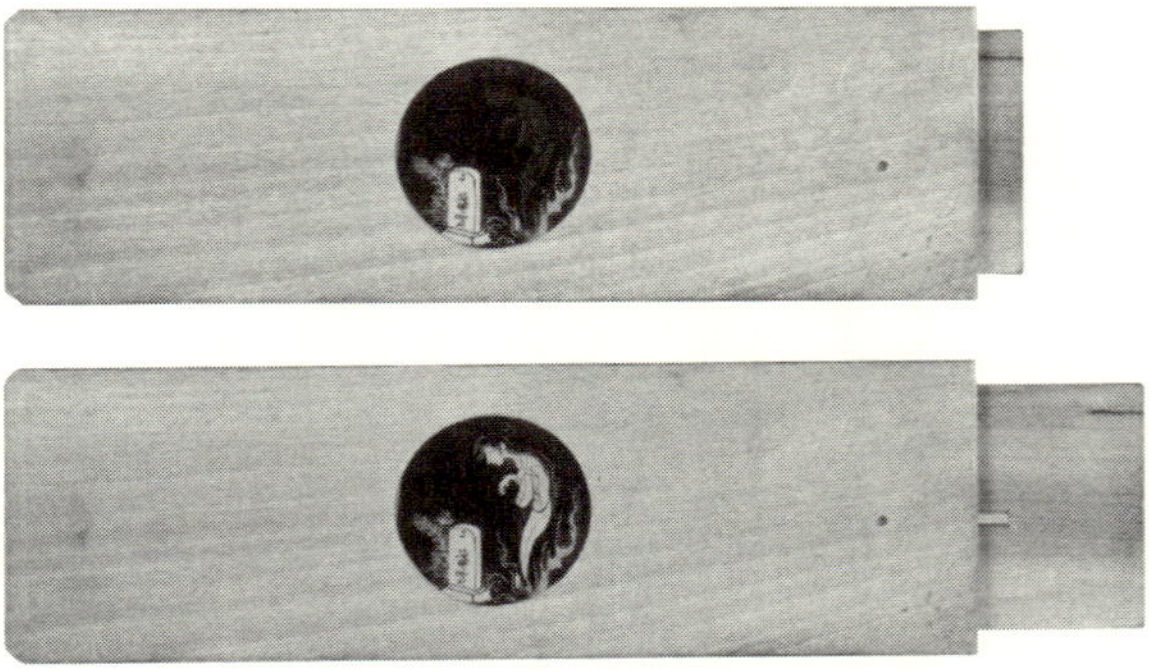

写し絵の種板

呂」を用いてそれぞれ別のキャラクターを演ずることもあった。

　種板にも「動き」を表現する仕掛けがあった。たいていは、絵の描かれたガラス板に、もう一枚スライド式で別のガラス板が重なるようにし、それを動かすことによって映像に変化を与えるというものであった。たとえば墓場から幽霊が出現する場面を描いた種板に、一部を黒く塗りつぶしたもう一枚のガラス板が重なるようにしておけば、幽霊が忽然《こつぜん》とあらわれたように見せることができるというわけだ。写し絵は、単なるスライドショーではなく、まさに「動画（アニメーション）」だったのである。

　このような写し絵の題材として、変幻自在な妖怪や幽霊が登場する怪談ものは、まさにうってつけであった。写し絵の演目には、必ずといっていいほど怪談ものが含まれていたようで、写し絵の引札（宣伝用ポスター）にはたいてい幽霊の絵が描かれていた。江戸時代の人びとは、現代の人びとがホラー映画を見に行くように写し絵を見に行き、暗闇のなかに映し出される妖怪や幽霊の姿に恐怖し、かつ楽しんでいたのであろう。

写し絵が創始された翌年、文化元年（一八〇四）には、大掛かりな仕掛けを用いて恐怖を演出する歌舞伎「怪談狂言」の最初の作品とされる『天竺徳兵衛韓噺《てんじくとくべえいこくばなし》』が上演されている。蝦蟇《がま》の妖術を使う天竺徳兵衛が謀反人となって天下に仇なすという物語で、大きな蝦蟇の背中が割れて、そのなかから徳兵衛があらわれたり、舞台の前の池に飛び込んだ役者がその直後に花道から別の姿になって登場する「水中早替り」など、それまでにない斬新な仕掛けがいくつも盛り込まれ、大当たりを取った。

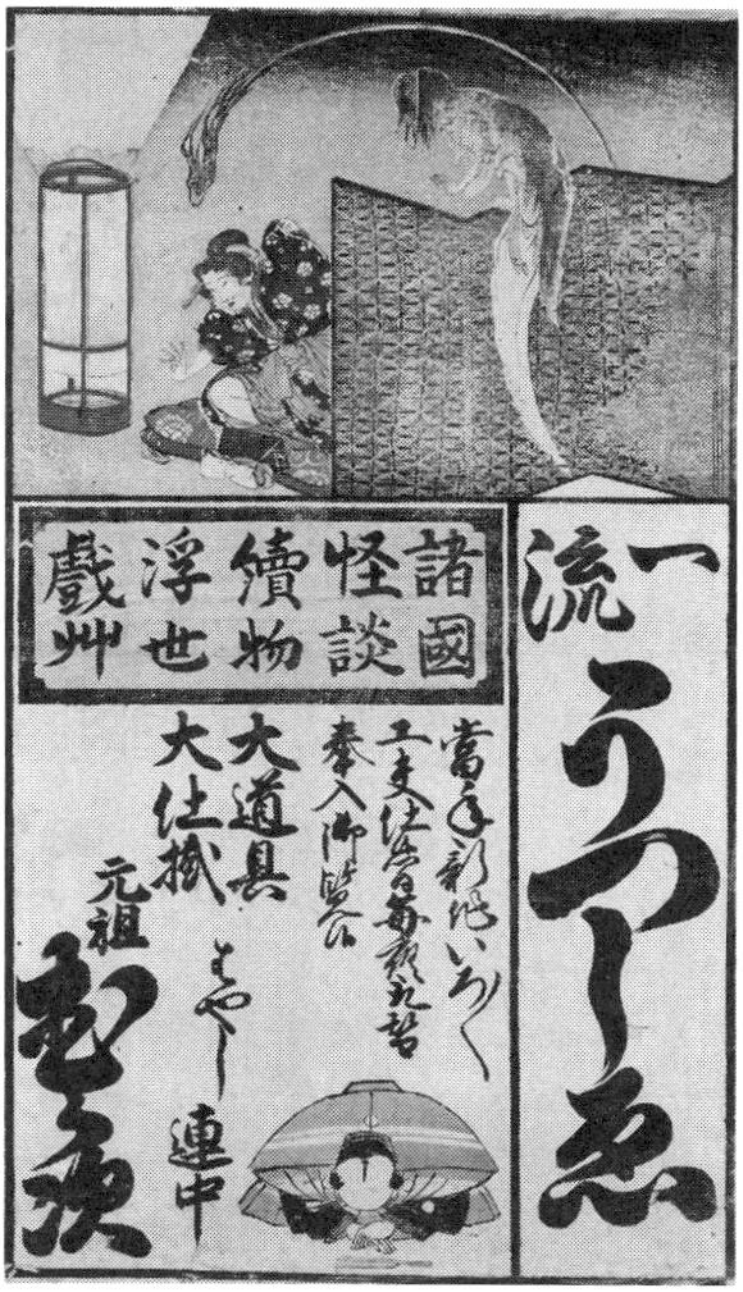

写し絵の引札

作者の四世鶴屋《つるや》南北《なんぼく》は、当時一人前の立作者《たてさくしゃ》となって間もないころで、主役を務めた初代尾上《おのえ》松助（のちに松緑《しょうろく》）も六十歳という高齢で引退間際の役者であった。そもそもこの作品が上演されたのは客入りの少ない夏場であり、明らかに大きな期待を込められて送り出された作品ではなかった。しかし、だからこそ南北や松助らは起死回生を狙って大胆な挑戦を試みたのであろう。結果的にこの大当たりにより、以後、『彩入御伽草《いろえいりおとぎぞうし》』『阿国御前化粧鏡《おくにごぜんけしょうのすがたみ》』など、南北・松助のコンビで次々と怪談狂言を送り出し、ヒットを飛ばす。

そして、南北が松助の養子であった三世尾上菊五郎と組んで文政八年（一八二五）に初演した『東海道四谷怪談』が、怪談狂言最大のヒット作となる。「忠臣蔵」の世界に舞台を借りつつ、夫である民谷伊右衛門に裏切られて死んだお岩の怨霊が、伊右衛門につらなる者たちに次々と祟《たた》る幽霊譚で、凄絶な恐怖を演出する数多くの斬新な仕掛けが盛り込まれていた。

とりわけ有名なのは、「戸板返し」の仕掛けであろう。これは、隠亡堀《おんぼうぼり》で釣りをしている伊右衛門のもとに、お岩と小仏小平（伊右衛門に殺された民谷家の小者）の死体を表裏に打ちつけた戸板が流れつき、ムシロをめくるとお岩の亡霊が恨み言を述べ、慌てて戸板を裏返すと今度は小平の亡霊が現れる、という場面に用いられたもので、戸板の表にはお岩の体、裏側には小平の体が作り物で取りつけられており、役者は顔の部分に開いた穴から顔を出して、お岩の幽霊と小平の幽霊の二役を早替わりで演じたのであった。

さらに、上演を重ねるたびに、お岩の亡霊が燃え上がる提灯のなかからあらわれる「提灯抜け」や、人間が仏壇のなかに引きずりこまれる「仏壇返し」など、より大掛かりな道具を用いる仕掛けが取り入れられ、『東海道四谷怪談』は怪談狂言の代名詞ともいうべき作品になっていったのである。

この怪談狂言にみられるような、仕掛けを用いて妖怪や幽霊を登場させる演出は、話芸である落語のなかにも取り入れられた。それが初代林屋正蔵《はやしやしょうぞう》の創始した「怪談噺《ばなし》」であった。

泉目吉の店の様子

怪談噺は、怪談ものの話の最後に妖怪や幽霊に扮した人間や人形を登場させて、聴衆を驚かせたところで暗転し終わるというもので、「化物噺」とも呼ばれた。正蔵は文化十四年（一八一七）正月に西両国の寄席を取得して興行をはじめるが、怪談噺をはじめたのはその少し前のこととされている。正蔵は手先が器用で、自分でさまざまな小道具を製作することもあり、一説には『東海道四谷怪談』の舞台の仕掛けを手伝ったこともあったとされている。だからこそ、仕掛けを用いた怪談噺を思いついたのだと思われる。

もっとも、正蔵の怪談噺には、仕掛けを作る専門の細工師がちゃんといた。両国の回向《えこう》院《いん》前にいた泉目吉がその人であった。泉目吉というのは通称で、泉屋吉兵衛が本来の名前だが、人と違った目つきをしているというので「泉屋の目玉の吉兵衛」を略して泉目吉とよばれていた。目吉は当時、怪談ものの細工師として広く名を知られており、天保七年（一八三六）刊の為永春水の人情本『春色恵之花《しゅんしょくめぐみのはな》』の挿し絵には、浅草仲見世にあった目吉の店の様子が描かれている。天保九年（一八三八）には、「変死人形競《くらべ》」と称してさまざまな変死体のリアルな人形を見せる見世物を興行し、大きな評判を取っているが、これが今日の「お化け屋敷」のルーツとされている。

「写し絵」「怪談狂言」「怪談噺」――これらはいずれも、人工的な仕掛けを用いて妖怪を出現させる「妖怪手品」の後継者だといえるだろう。泰平の世に生きた人びとは、こうした「作られた恐怖」を積極的に娯楽として楽しんでいたのである。それはまさに、現代の人びとがホラー映画やお化け屋敷、ジェットコースターなどを楽しむ感覚と近しいものだったと思われる。

見世物と妖怪

「妖怪を作り出す」という点では、見世物という娯楽もまた見落とすことのできないものである。江戸時代には、さまざまな珍しい物や動物、人間などが見世物にされたが、そのなかには妖怪といえるものも少なからず混じっていた。

例えば明和二年（一七六五）には、江戸両国で「雷獣」の見世物があった。雷獣とは、落雷とともに天から落ちてくるとされた伝説上の獣である。この時見世物にされたのはイタチのような黒い獣で、特に変わった姿かたちをしていたわけではなかったが、言い伝えでしか知られていなかった獣の実物が見られるということで、多くの見物客が集まったとのことである。

安永七年（一七七八）、両国回向院での信濃善光寺阿弥陀如来の出開帳《でがいちょう》にあわせておこなわれた「鬼娘」の見世物は、当時たいへん話題になり、「鬼娘」を題材にした草双紙がいくつも刊行され、一種の社会現象にまでなった。鬼娘は、頭に袋角《ふくろづの》という瘤《こぶ》のような隆起があり、鬼のような風貌をした女性で、それが舞台の上で、かぶっていた打ち掛けを取り素顔をさらすというだけの見世物であったが、たいへんな評判を取り、おびただしい数の群集が詰めかけた。その人気の裏には、やはり伝説や昔話でしか知らない鬼の実物を目にしたいという人びとの欲求が働いていたように思われる。

もっとも、この鬼娘の見世物には、皮肉な末路が待っていた。鬼娘の人気に目をつけた別の香具《や》師《し》の手によって、鬼娘の贋物が登場したのである。それはなめし革で顔を作り、蠟石の牙と子牛の角をつけたまったくの作り物だったのだが、そちらのほうが絵に描かれた鬼に似ていたので、やがて本物を圧倒してしまったという。「作られた妖怪」のほうがより妖怪らしいとみなされたというのは、「フィクションとしての妖怪」がめざましい発達を遂げた江戸時代らしい出来事だったといえるだろう。

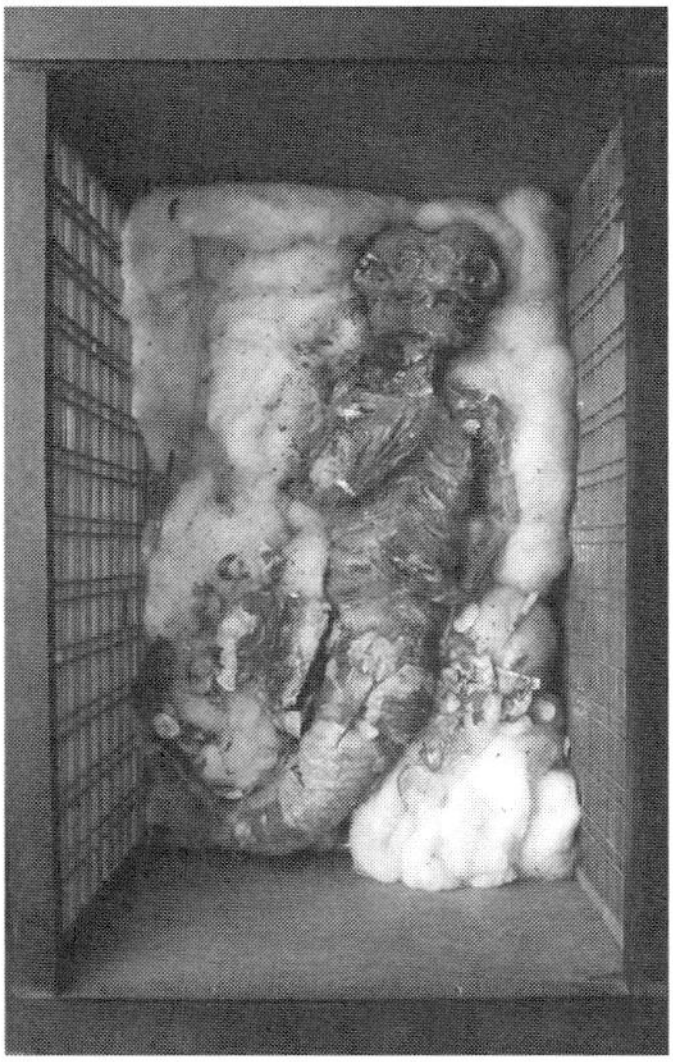
双頭の人魚のミイラ

そう、まさに見世物の妖怪とは「作ら

れる」ものであった。現在、しばしば妖怪を扱った本やテレビ番組のなかでセンセーショナルに取り上げられるものの一つに、「人魚のミイラ」がある。これはあたかも妖怪が実在する証拠であるかのように扱われているが、実はそのほとんどが作り物であることがすでに判明している。

例えば、八戸市博物館には、八戸藩九代藩主南部信順《のぶゆき》が収集した本草学標本のコレクションが収蔵されているが、そのなかに「双頭の人魚のミイラ」がある。信順は「蘭癖《らんぺき》大名（蘭学好きの大名）」として有名な薩摩藩主島津重豪《しげひで》の子で、彼自身も蘭学や本草学に大きな関心を寄せていた。この「双頭の人魚」は、そうした関心から、珍奇な動物の標本として収集されたものだったと考えられるが、残念ながら、国立科学博物館のX線撮影による調査の結果、完全な作り物であることが判明した。下半身はコイなどの魚の胴体を利用したものであったが、上半身は骨などがまったくなく、木や針金などを芯にして成形されていた。頭部にいたっては紙で作られた張り子細工で、口の部分にのみ魚の歯をはめ込んであった。この「双頭の人魚のミイラ」ばかりでなく、現在残っている「人魚のミイラ」の多くは、猿の上半身と魚の胴体をつなぎ合わせて作ったものだとされている。

国学者・喜多村筠庭の随筆『き、のまにまに』には、奇怪な作り物を製作していた宇禰次という細工人が、浅草寺奥山に五尺ばかりの大きさの人魚の見世物を出したが、これは獣や魚の皮をつなぎ合わせて作ったものだった、ということが書かれている。つまり「人魚のミイラ」を作る細工人がいたということが、はっきりわかっているのである。

尾張藩士・高力猿猴庵《こうりきえんこうあん》の日記『猿猴庵日記』の文政二年（一八一九）八月の条には、このころ、名古屋の末広町で人魚の見世物があったことが書かれている。実は、この年の夏には「コロリ」という疫病（コレラと混同されることが多いが、どうやら赤痢だったようである）の流行があり、それを避けるためのお札として人魚の絵が売られていた。人魚の見世物もまた、「コロリ」除けに霊験あらたかとして喧伝されたものと思われるが、これを見た猿猴庵は、はっきりと「人魚の作りもの」と記しており、しかも「よき細工なり」と感想を述べている。江戸時代の人びとは、作り物だとわかった上で、そうした「人魚のミイラ」などを楽しんでいたのかもしれない。

妖怪ゲームセンター、からくり的

『伊勢参宮名所図会』

盛り場の「妖怪娯楽」として、江戸時代にはよく知られていたものに「からくり的《まと》」がある。これは、的を弓矢、もしくは吹き矢を使って射当てると、からくり仕掛けで妖怪などの人形が飛び出すという、射的と「モグラ叩き」を合わせたような大掛かりな遊戯装置で、いわば江戸時代のゲームセンターであった。

「からくり的」は伊勢参りの街道沿いに多く置かれ、旅人たちの娯楽となっていたようで、寛政九年（一七九七）刊の

『伊勢参宮名所図会』にも描かれている。手前に並んだ四角い的を狙って弓矢で射るわけだが、舞台のようになったところから、鬼や福禄寿などの人形が姿をあらわしているのが見て取れる。右から二番目の人物は、釣り鐘のなかから飛び出した竜（『道成寺』の清姫が化した大蛇）に驚き、体を後ろにのけぞらせている。左手に弓を持っていることから、今しがた矢を射たばかりということがわかる。おそらく彼が射た矢が的に当たり、竜を出現させたのである。隣にいる人物は、男が驚いている様子を見て、腹を抱えて笑っている。これこそが、「からくり的」の正しい楽しみ方であった。突然の妖怪の出現により生じる驚きと恐怖、そして、その一瞬ののちのはじけるような笑い。「からくり的」は、恐怖を笑いに転換させる遊戯装置だったのである。

「からくり的」は伊勢路の名物であったが、江戸では随一の盛り場であった両国や、芝神明（飯倉神明宮）の境内などに「からくり的」が置かれていた。弓矢よりも吹き矢を用いるものが一般的だったようで、もっぱら「吹矢店」とよばれていた。とりわけ、芝神明の「吹矢店」は間口が七、八間（約十三〜十五メートル）あったともいわれる大掛かりなものであった。享和三年（一八〇三）に刊行された山東京伝《さんとうきょうでん》の黄表紙『人間万事《にんげんばんじ》吹矢的《ふきやのまと》』は、これに材を採ったものであったが、そこには実に五十六種類もの人形が描かれている。それだけの数の人形が出たり引っ込んだりを繰り返すさまは、さぞや壮観だったことであろう。

「吹矢の化物」という常套句もあったほど、江戸時代にはよく知られていた「からくり的（吹矢店）」であったが、明治以降は急速に姿を消していった。吹矢、そしてその後身である射的は、景品目当てにおこなわれる「功利的」な遊びとなり、わざわざ自分で的を射て妖怪の人形を出し、ス

化物双六

リルと笑いを買う「からくり的」の「粋」な精神は失われていったのである。

江戸のポケットモンスター

江戸時代は、子どもたちのおもちゃが商品として売買されるようになった時代でもあった。このおもちゃのなかにも、妖怪を題材としたものがしばしばみられる。

「妖怪玩具」のなかでも早くからみられたのは「化物双六」である。これは享保（一七一六〜三六）のころには作られていたことが確認できるが、仏教の世界観をあらわした「浄土双六」を起源とする絵双六に、「道中双六」などの多彩なヴァリエーションがあらわれるのが元禄（一六八八〜一七〇四）のころとされていることから、「化物双六」は絵双六のなかでも古い部類に属するといえるであろう。

「化物双六」は、一つ一つのマス目に原則一種

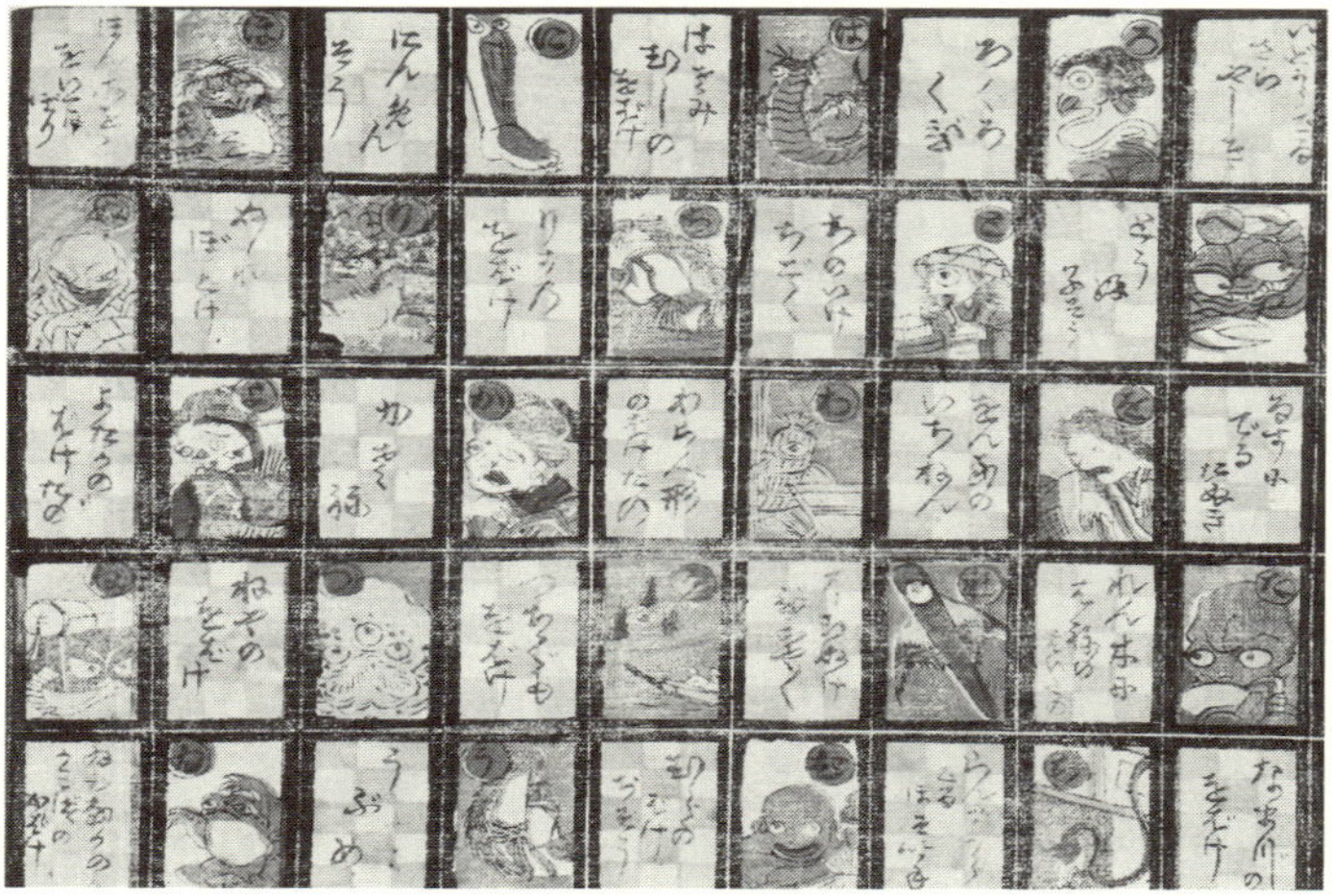

化物カルタ

類ずつ、妖怪を描いている。そのため、「化物双六」は、「遊べる妖怪図鑑」とでもいうべきものになっている。同様に、「遊べる妖怪図鑑」とみなすことができるのが、「化物カルタ」である。カルタとはもともとポルトガル語で「カード」を意味し、十六世紀に日本に伝えられた遊びであったが、これは現在のトランプのような遊びであった（こちらは、のちに「花札」として日本的にアレンジされる）。これに対し、「いろはにほへと」ではじまる事柄を題材とした「いろはカルタ」の誕生は意外に遅く、文化（一八〇四〜一八）前後、江戸時代も後期に入るころとされている。「いろはカルタ」はもともとことわざが題材になっていたが、やがてさまざまな変わり種がつくられるようになった。その一つに「化物カルタ」があったのである。「化物カルタ」は、切り離す前の状態では「妖怪図鑑」そのものである。カルタは絵と言葉を

化物づくし

一致させることをめざしたゲームであり、それはまさに図鑑を作る作業を遊戯化したものであったといえる。

さらに、江戸時代末期から明治前期にかけて、画面をいくつかのマスに分割し、それぞれのマスに妖怪を一種類ずつ描いた「化物づくし」とよばれる「おもちゃ絵」（子どもの玩具として製作された錦絵）が大量に出回る。これは正真正銘、江戸時代の子ども向けに描かれた「妖怪図鑑」であった。「化物づくし」に描かれた妖怪は、よく知られた伝統的なものももちろん見られるが、その大半は見たこともないような独創的な妖怪たちであった。もっと多くの妖怪を見たい、知りたいという人間たちの欲求が、「化物づくし」の無秩序なまでの多様性を生み出していたのである。

「化物双六」「化物カルタ」そして「化物づくし」は、現代でいえばポケモン図鑑のようなも

『化物見世開』

のだったといえるだろう。江戸時代の子どもたちは、妖怪をリアルな恐怖の対象としてではなく、さまざまな姿かたちを持った「キャラクター」として親しみ、その限界を知らない多様性を楽しんでいたのである。

草双紙の「化物」たち

こうした「キャラクターとしての妖怪」の源泉となったのは、妖怪を題材にした絵本であった。

妖怪を題材にした絵本は、比較的早い時期にあらわれていた。昭和五十五年（一九八〇）、三重県松阪市射和《いざわ》町の旧射和寺大日堂に安置されていた木造地蔵菩薩坐像の胎内から十冊の絵本が発見され、寛文期（一六六一〜七三）に上方で刊行されたものと推定されたが、これが現存最古の子ども絵本といわれている。実はこのなかに、妖怪を題材にした絵本がすでに見られるのである。そのうちの一つ、『天狗そろへ』は、「筑紫彦山の豊前坊」にはじまる日本全国の天狗を一つ一つ紹介したもので、「妖怪図鑑」的な絵本の先駆けとみなすことができる。

享保（一七一六〜三六）以降は、江戸では草双紙とよばれる形式の大衆的な絵本が大量に出版されるようになる。それらは表紙の色から赤本・黒本・青本・黄表紙などと類別されているが、そのなかでは妖怪はすでに古臭いもの、時代遅れのものとして扱われ、恐ろしさや神秘性を失っていた。むしろそれらは、さまざまな特性を持った「キャラクター」として登場し、読者の目を楽しませていたのである。こうした草双紙に登場するようなキャラクター化された妖怪を、江戸時代の人びとは「化物」と呼んでいた。

豆腐小僧

とりわけ、十八世紀後半に登場した黄表紙には、「化物」たちを主役としたものが多くみられる。例えば、寛政十二年（一八〇〇）に刊行された十返舎一九《じっぺんしゃいっく》作・画の黄表紙『化物見《ばけもののみ》世開《せびらき》』は、江戸から追い払われ、箱根の先に住むことになった化物たちが、そこで新しい商売をはじめる、という話である。このように、すでに時代遅れとなり、落ちぶれた化物たちが、往時の勢いを盛り返すために悪戦苦闘する、という話は黄表紙のなかに多くみられる。これは、江戸などの大きな都市では妖怪がすでにリアリティを喪失していたことを反映しているといえる。化物たちが「箱根の先」（つまり、江戸文化圏の外）に居を移しているのも、当時のことわざ「野暮と化物は箱根の先」を踏まえたものである。

箱根の先で化物たちの親玉・見越《みこし》入道がはじめる商売も、人間のそれとは一風変わっている。まずは生臭い風を吹かせるための鞴《ふいご》を発明して売り出すが、まったく売れず大損する。その後はお金をもらって人間を脅かす仕事をはじめ、稼いだ金で柳の下の権利を幽霊から買い、往来の人を脅かして金銀を奪い取る商売をはじめる。これが成功し、大儲けをした見越入道はそれを元手に化物相手の金貸しになるのである。

ここに描かれているのは、もはや恐ろしい存在ではなく、世俗にまみれた滑稽な存在としての妖怪たちである。異様な姿の化物たちも、人間と同じように苦労をし、失敗を繰り返しながら日々を暮らしている。いわば化物たちは、人間のカリカチュア（戯画）として描かれているのである。江戸時代の人びとは、そんな化物たちの姿を親しみのこもったまなざしで見つめながら、「馬鹿な奴らだ」と笑い飛ばしていたのであろう。

このように、草双紙のなかの妖怪――「化物」たちは、恐怖ではなく笑いをもたらすものだった。そこには、先に述べた江戸時代の人間中心主義的な世界観が反映されている。江戸時代の（とりわけ都市の）人びとにとって、自然とその象徴的存在である妖怪はもはや畏怖の対象ではなく、人間よりも下位にある存在だったのである。

ところで、こうした草双紙の「化物」たちは、それぞれ明快な性格づけがなされ、その「お約束」のなかで行動していた。例えば「見越入道」は首の長い入道姿の化物とされ、さらに化物たちの親玉という性格づけがされていた。「豆腐小僧」は手に豆腐をのせた盆を持ってあらわれ、狸は陰嚢を八畳もの大きさに広げることができ、幽霊は白い着物を着た足のない美女の姿で描かれる。これらは実際の民間伝承に根ざした妖怪でありながら、独自の性格づけがなされたものになっている。見越入道は、伝承ではどこまでも背丈が伸びる妖怪として語られるが、「化物」としての見越入道は首が伸びる妖怪となっている。また、見越入道を化物たちの親玉とする伝承はなく、それはフィクションのなかだけの「お約束」であったと考えられる。豆腐小僧にいたっては、民間伝承のなかにその存在を確認することができず、草双紙オリジナルの妖怪であったと考えられている（ただ、狸や川獺《かわうそ》が化けた姿としての「酒買い小僧」や「茶運び小僧」のヴァリエーションであったと見なすことはできる）。

これは、まさに現代的な意味での「キャラクター」にほかならない。草双紙の「化物」たちは、おのおのに振り分けられた「キャラ」にしたがって行動し、そしてそれゆえの笑いを生み出していたのである。さまざまな「妖怪娯楽」のなかで江戸時代の人びとに親しまれていた妖怪とは、このキャラクター化された「化物」であったのである。江戸時代とは、妖怪が「遊び」の題材となった時代であったとともに、妖怪がキャラクター化していった時代であったといえるだろう。それはいずれも、リアリティの喪失による妖怪の「虚構化」に根ざしたものだったのである。

Ⅸ　妖怪の博物誌

「妖怪の博物誌」とは

幼少のころ、博物誌的な著作を読んで胸をときめかせた思い出は、誰もがもっていることであろう。「博物誌」とは、世の中のありとあらゆるものを収集・分類・整理・保存しようという、人間の根源的な欲求にもとづく営為の果てに達成された知識の結晶といえる。

今回、「妖怪の博物誌」という魅力的なテーマをあたえられたときに心がけたのは、なるべくたくさんの妖怪をとりあげることと、なるべく汎用性の高い分類をすることである。収集に際しては民俗報告書や文献に偶然記録されたものを中心にし、分類に際しては「妖怪」の出現場所によって分類することにした。偶然の記録を重んじたのは、個人による創作妖怪を除くため、出現場所で分類したのは、妖怪と人間との関係が明らかになるのではないかと考えたからである。また、紹介にあたっては、いささか脱線するようなことでも、妖怪について理解するヒントになりそうなことを書いてみた。

それでは、さっそく始めよう。

山の怪

むかし、山小屋で雨止みを待っていた猟師が、所在なげに地面を這うミミズを見ていた。すると、カエルが出てきてミミズを食べてしまった。猟師が「おや」と思っていると、今度はカエルがヘビの餌食に。その後、ヘビは山鳥に食べられ、山鳥は熊に食べられる。思わぬ獲物の登場に、猟師は銃を取りだして熊を狙うが、不意に、自分がもっと巨大な何かに襲われる予感がして、撃つのをやめてしまう。と、猟師の背後から「賢い、賢い」という叫び声とともに、高らかな笑い声が聴こえてきた――昔話「廻り持ちの運命」の粗筋である。

このとき、猟師が聴いた笑い声の主は誰であろうか。いずれ、人でないのは間違いない。古くから、この国の山には人ならぬモノたちが棲むとされてきた。「山中他界」という学術用語があるが、深山幽谷は普通の人が入ってはいけない異空間であった。

山中を行く人が耳にするテングワライ（天狗笑い）の伝承は全国にある。この世のものとは思われないけたたましい笑い声で、大抵の人は腰を抜かすが、剛の者が負けじと笑い返すと、さらに大きい笑い声が鳴り響くという。こうなると、ヤマビコ（山彦）やコダマ（木霊）に似てくる。福岡県のヤマオラビ（「おらぶ」は「叫ぶ」の意味）は、人と大声の出しあいをした挙句、殺すというから危険である。

視界のきかない山中では、聴力が研ぎ澄まされるのであろうか、この手の音の怪の話が多く伝えられている。妖怪について考える際には、人間の五感（聴覚・視覚・嗅覚・味覚・触覚）のうちの、どこに作用しているかを押さえておく必要がある。

山中に鳴り響くのは、笑い声だけではない。テングダオシ（天狗倒し）は夜半に木を伐る音や、大木の倒れる音を聴かせる怪。これは、ソラキガエシ・カラキガエリ（空木返し・返り）ともいう。実際に音がした場所に行ってみると、何も倒れていないそうである。私が福島県を調査していて聞いた話では、サンキノヤマナリ（山鬼の山鳴り）と言っていた。サンキは「山鬼《さんき》」だが、あまり例がない。秋田県にはサンキチオニ（三吉鬼）という酒好きの山の怪がいるが、関係があるのだろうか。

　また、テングダイコ（天狗太鼓）といって、賑やかなお囃子《はやし》を聴かせる怪もいるし、テングツブテ（天狗飛礫）といって、石つぶてを浴びせる怪もある。

　これらの音の怪の多くは、テング（天狗）のしわざとされるが、実際のところはわからない。山伏の衣服に猛禽類の顔、もしくは鼻高の赤ら顔でイメージされるテングは、民間伝承ではあまり姿を見せる例がないからである。確かなのは、これらの現象が、人の踏み入れてはいけない領域に迷い込んだ者への警鐘であるという点である。ここで引き返さなければ、命を奪われること必定であろう。

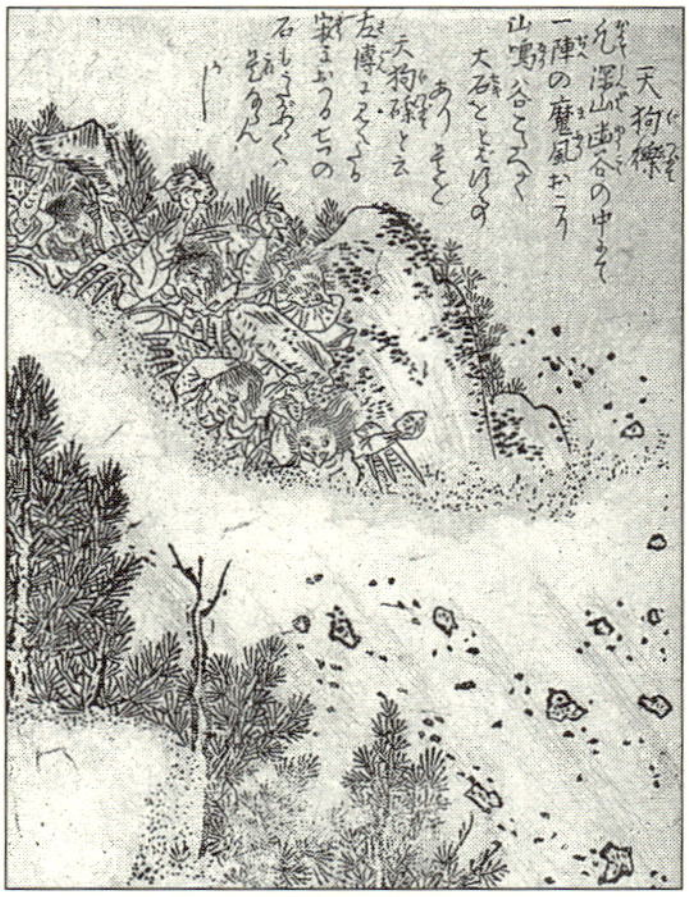

天狗飛礫《てんぐつぶて》

「笑う」というのは、相手の優位に立って、威嚇する行為でもあった。ヤマオトコ（山男）やヤマオンナ（山女）は、全身に毛の生えた大柄な半人半獣の怪であるが、人を見ると笑う。それゆえ、高知県ではこの怪をワライオトコ（笑い男）と呼ぶ。これらの怪に笑われた人は、言い知れぬ恐怖感に襲われるという。これもやはり警告なのであろう。

　ヤマオトコは、地域によってはヤマワロ（山童）とかヤマジョウ（山丈）といい、また、若い女の場合はヤマヒメ（山姫）、年をとったものをヤマジジ（山爺）とかヤマンバ（山婆）ともいう。

異獣

民俗学者の柳田國男《やなぎたくにお》は、これらの怪をヤマヒト（山人）と総称し、日本の先住民族なのではないかという仮説を立てたが、確証は得られなかった。

ヤマヒトの特徴は、人間と変わりない、時には人間以上の知性を感じさせる点にある。文化をもっているとしても過言ではない。常に人の優位に立つこれらの山の怪には、古代の神の面影すらうかがえる。

また、江戸時代の『北越雪譜』（鈴木牧之《ぼくし》、一八三七年）という本には、ヤマヒトに助けられた人の話もある（本文では「異獣」と記されている）。握り飯をもらった代わりに、荷物を運ぶのを手伝ったといい、必ずしも、悪意のある存在だとは思われていなかった。この話のように、人とヤマヒトの交易を説いた話もある。

ヒヒ（狒々）やフッタチ（経っ立ち）、ショウジョウ（猩々）という大猿の怪も、ヤマヒトと通ずるものがある。これらの怪は若い人間の女性を好み、生贄として住民に要求したり、さらったりする。これらの怪にも、やはり古代の神の面影があるといえるだろう。

柳田國男の『遠野物語』（一九一〇年）には、マヨイガ（迷い家）という山中の不思議な家の話がある。山中をさまよっていた人が行き当たったその家は、人の気配がないにもかかわらず、生活感はあるのだという。これも人ならぬモノの棲家なのであろう。

サトリ（悟り）は山小屋を訪れる怪。姿はほぼヤマヒトと同じで、名前のとおり、人の心を悟る。さほど悪さはしないが、これに遭った人が何か対処しようとすると、心を読んだサトリが先回りして行動するので埒《らち》が明かない。しかし、たまたま囲炉裏に木をくべようとしたところ、薪が破裂してサトリの顔を打ち、「人間というのは、思いもしないことをする」と言って逃げるという話である。話のなかで、人間の思っていることをサトリがくりかえして言う場面があり、ヤマビコ（山彦）やコダマ（木霊）との関連がうかがえる。

ちなみに、中華圏には「年獣」というお正月に現れるモノがいて、爆竹を鳴らすと逃げるといわれている。いまでも、中国や台湾には、お正月に爆竹を鳴らす習慣があるが、破裂する薪で逃げるサトリの話との関連が見いだせる。このように「妖怪」の国際比較をするときには、話の内容だけではなく、民俗などの周辺状況も考慮する必要がある。

冬は山がもっとも危険になる季節である。ユキオンナ（雪女）やユキオナゴ（雪女子）、ユキジョロウ（雪女郎）は、吹雪の夜、もしくは満月の夜に現れる怪である。白い服を着て色の白い、美しい若い女性の姿をしている。赤子を抱いているときもある。容姿に見とれていると命を奪われるといい、雪山の美しさと恐ろしさを象徴したような怪である。

男性の雪の怪もいるが、美青年ではなく、大抵は大入道の姿をしている。ユキニュウドウ（雪入道）は一眼一足の大入道で、雪原に巨大な足跡を残すという。子どもの姿をしたユキドウジ（雪童子）や、老婆の姿をしたユキンバ（雪婆）もいる。

これらの怪はヤマヒトに通ずる部分が多いのだが、出現する季節が冬のため、別ものとされている。また、赤子を抱いたユキオンナに関していえば、磯辺に出現するヌレオンナ（濡れ女）や、路傍に出現するウブメ（産女）とも行動の面で通ずる要素がある。妖怪を理解するには、出現する季節や場所のことも考える必要がある。

雪女

川・沼の妖怪

アズキトギ（小豆とぎ）・アズキアライ（小豆洗い）は、川辺で小豆をとぐ音をさせる怪。江戸時代の妖怪画では、老人の姿で描かれているが、本来は姿を見せない声と音だけの怪である。音だけなのに、なぜ小豆とわかるのか不思議だが、このことを理解するには、小豆が神様への供え物であったのを理解する必要がある。信仰と妖怪との関連も、忘れてはならない問題である。

滝中嫗婦

川や沼の怪には、姿を見せず、音だけを聴かせるというものが少なくない。『会津怪談集』（阿部左市、一九三六年）には「御前ヶ沼」の怪の話がある。青黒い水をたたえていたというその沼には、戦国乱世に散った一人の女性の悲話があり、沼の底から機を織る音が聴こえてくるという。これは昭和初期の記録であるが、江戸時代の『老嫗茶《ろうおうさ》話《わ》』にもヌマゴゼン（沼御前）という怪の話があり、この地方では有名な話だったようである。

全国の池、沼、淵には、これと似た話がたくさんある。機織りは、かつては女性に必須とされた能力であった。また、機織りではなく、琵琶を弾く音が響く「琵琶淵」の話もある。この怪は、淵に落ちて死んだ琵琶法師に由来するというが、江戸時代になって、三味線が普及すると「三味線淵」の話も生じた。

先の『老嫗茶話』には、大ウナギが僧侶に化けて毒流し（神経毒を流す漁法）をやめるよう訴える話もある。同じく、イワナが僧侶に化けるという話もある。これらの異様に巨大な魚類や爬虫類は、一般に、ヌシ（主）といわれる。ヌシは生物としての面と、妖怪としての面を併せもった怪である。ヌシになるのは、長い年月を生きた魚類や爬虫類が多い。ヌシとは違うが、猿が長生きをするとフッタチ（経っ立ち）になり、猫も長生きをするとネコマタ（猫又）になる。植物でも、長い歳月を生きた樹木は、コダマ（木霊）になる。動植物は生をつづけているうちに、ほかの何ものかに変異すると、われわれの先祖は考えていたのである。ことは非生物についても同じで、長い年月にわたって使用されてきた器物や道具もツクモガミ（付喪神）といって妖怪化する。

さて、川の妖怪の代表といえば、やはりカッパ（河童）であろう。以下、カッパについて考えてみよう。

よく「カッパに尻子玉《しりこだま》を抜かれる」という。尻子玉というのは、人間の肛門にあるとされる玉であるが、実際には、そのようなものはない。溺死者の遺体は損傷が激しく、肛門が開くので、そのように見えたのであろう。カッパの別名にイドヌキがあるが、「イド」は臀部《でんぶ》の意味で、尻子玉を抜くところに由来する名称である。

このように、今日ではキャラクター化されて、可愛らしいイメージが強いカッパであるが、本来は人の命を平気で奪う恐ろしい存在であった。カッパに限らず、かつての妖怪たちには死と暴力の匂いが漂っていた。恐怖の対象であった妖怪が、愛玩の対象に変化していったのは江戸時代のことで、香川雅信『江戸の妖怪革命』（二〇〇五年）に考察がある。

川や沼は、われわれにとってもっとも身近な異界であった。そこで命を落とす人は、いまも昔も少なくない。そうしたとき、水死の原因をカッパとしてみなが納得していた時代が、つい最近まであった。実際には、結果（溺死という事実）が先にあり、そのうえで原因（カッパ）が浮上してくるのである。こうした思考法を、民俗学では「解釈装置」と呼んでいる。つまり、溺死という不幸な事故がなぜ起こったのかを解釈するための装置として、カッパが用いられていたのである。その

『画図百鬼夜行』に描かれた河童

ほかの例を挙げれば、行方不明はテングのしわざと解釈され、山中で道に迷うのは狐狸貉《こりむじな》のしわざと解釈されてきた。千年前の『今昔物語集』には突然死（おそらく脳卒中）をオニ（鬼）のしわざと解釈している。このように、不可思議な出来事を理解しようとするとき、しばしば妖怪がもちだされる。

カッパには、いろいろな別名があるとされる。たとえば、スイコ（水虎）、ヒョウスベ（兵主部）、ガータロ（川太郎）、メドチ……等々である。ただ、ここでは便宜的に「別名」と書いたが、その土地の人々にとっては、スイコはスイコ、ヒョウスベはヒョウスベであって、カッパではない。これらの水の怪を総合的に捉えることによって見えてくる部分もたしかにあるが、一方で、名称を統一してしまうと、本来、それぞれの怪がもっていたはずの個性が見えなくなることもあるので、注意する必要がある。

カッパの場合、名称だけではなく、姿かたちも統一されていった。以前、わたしの勤務先の台湾の大学の授業で、カッパ・オニ・テングなど、日本の妖怪の絵を描かせたことがあったが（遊びではなく、日本文化理解のため）、そのとき、いちばんイメージが統一されていたのがカッパであった。台湾の学生たちが描いたカッパは、日本人のイメージするのと同じ、ざんばら髪の頭に皿を載せ、クチバシに水かき、背中には甲羅を背負った、小柄な可愛らしい生きものであった。日本の妖怪文化の海外進出の例といえるだろう。

さて、先にあげたカッパの「別名」のうち、メドチはミズチ（水之霊《みずち》）の意味で、この怪の来歴を考えるうえで、非常に示唆的である。なぜなら、ここにカッパが妖怪に零落する前の、神の面影が見いだせるからである。

信仰を失った神々が零落して妖怪になったとする零落説は、柳田國男が提唱したもので、ながらく妖怪を理解するうえでの指標となっていた。後年、小松和彦によって、一元的な零落説は否定されるが、カッパのように適用できる例もある。実際、カッパを祀った神社もあるが、伝承のはしばしにそうした指摘ができるのである。

『利根川図志』に描かれた河童

たとえば、カッパが相撲を好むことも零落説で説明できる。スポーツ化する以前の相撲は神事芸能で、神に奉納するものであった。今日の大相撲にもその名残はあるし、地方の神社では、毎年、奉納相撲が行われている。

また、全国に伝承されている、カッパが馬を水中に引きずり込むという話にも、水神の面影が見いだせる。神事に馬は欠かせないもので、ときに生贄として捧げられたともいわれる。真偽のほどは定かではないが、神社に奉納する絵馬は、生贄にする馬の身代わりだという説がある。『遠野物語』には、カッパの子どもを妊《はら》んだ娘の話がある。これもカッパが他の妖怪と異なる証拠となるだろう。数ある妖怪のなかでも、人間の娘と婚姻関係を結べるものはきわめて珍しい。ちなみに、大蛇の子どもを妊んだ娘の話は報告例が多くあるが、水の神は蛇体とされているので、やはり関連が見いだせる。

先ほど紹介したヤマヒト（山人）も、人間の娘をさらって嫁にするという伝承があったが、カッパが冬になると山へ登り、ヤマヒトになるという話も各地にある。ヤマヒトが相撲を好むという伝承も、カッパとの関連が見いだせる。カッパの「別名」に、エンコウ（猿猴）、フチザル（淵猿）、カワザル（川猿）等々あるが、猿――ヤマヒト――カッパの関係には浅からぬものがある。

海の妖怪

凪《な》いでいる海は美しいが、いったん荒れはじめると、手がつけられなくなる。古い諺に「板子一枚下は地獄」というものがあるように（「板子」は船底の板のこと）、海は多くの人の命を飲み込んできた。

各地の海に伝わるフナユウレイ（船幽霊）の話は、海で命を落とした人たちへの思いが集約されたものといえるだろう。フナユウレイにもいろいろ種類があるが、ポピュラーな話では、海上に無数の手が現れて「柄杓《ひしやく》を貸せ」と訴える（「柄杓」は水を汲む道具）。それゆえに、イナダカセとかシャクシクレなどと呼ぶ地域もある（「イナダ」「シャクシ」は柄杓の意味）。誘いに乗って柄杓を貸したが最後、舟のなかに水を入れられて、沈められてしまう。だから、底を抜いた柄杓を用意しておかなければならない。

フナユウレイと同一視されることもあるユウレイセン（幽霊船）の伝承も全国にある。たとえば、青森県の海に出るモウジャブネ（亡者舟）や、福岡県の海に出るマヨイブネ（迷い舟）などである。お盆や年越しの夜、時化《しけ》のときなどに舟を出すと、海上でこれに行き合うという。夜中なのに灯りをつけていなかったり、誰も乗っていなかったり、風に逆らって進んでいたりするので、一日でわかる。正面から近づいてきて、ぶつかると思った瞬間、忽焉《こつえん》と消えるそうである。千葉県富浦町では「ホイッサッ、ホイッサッ」と威勢のいい掛け声をあげて近づいてくるが、やはり底の抜けた柄杓を投げると、助かるそうである。翌日、遭難者の遺体が上がったという。

船幽霊

これらの話は、当初、漁師たちのあいだで話されていた。妖怪について考える際には、どういう場で話されたのか、話し手や聞き手はどういう人たちであったのかを検討する必要がある。たとえば、『北越奇談』（橘崑崙、一八一二年）に載るユウレイブネ（幽霊船）は、船が難破したときの情景をくりかえし見せたそうだが、これを見たのは、嵐の海に投げ出された漁師であった。この怪が漁師仲間のうちで話されたとき、明日はわが身の切

蜃気楼《しんきろう》

実な思いが背景にあったのだろう。けれども、この話が書き留められ、海と縁のない生活をしている読者のもとに提供されたとき、本来、話がもっていた「場」の力は失われてしまう。話と話者、話の場の問題は、つねに念頭に置いておきたいものである。

船幽霊に関係のある話としては、千葉県安房郡に、ホタテガイが人を化かす話がある。『日東本草図纂』（神田玄紀、近世中期）によると、夜中に釣り舟が漁をしていると、ホタテが出てきて前方の海上を走る。漁師が友舟（仲間の舟）だと思ってついていくと、急に消えるのだそうである。ホタテには、文字通り「帆を立てて」海上を走るという伝承があるが、このホタテは幽霊船に化けていたのであろう。

ハマグリが貝殻を立てて海面を走る話も『西播怪談実記』（春名忠成、一七五四年）にある。このハマグリは虹を吐いたとあるが、古来、ハマグりは蜃気楼を見せることで知られていた。京都の高台寺に収蔵されている「蛤観音《はまぐりかんのん》」の絵は、ハマグリから観音様がにゅーっと姿を出している構図で、この俗信にもとづいている。江戸時代には、同趣向の絵画は多い。鳥山石燕《とりやませきえん》の妖怪画にあるサザエオニ（栄螺鬼）は創作とおぼしいが、構図が「蛤観音」と似ているので、影響をうけたのかもしれない。

ウミボウズ（海坊主）もまた、代表的な海の怪である。漆を塗ったような黒い体の大入道だというが、話によっては、フナユウレイの伝承とかぶる部分も多くある。

『因幡怪談集』（著者不詳、近世後期）には、こんなウミボウズの話がある。夜中に男が浜辺を歩いていると、得体の知れないモノが海中から現れて、もたれかかってくる。全身ヌルヌルしていて、つかみどころがない。翌朝、見てみると、体中にウナギの油のようなものがついていた。土地の古老は、これを「海坊主」だと説明した。さて、この話を漫画化した水木しげるは、この怪に「ぬるぬる坊主」という名をつけた。これは水木の創作である。娯楽で楽しむぶんには構わないが、妖怪について本格的に調べようとするときには、原資料にあたらなければいけないという好例である。

海辺に上陸する怪には、田畑を荒らし、人家を潰すウシオニ（牛鬼）がいるが、こうなると、妖怪というより怪獣である。イソオンナ（磯女）・イソオナゴ（磯女子）・ヌレオナゴ（濡れ女子）などと呼ばれる女妖怪たちも、海から陸に上がる。話によって行動は違うが、赤子を抱いて現れたり、生き血を吸ったりするという。

また、女妖怪といえば、トモカヅキ（共潜き）がいる。海女《あま》が海中に潜ってアワビを採っていると、自分にそっくりの女を見ることがあるそうで、いわゆるドッペルゲンガーだろうか。これに遭

あやかし

うと、良いことはないという。これは海女という女性特有の仕事に就いた者だけが遭遇する怪で、けっして男性は遭うことがない。先ほど紹介したイソオンナやユキオカナ、ウブメといった怪は「赤子をあずける」という行動をとることがあるが、このパターンでは、怪に遭うのは男性である。話者の性別と、妖怪の性別による違いについて考えてみるのも面白いかもしれない。

海の怪をアヤカシ（怪かし）と総称していた。『怪談老の杖』（平秩東作《へづつとうさく》、江戸中期）にはアヤカシという女の怪の話があるし、『佐渡怪談藻塩草』（著者不詳、一七七八年）でも、海の怪ウスオイババ（臼負婆）を見た人が「あれはアヤカシか」と言っている。また、フナユウレイをアヤカシと呼ぶこともある。謡曲「船弁慶」では、平家の亡霊がアヤカシと呼ばれている。このときは源義経一行の乗る船にとり憑き、進路を妨げている。

『今昔百鬼拾遺』（鳥山石燕、一七八〇年）のアヤカシは、巨大なウミヘビ状の怪物である。船を乗り越えるのに二、三日もかかるほど長く、船内に油をこぼしていくといい、この油を汲み出さないと転覆するそうである。『譚海』（津村淙庵、江戸後期）にはイクチ、『耳袋』（根岸鎮衛《やすもり》、江戸後期）にはイクジと呼ばれる怪魚の話がある。『魚鑑』（武井周作、一八三一年）にはアブラコキという怪魚の話があり、ホウズ・ヌルという別名もあると記されている。行動はどれも同じで、同種のようである。放っておけば船は沈むが、悪意があるわけではなく、体がかゆいから船体にこすりつけていくのだと説明されている。この点は『因幡怪談集』の「海坊主」と同じで、別名の「ホウズ」は「坊主」のことであろうか。

このように、海に棲む生物のなかには、かつては妖怪と同列に扱われているものがあった。『義残後覚』（著者不詳、江戸前期）では大ダコをアヤカシと呼び、『雪窓夜話』（上野忠親、江戸中期）ではコバンザメをアヤカシと呼んでいる。大ウミヘビをアヤカシと呼ぶのも不思議ではない。長崎県壱岐にはフナシトギという人喰い魚の伝承があるが、これもコバンザメの怪である（「フナシトギ」はコバンザメの方言）。

コバンザメが貼りつくと船の進行が止まるという俗信があるが、これは、先ほど紹介した謡曲「船弁慶」のアヤカシと同じである。また、大ウミヘビのアヤカシの油を汲み出さなければ船が沈むというのも、フナユウレイが船体に水を入れて沈めようとするのと通じる。妖怪の行動が動物の習性として理解されていたということである。

『桃山人夜話』（竹原春泉斎、一八四〇年）には、アカエイという島と見紛うほど巨大なエイの話や、イソナデという巨大魚の話がある。また、『西遊記』（橘南谿《たちばななんけい》、一七九五年）にもオキナという巨大魚の話がある。民間伝承として報告されているものに、ワニザメ、ジンベイサマなどの話がある。ジンベイザメという魚が実際にいるが、ここから取ったものであろうか。

道・坂・峠の妖怪

人が歩きつづけると、そこに道ができる。道は人のテリトリーであるが、そこを一歩踏みはずすと、とたんに人ならぬモノたちの領域を侵犯することになるので、気をつけなければならない。とくに夜道には注意する必要がある。

夜道を歩くときに、もっとも気になるのは、視界のとどかない背後であろう。道の怪について考える際に、キーワードになるのは「視界」かもしれない。前を向いて「歩く」という行為は、人の身体行動に一定のベクトル（方向性）をあたえることになり、そこに妖怪の入り込む隙が生じる。

みぞれ道を歩いている人の跡を、ぴしゃぴしゃと音をさせてつけてくるピシャガツクは、人間の恐怖心によって生まれた怪である。雪道を歩いたことのある人なら、一度は経験したことがあるのではないだろうか。ベトベトサンも同じく足音の怪で、後ろを誰かがつけてくる気配がするが、「先へお越し」と言うと消える。後からつけてくるのが足音ではなく、チッチッという鳥の鳴き声ならば、それはタモトスズメ（袂雀）のしわざ。悪さをされないよう、袂をつかまなければならない。オクリスズメ（送り雀）もその親類で、こちらはオクリオオカミ（送り狼）とセットで現れる。オクリオオカミが人の跡をつける理由については、道行く人を見守るためとも、災いをなすためともいわれる。

これらの怪は「気配」という得体の知れない抽象的なものを具体化したものである。妖怪のなかには、抽象的な恐怖心を具体化することによって生じたものもいる。

オクリビ（送り火）は、火が人の跡をついてくる怪。ミノムシ（蓑虫）は、雨の夜道を行く人の蓑にまつわりつく火の怪で、熱くはないものの、払えば払うほど広がるので厄介である。夜道を歩いているときに、提灯の火がすうっと小さくなったら、ヒトリマ（火取り魔）のしわざである。夜の闇が濃かった時代、灯りが消えて視覚を奪われることは脅威であった。

　視覚を奪うのはヌリカベ（塗壁）という怪。夜道を歩いていると、目の前に壁ができて進めなくなる。これに遭ったときは、足元を棒で払えば逃れられるという。フスマ（襖）、ノブスマ（野襖）、フトンカブセ（布団被せ）なども同様で、場合によっては、前後左右の視界が奪われる。タヌキが正体だともいい、カヤツリタヌキ（蚊帳吊り狸）、ツイタテダヌキ（衝立て狸）ともいわれる。余談だが、同様の怪は台湾にもあり、中国語で「鬼撞牆《グィダンチャン》」という。丹念に探せば、外国にも例は多いのかもしれない。水木しげるは、戦争中、ニューギニアで同種の怪に遭ったという。

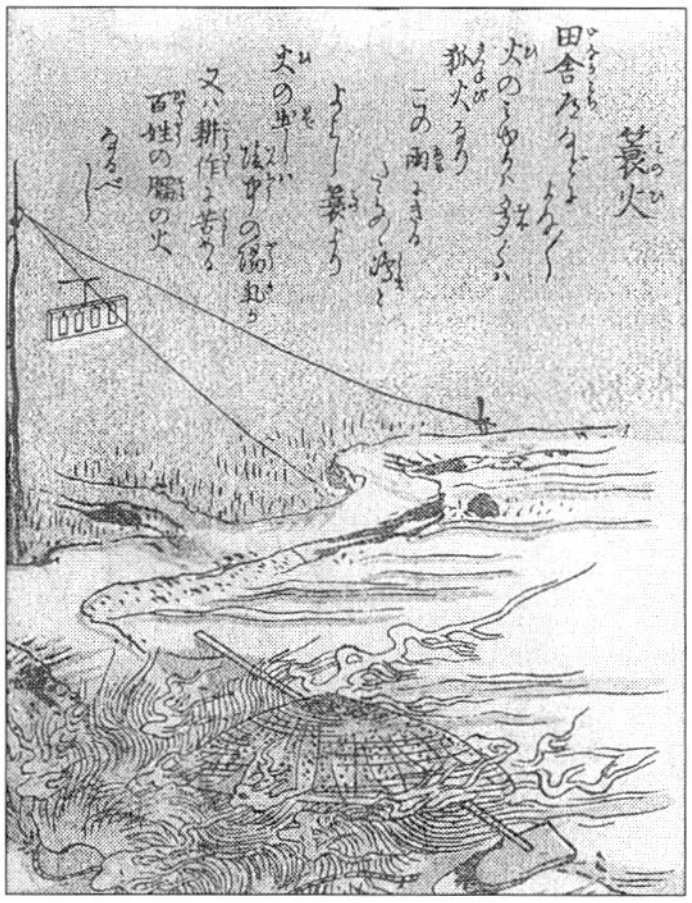

蓑火

　ダルやヒダルガミは峠に出る怪で、これにとり憑かれると異様に体が疲れ、空腹感に苛《さいな》まれる。「ダル」は「怠《だる》い」の意味である。ガキ（餓鬼）やジキトリ（食取り）も同種の怪。対処法は何かを口にすることであるが、手持ちの食料がないときは、手のひらに「米」と書いて飲むとよいといわれる。昔から、米には呪的な力があるとされてきた。

　いきなり転げかかってきて、道行く人を驚かせ

見越

る怪もある。どういうわけか、転がるのは器物の妖怪に多く、笊が転がるイジャロコロガシ、桶が転がるタゴマクリ、杵が転がるタテクリカエシ、薬缶が転がるヤカンマクリ、徳利が転がるトックリコロガシ、茶碗が転がるチャワンコロバシ、槌が転がるテンコロコロバシ、カンス（湯を沸かす道具）が転がるカンスコロバシ……等々がいる。いずれも、「イジャロ（笊）」「タゴ（桶）」などの器物の方言名の下に「転がる」「まくる」などの行動パターンがつけられて名称になっている。妖怪の命名法則のひとつといえるだろう。

　これらの道の怪は、辻や坂など、人々が記憶しやすい、話しやすい場所に現れる。民俗学者の宮田登は、辻や坂を「境界」という語でくくり、怪異に遭いやすい場所だと説明しているが、実際には、当てはまらない例のほうが多いようである。

　道行く人の袖を引っ張るソデヒキコゾウ（袖引き小僧）というのもいる。袖を引かれる感覚はあるものの、振り向いても誰もいない。ホオナデ（頬撫で）やカオナゼ（顔撫ぜ）は、冷たい手で顔を触る怪。これらは、触感に作用する怪である。

　オイガカリ（負いがかり）は正体不明の怪で、やはり後ろから覆いかぶさる。いわゆるオンブオバケである。オバリヨンとかオッパショイシという石が負ぶさる怪もあり、この場合は、持ち上げた人を讃える内容の話になる。

視線の移動に関わる怪といえば、ノビアガリ。最初は一尺（三〇センチ）ほどの小ささだが、見上げれば見上げるほど伸びあがる。正体はカワウソともいう。これもヌリカベと同じく、地上一尺ほどのところを蹴れば消える。何事も足元を見なおすのが肝要ということ。次第に高くなるのでシダイダカともいう。ミコシニュウドウ（見越入道）やタカボウズ（高坊主）、タカニュウドウ（高入道）も似たり寄ったりの怪で、見上げるほどに大きくなる。そこで慌てず騒がず、「見越し入道、見越した」と言うと姿を消すという。わたしも新潟でコテボウズ（ノッテボウズ・ホッテンボウズとも）という怪の話を聞いたが、これも親類のようである。『遠野物語』にはノリコシという名で載り、影法師のようなものとされている。西欧のブロッケンの妖怪のように、影が正体かもしれない。なお、見越入道は、江戸時代の絵本類では首長の大入道として描かれるが、首が伸びるのではなく、体全体が大きくなるのが本来である。

窮奇《かまいたち》

歩いているとき、足元にまつわりつく怪もある。スネコスリ（脛擦り）は犬のような姿で雨夜に現れ、足元を通り抜ける。アシマガリ（足曲がり）は足にからみつく綿のようなもの。アクドボッポリはアクド（踵）を襲う怪。「ボッポリ」というのは嚙みつくときの擬音であろうか。オボやコロビ、ノヅコ（野之児）というのも似た怪である。足元を傷つけるカマイタチ（鎌鼬）も仲間に入れられる。切り口は鮮やかだが、血は出ない。

夜道を歩くときには、頭上にも注意が必要である。妙なモノが落ちてきたり、ぶら下がったりする。ヤカンズルは薬缶が上から落ちかかる怪。フクロサゲやチャブクロサガリは袋が、アブラズマシは油瓶が、ナベオロシは鍋が、ツルベオロシは釣瓶（井戸水を汲み上げるのに使う桶）が落ちかかる怪。いずれも木の下を通ったときに落ちてくる。少々毛色は異なるが、木の上から砂をふりかけるスナフラシやスナカケババも同種の怪。スナマキイタチ、スナマキダヌキは正体を狐狸貉に求めた例だが、やることは同じである。馬の首が落ちてくるサガリ、馬の足がぶら下がるウマノアシという怪もある。

これらの怪はだいたい出る場所が決まっているので、そこを通るときは注意が必要である。場所を決めて現れるというのも、妖怪の行動の傾向のひとつであった。

道行く人を迷わせるのは狐狸貉の得意とするところで、化かされた人が夜明けまで同じ所をぐるぐる回っていたという話は多くある。『今昔物語集』ではこれを迷ハシ神のしわざとしている。『雨月物語』の作者・上田秋成も狐に化かされ、道に迷った。

妖怪が通る道もある。ナマメスジは、ヤギョウサン（夜行さん）という神とも妖怪ともつかぬモノが通る道。ナメラスジとか、ナワスジともいって、四国や中国地方に多く見られる。「スジ（筋）」は「道」の意味である。ヤギョウサンは、節分や大晦日の晩に、クビナシウマ（首無し馬）に乗って通るといい、地域の人々は恐れていた。

妖怪が群集して歩くことをヒャッキヤギョウ（百鬼夜行）といい、絵巻などの題材になった。民間の例では、『雪の出羽路』（菅江真澄、江戸後期）という本に、ヌラリヒョン、オトロシ、ノヅチ（野槌）らが百鬼夜行する「化物坂」という場所があると記されている。ノヅチはともかく、ヌラリヒョンとオトロシは、江戸の妖怪画に登場するものの、民間伝承ではあまり例がない。ことによると、創作の多い妖怪画の妖怪が、民間伝承に取り込まれたものであろうか。雪深い秋田の話。

家の妖怪

夕方のことを「黄昏《たそがれ》」時《どき》というのは「誰《た》そ彼《かれ》」時の意味である。いまでは使われないが、「彼《か》は誰《たれ》」時という言葉もあった。人の支配する昼の世界と、人ならぬモノが支配する夜の世界。その接点にあたる夕方は、人とモノが交錯する危険な時間帯であった。それゆえ、夕方を「逢魔《おうま》が時（魔に逢う時間）」と呼ぶこともある。

子どもが「神隠し」に遭うのもおおむね夕方であった。とくに夕方に隠れんぼをするのは危険で、カクシガミ（隠し神）やカクレザトウ（隠れ座頭）、カクレババ（隠れ婆）といった怪が子どもをさらっていくという。カマスオヤジ（叺《かます》親父）・カマスショイ（叺背負い）も同様の怪で、大きな叺（穀物などを入れる藁製の袋）に子どもを入れて、どこかへ連れ去るという。カゴショイ（籠背負い）もまた同じ。これらの怪に遭わないために、子どもは早く家に帰らなければならない。おそらく、親が子どもを躾《しつ》けるときに使われたのであろう。『遠野物語』には、神隠しに遭った女性が数十年ぶりに帰ってきた、サムトノババ（寒戸の婆）の話がある。

一方で、カクレザトウの餅を拾えば、裕福になるという言い伝えもある。「神隠し」という語が示すように、これらの子どもをさらう怪にも、どこかしら神の面影がある。人の力の及ばぬモノのうち、祀られたモノが神となり、祀られぬモノが妖怪になったが、実際は、両者の境界線は淡いものであった。

子どもをさらう怪は家の周辺に現れたが、直接に家を訪れる怪もいる。

家に来る怪といえば、年取りの夜（大晦日）に家々を訪れる石川県のアマミハギや、青森県のヒカタハギがいる。「ハゲ」「ハギ」は「剝ぐ」の意味、「アマミ」「ヒカタ」は「火斑《ひだこ》（囲炉裏にあたっていると足にできる斑点）」の意味である。火斑ができるのは、怠けていることの表れであった。それを罰するために彼らはやってきて、怠け者の足の皮を剝ぐのだという。秋田県のナマハゲも、もともとは「ナモミ（火斑）」を「剝ぐ」モノの意味、岩手県のスネカも、「スネ（脛）」にできた火斑を「かっちゃく（剝ぐ）」モノのことで、意味は同じである。山形県のカセドリも、やはり「カセ」を取るモノの意味である。これらは、妖怪の名称というよりは、行事の名称というべきであろう。

これらの怪は、年中行事のなかに取り入れられているので、ビジュアルとして捉えることができる。年末年始のニュースなどで見た方も多いであろう。いずれも、蓑を着て恐ろしい顔をした大男である。妖怪のイメージというと、江戸の絵師による妖怪画を思い浮かべがちであるが、こうした民俗芸能のなかで育まれてきたイメージこそ、重視すべきであろう。

鹿児島県下甑島《しもこしきじま》のトシドン（歳殿）は、やはり年取りの夜に家々を訪れては、悪い子を懲らしめるが、一方では、反省をした子に餅をあたえる。これら年取りの夜に訪れる怪は全国に伝承されており、今日の語彙でいうところの「神」と「妖怪」の両面を併せもっている。折口信夫という民俗学者はこれを「まれびと（来訪神）」と呼んだ。

　ヒトツメコゾウ（一つ目小僧）も家に来る怪。毎年、コト八日（二月八日、十二月八日）に現れるといい、そこからこの日は、家の戸に籠を吊るすという習慣も生まれた。籠は目が多いので一つ目だと負けるからだと説明されるが、コト八日には神が訪れるとしている地方もあり、ここにも神の面影が見いだせる。夜中に甘酒を求めて家々を訪ね歩くアマザケババ（甘酒婆）は、戸に杉の葉を吊るしておけば防げるといい、同類と思われる。

　以上は、家を訪れる怪だったが、家のなかにも怪はいる。

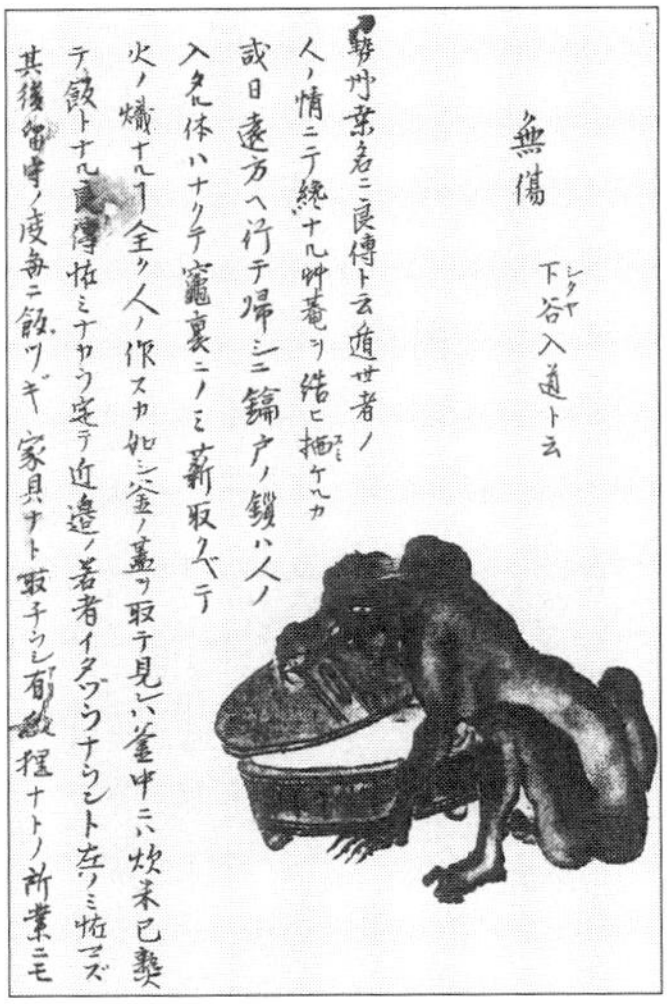

下谷入道

　『日東本草図纂』（前掲）に載る「下谷入道」は、留守中に家に上がりこみ、勝手に食事を作って食べる怪。アカナメ（垢舐め）は、その名のとおり、風呂桶や洗い場にこびりついた垢をなめる怪。鳥山石燕が妖怪画にしているほか、江戸時代の奇談集『古今百物語評判』にもアカネブリ（垢舐《あかねぶ》り）の記事がある。『日東本草図纂』（前出）に載る「垢舐」は、嬰児《えいじ》のような顔に

天井嘗《てんじようなめ》

垢舐《あかねぶり》

犬の胴体という奇怪な姿で、「燈台ノ下暗キ処ノ板輪ニ添テ、チョロチョロ歩」き、舌を出して垢を舐めていたという（「 」内、原文のまま）。これは正徳年間（一七一一〜一六年）、堀田公の屋敷での話。「燈台ノ下暗キ処」という点に注意する必要があるだろう。いまと違って、昔は家のなかもひどく暗かったのである。

「舐める」というのも、妖怪の基本動作のひとつのようで、鳥山石燕はテンジョウナメ（天井舐め）の画を描いている。ただし、テンジョウナメについては民間伝承に報告がないようである。今日では失われてしまった伝承とも考えられるが、一方では、石燕の創作だった可能性もある。実は江戸の妖怪画のなかには、絵師個人の創作によるものが少なくない。また、民間伝承を反映したものであったとしても、ビジュアル面については創作という場合もある。これらのことは、気をつけておきたいことである。

たとえば、マクラガエシ（枕返し）は、寝ているときに悪戯をする怪。民間伝承でも報告はあるが、本来は姿かたちをともなわない。しかし、石燕はこれを仁王様の姿でビジュアル化した。石燕の描いたマクラガエシは、水木しげるのイラストによって今日に伝えられ、妖怪事典の項目に収まった。石燕―水木ラインで形成された妖怪たちは、柳田―水木ラインで形成された妖怪たちとともに、今日の妖怪のイメージの二大源流となっている。「イメージの形成」は「キャラクター化」と置き換えるのも可能であろう。

さて、このマクラガエシというのは、朝起きると、寝る前と枕の位置が変わっているというだけの怪だが、「マクラ」の語源が「タマクラ（魂の宿る蔵）」であり、人の生命にとって重要な意味をもっていたという知識がなければ、現代人には理解しにくいだろう。何を怪異と感じるかが、時代によって異なるのを知ることも重要である。

佐々木喜善『遠野のザシキワラシとオシラサマ』には、ザシキワラシ（座敷童子）が枕を返すという例がある。ザシキボッコ（ボッコは「童子」の意）・ザシキコゾウ（座敷小僧）・クラワラシ（蔵童子）・クラボッコ……等々、名称は異なるが、大同小異の怪は東北地方には多くある。いずれも赤い顔の童子の姿で（男女ともにある）、いるあいだは家は栄えるが、いなくなると衰えるという。これら家運の栄枯盛衰を司《つかさど》る怪の脅威も、イエ制度が失われつつある今日では、実感が湧かない人が多いかもしれないが。

江戸時代には、妖怪が出るという化物屋敷の噂が多くささやかれていた。なかでも有名なのは『稲生《いのう》物怪録《もののけろく》』という江戸の絵巻の題材になった化物屋敷で、三十日間にわたって主人公・稲生平太郎を悩ませるが、ついには退散されてしまう。また、姫路城の天守閣に棲むオサカベ（長壁）という女妖怪も、文芸作品のテーマになるなど、知名度がある。

以前は、荒れ寺や武家屋敷、寺や天守閣などに妖怪が巣くった。現代の化物屋敷といえば、学校であろうか。全国の子どもたちを震えあがらせたトイレの花子さんは、現代の妖怪の代表といえるだろう。花子さんが、テレビや映画、マンガなどのマスメディアに乗って全国に流布していったのもまた、現代の妖怪にふさわしい伝承のあり方であった。

妖怪への理解を深めるために

以上、「妖怪の博物誌」というテーマのもとで、紙面の許すかぎり、事例を紹介してきた。まだまだ紹介したい妖怪はいるが、そろそろ終わりにしなければならない。

冒頭に書いたように、今回は、民俗報告書や江戸時代の文献資料に偶然記録された妖怪を中心に資料を収集したあと、出現する場所によって分類してみた。しかし、資料を収集、分類する基準はひとつではない。興味があれば、皆さんなりの「妖怪の博物誌」を作ってみてはどうだろうか。そうすれば、妖怪に対する理解がますます深まっていくはずである。

X　〈口承〉の中の妖怪

妖怪は「民話」か

いまあなたが読んでいるこの本を、あなたはどこで手にしたのだろうか。近所や駅前の本屋さんで？　地域や学校の図書館で？　あるいはインターネットを利用してオンライン書店で購入したのかもしれない。そのときのことを少し思い出してほしい。あるいは今まさに書架の前にいるという人は、ちょっと周りを見渡してもらいたい。本書のような「妖怪」について書かれた本は、書店では「日本文化」や「民俗学」の棚に、年中行事やお祭りや民話の本と一緒に並んでいただろう。

もし図書館で借りたのなら話は早い。本の背に張られた図書ラベルに「３８８」か「３８８．１」と書いてあるはずだ。図書館の本は、国立国会図書館が定める「日本十進分類法」（ＮＤＣ）に拠って配列されている。ＮＤＣの規定では、妖怪についての本は、「民俗学」を示す３８番台の８番目、「３８８　伝説・民話〔昔話〕」に収めるよう指示されている（ちなみに「．１」は「日本の」を表す補助番号）。

オンライン書店で注文した人はちょっと複雑かもしれない。しかしオンライン書店にも、本を主題ごとに分類した「ジャンル」の検索が必ずあっただろう。大手サイトのＡｍａｚｏｎを例にとれば、本書のような妖怪を主題とした本は、大分類「人文・思想」に収められた、中分類「文化人類学・民俗学」のうちの「昔話・伝承」にまとめられている。

このように「妖怪」は、「昔話・民話」とほぼ同じもの、もしくはその一カテゴリと見られているようだ。しかし、それで本当によいのだろうか。目の前の「民話」の本を手に取るか、あるいはアニメの「まんが日本昔ばなし」でもいい、思い出してみてほしい。「民話」に出てくる妖怪は、鬼や天狗や河童、あるいは大蛇や竜や狐や狸といった、日本全国津々浦々にいる妖怪たちがほとんどで、「ぬりかべ」や「しょうけら」や「おどろおどろ」、あるいは「子泣き爺」や「輪入道」や「天井下がり」といった、いわゆる『妖怪図鑑』に出てくる妖怪は、めったに出てこないようだ。

さらに日本民俗学においては、妖怪は長く「俗信」、つまり民間信仰の一分野として研究されてきた。これで果たして本当に「妖怪＝民話」といえるのであろうか？　本章ではこうした「妖怪」と「民話」の関係を、解きほぐしていきたい。

「民話」とは何か

民話と妖怪の関係を整理するにあたって、まずはここまで何気なく使ってきた、「民話」という語をきちんととらえなおさなくてはいけない。

「民話」ということばの歴史は意外と新しく、英語の「Folk Tales」（民間説話）の訳語あるいは略語として、昭和の初めごろ使われるようになった。まだ百年は経っていない。その後、劇作家の木下順二が中心になった、民話を通して日本人の心を知るという「民話運動」から、一九五〇年代に民話ブームが起こる（この民話ブームの影響の先にアニメ「まんが日本昔ばなし」がでてくる）。

このブームの影響で「民話」という語は広く使われるようになったが、「民話」ということばの指す範囲は「民間に伝承された口伝えの話」と広く、正確さに欠ける。そのため民俗学では「民話」という語の使用を避けていた時期もあった。

「民話」をもう少し細かく、民俗学の分類に当てはめると、唄やことわざ、名前のつけ方といった、ことばの技術を対象とする「口承文芸」の一分野である民間説話ということになる。

口承文芸の分野においては、そうした「民話」を、話の性質から「昔話」「伝説」「世間話」に分けて考えている。妖怪との関係を整理するのに必要なだけ、解説しよう。

「昔話」は、「昔々あるところに」などの決まり文句（発句）から始まり、「どんどはれ」などの決まり文句（結句）で閉じる、語りの形式の定まった説話である。

語り始めで「昔々」や「あるところ」と宣言するように、昔話の舞台となる時間と場所は架空のものであり、登場人物も多く固有名詞を持たない「おじいさん」や「おばあさん」で、実在の人物・団体とは関係なく設定されている。昔話は聴き手も語り手も、この物語はフィクションであることを自覚している説話である。絵本やアニメの「民話」のイメージにいちばん近いといえる。

そして「伝説」には、『聖剣伝説』や『銀河英雄伝説』のような長大な叙事詩《サーガ》のイメージや、『いきなり！黄金伝説。』や『ガッツ伝説』のような偉業・逸話のイメージで使われることが多いが、民俗学ではもっと身近な、山や川の地形の由来や巨石や大木のいわれ、祠《ほこら》やお寺・神社や年中行事や祭礼の由来といった、具体的な事物の歴史を説明する説話として受け取られている。

伝説は歴史上のある特定の一時点において、ある特定の場所で一回だけ起きた出来事の結果を現在の事物と結びつける。例えば「ここ（場所）に義経一行が来たとき（時点）、弁慶が岩を持ち上げた（出来事）。その手形が残る（結果）のがこの弁慶岩（事物）だ」というように。伝説は「目に見える事物を証拠に挙げて歴史を装う説話」なのである。

そして「世間話」は両者とは違い、話し手と聴き手の生きる〈いま・ここ〉と連続する時と場所で起きた事件の話である。説話に登場する場所も、人も、話し手と聴き手に馴染みのものであり、ニュースソースは「友達の友達」であったりもする。

世間話では、身近で起きたとされる珍しい、もしくは怪異な事件が話される。日常のありきたりの事柄（つまり、ご近所のゴシップ）ばかりではなく、新奇な珍事異聞が好まれるので、妖怪や幽霊の出現、狐や狸に化かされるといった怪異は、世間話の題材として多く話されることとなる。世間話は「都市伝説」や「噂」までも含む、もっとも「妖怪」と相性のよい口伝えの説話といえる。

それでは「昔話」「伝説」「世間話」に現れる「妖怪」をみていくことにしよう。

有名どころばかりの「昔話」の妖怪

まずは昔話に出てくる妖怪を、『日本昔話大成』に挙げられている日本の昔話を例として確認する。『日本昔話大成』は刊行された昔話資料を話のパターン（話型）で分類した索引として、刊行後数十年経ったいまも広く使われている研究書である。

昔話には〈鬼〉が、退治される存在として、また富の授け手として、非常に多く登場する。有名な「一寸法師」や「桃の子太郎」「瘤取爺」「地蔵浄土」を思い出してもらえればいいだろう。「鬼の子小綱」では、鬼と人間のハーフも登場するほどである。

同じように〈天狗〉の出現も多い。「瘤取爺」のこぶを取るのが鬼ではなく天狗だと語る土地も多く、吉四六さんなどの人間の知恵者に「隠れ蓑笠」を騙し取られてしまうのも天狗である。天狗はその神通力はともかく、素直で騙されやすい存在と見られている。

その点〈山姥《やまんば》〉は実力者で、「三枚の護符」や「牛方山姥」「喰わず女房」「山姥と桶屋」といった話で、主人公たちをあわやというところまで追い詰める（結局は退治されるのだが）。

意外にも昔話では〈河童〉の影は薄く、主人公を罠にはめて食おうとする「沼神の手紙」の沼の主を河童とする例がある程度である。

明治期のちりめん本『Momotaro（桃太郎）』の鬼たち

古寺に妖怪が出るという「宝化物」「化物寺」「化物問答」の化物たちの正体は、器物や動物の〈変化《へんげ》〉である。変化の正体を見破る謎解きがこうした話の面白さといえる。

動物の変化で多いのは〈狐〉である。「人と狐」のカテゴリには十九もの狐話が並べられている。土地によってはこの狐を〈狸〉や〈狢《むじな》〉とも語る。続いて多いのが〈猫〉で、「猫と茶釜」「猫と南瓜」「猫の踊り」では主人の命を狙い、「猫檀家」では恩返しをして寺を富ませるなど、化け猫の面目躍如である。〈狼〉は「鍛冶屋の婆」で旅人を襲い、〈猿〉は「猿神退治」でいけにえに村の娘を求め、それぞれ豪傑や犬に退治される。

動物が人間の姿になって婿入り・嫁入りしてくる、「蛇聟入《へびむこいり》」や「鶴女房」といった「異類婚姻譚」の異類たちが「妖怪」なのかは疑問であるが、そこでは蛇・狐・蛙・魚・猫・鶴といった動物にまじって、河童・鬼・樹の精が人間との婚姻を望み、夢破れて去る。

　こうしてみると昔話に登場する妖怪は、聴き手が説明なしに理解できる存在ばかりである。昔話の妖怪は、異類婚姻の昔話を除けば、話の筋の上で主人公が打ち破るべき障害として現れる場合がほとんどである。そこでは「強く恐ろしい化け物」が必要なのであって、個性は求められていない。したがって、昔話にはその性質や容姿について語り手がくどくどと説明する必要のない鬼や天狗が多く現れ、語りを無用に長くしてしまうような個性豊かな妖怪は登場しないのである。

　例外は「化物問答」などの化け物たちだ。彼らは古杵や古槌などの器物の変化であったり、足が三本の化け鶏や馬の頭蓋骨の化けたものであったりする。その容姿も「のっぺらぼうの一本足」（杵）、「口のとがったくるくる目」（鶏）などと表現される。しかしこの話も、化け物が「サイチクリンノケイサンゾク」や「トウザンバコツ」と名乗るのを「西竹林の鶏三足」「東山馬骨」と読み解いて正体をあばいて退治する「謎解き」に興味の中心があり、化け物の外見の説明は付け足しである。

　昔話に出てくる妖怪たちは、話の筋の運びに奉仕するために現れる、個性の薄い存在といえる。

由来をつくる「伝説」の妖怪

　続けて伝説の妖怪を見ていこう。

　東雅夫『妖怪伝説奇聞』は、タイトルどおり日本全国の「妖怪伝説」の紀行である。著者たちは広島では『稲生《いのう》物怪録《もののけろく》絵巻』の舞台をめぐり、香川では牛鬼の図像や角を追いかけ、佐賀では鍋島

岩手県盛岡市三ツ石神社の三つ石　三ツ石の神に懲らしめられた鬼がこの岩に手形を押したといい、「岩手」の地名の由来として伝わっている

猫騒動の史跡を探訪、妖怪が出現した現場を訪ね、妖怪を供養した塚や祠を探し、あるいは妖怪たちが遺した骨や木槌や秘伝の薬や、妖怪の姿を写した掛け軸といった秘蔵のお宝を見、妖怪退治が由来となった年中行事に参加する。こうした「伝説」の妖怪たちはいかにも個性的で、われわれの持つ「妖怪」のイメージにぴったりである。

しかしここで注意しなくてはならないのは、これらの「伝説」の多くは語られたものではなく、書かれたもの、社寺の縁起や書籍となり、文字で伝わった説話だということである。そうした伝説が評判になれば、そこを訪ねた文人が紀行文を著して多くの読者に読まれたり、訪ねる人のための案内記が作られたり、その伝説を基にした芝居や盆踊り歌や語り物芸能が作られて、さらに広い地域に広まったりする。そうした伝説をさらに調べようという、考証しようという、東氏やこの本の執筆者たちや、読者の皆さんがたのような、熱心な物好きも後につづく。それが江戸時代以降の「伝説」の辿った道であった。

このように有名な伝説は、その現場や証拠物が新たに「発見」されたり、絵巻や掛け軸や絵馬に図像化されたりして、枝葉をつけて発展してきたのである。

ここでの「伝説」は口伝えの伝説ではなく、歴史化され文芸化され、あるいは観光化された伝説だといえる。そこに登場する妖怪たちも、相応の脚色がなされていると読むべきであろう。

では口伝えの、つまり〈口承〉の現場では妖怪はいかに語られているのだろうか。一例を『信州の伝説』という資料集に見てみよう。この本は百数十件もの長野県内の伝説を、柳田國男『日本伝説名彙』の分類に従って並べている。

やはり〈鬼〉の出番は信州でも多い。佐久市の貞祥寺にある「鬼岩」は、和尚と鬼の技比べの跡だといわれている。その昔、徳忠和尚が人々を脅かした鬼を懲らしめ、法力で腕をもいでしまった。鬼がしきりに詫びるので和尚が腕を返すと、鬼はちぎれた腕を付け直し、この通り治りましたと大きな石を持ち上げて見せた。その石が今の鬼石だ、という伝説である。そのほかに鬼の伝説としては、鬼が石に跡をつけた「鬼の足跡石」「鬼の爪跡石」が四つも紹介されている。また戸隠村の「一本松」は豪傑・平維茂《これもち》が鬼女紅葉を退治した、その記念に植えた松と伝えられているそうである。

信州には〈巨人〉の伝説も多く、デーラボッチやダイダラ法師と呼ばれる巨人たちが創ったという山や池、歩いた足跡といわれる窪地は数十箇所挙げられている。

信州は山国であるので、〈天狗〉の活動も活発である。長谷村の「円座松」は天狗がいつも腰掛けた松だというし、辰野町の「天狗山」には岩に天狗の足跡があるという。他に「天狗の腰掛け松」が四本、「天狗岩」が二つ紹介されている。

一方、川には〈河童〉も出る。立科町の「鍵引石」は大力無双の勇士諏訪頼遠《よりとお》が河童を懲らしめた岩だといわれているし、穂高町の「やまやすの井」は、村人が願えば頼んだだけの膳椀を貸してくれる「椀貸淵伝説」の舞台であるが、膳椀を貸してくれるのは河童だという。長谷村の「狢岩《むじないわ》」では〈狢〉が膳椀を貸してくれるという。

同書の伝説には〈大蛇〉の出番も多く、大蛇がかつて棲んでいた石である、または退治された身体が化した石である、という「蛇石」は九つもある。

こうしてみると、伝説に出てくる妖怪も、昔話と同じく、聴き手が説明なしにその存在を理解できる有名な妖怪たちばかりである。伝説の中では妖怪は、巨人伝説のように人知を超えた力で地形そのものを作り出したり、人里で暴れて、平維茂や諏訪頼遠といった英雄や、徳忠和尚のような高僧に退治され、石や木や塚や行事といった記念の事物を遺したりするために出現している。これが「伝説」に現れる妖怪の特徴である。伝説の中の妖怪は、英雄や高僧の偉大さを称え、その伝説が伝わる寺社や家筋や集落の歴史と栄誉を飾るための引き立て役として登場させられているのである。そこでも昔話と同じく、聴き手が理解しがたい、耳に慣れぬ妖怪には出番はない。反対にその強さや恐ろしさが知れ渡っている鬼や天狗はあちこちに引っ張り出され、お伽草紙や語り物芸能に登場する〈酒呑童子〉や〈鬼女紅葉〉といった有名どころは、各地の伝説に登場する売れっ子妖怪となるのである。伝説の中の妖怪は「英雄に退治されるのを待つ好敵手」といえるだろう。

口伝えの昔話や伝説の妖怪たちに個性がないということは、その容姿や外形の詳しい描写がなされないことからもわかる。話の中で「怖い鬼」とか「恐ろしげな天狗」などと語られるのみで、鬼はどんな服装か、天狗はどんな性格か、河童の好物や弱点は何かなどの細かな説明は、共同体の中では常識となっている知識に頼って省略されている。

昔話や伝説にはそうした、姿形や性質、生態、時には弱点までもが、語り手と聴き手に知識としてすでに備わっている、よく知られた妖怪たちばかりが登場するのである。

実体験と伝聞の「世間話」の妖怪

そのような昔話と伝説の妖怪に対して、「世間話」に出てくる妖怪は現在のわれわれの持つ「妖怪談」のイメージに近いといえる。世間話の妖怪談では、〈狐〉や〈狸〉に化かされた話、〈天狗〉や〈河童〉に危害を加えられた、または加えられそうになった体験、〈海坊主〉や〈ツチノコ〉といった怪奇な存在のことなどが話される。

世間話の内容は、話し手と聴き手が生きている「いま」、住んでいる「ここ」とつながった時間と場所で起きた事件として話される。そしてしばしば身近な人が「現実の自分の体験である」として世間話を話す。つまり世間話に出てくる妖怪の出現する場所は、話し手と聴き手がよく知っているか、行こうと思えば行ける、あるいはかつては行くことができた場所であり、また事件の起きたとされる日時は、話し手と聴き手も経験している人生の一部であるか、そうでなくとも近しい人の

新潟県東蒲原郡阿賀町の寺坂　集落と集落の間にある坂で、「寺坂狐」がたびたび人を化かしたという

（例えば祖父や知り合いの）生きていた、話し手や聴き手がリアリティを感じられる程度の「過去」である。だから、「昔々あるところ」に語りの舞台を設定してフィクションであることを強調し、語り手と聴き手の生活との断絶を強調する昔話や、地域ではるか昔に起きた歴史上の出来事を装う伝説とは比べものにならない現実感が、世間話にはある。

そんな世間話の実例を、東京都の大田区教育委員会が調査・編集した『大田区の文化財第二十二集　口承文芸』を例にして見ていこう。

「民話」は、東北地方や新潟の雪深い山村で、語り部によって囲炉裏端で語られるものというイメージをわれわれは知らず持っているが、実は東京二十三区内のような都市化された地域においても、「民話」は語られ、話されている。『大田区の文化財第二十二集 口承文芸』には、百四十七話の昔話、百九十八話の伝説とともに、五百十六話もの世間話が収録されている。

同書では世間話を「動物」「植物」「天体・気象」「妖怪・霊異」「神仏・それに準ずるもの」「人・家」「村・世相」の八項目に分類している。世間話にはムラ内の奇人の逸話、家々に伝わる先祖や一族の逸話などの村や人や家に関する風聞、地震や火事などの災害の体験、明治維新や文明開化や敗戦で世の中が大きく変わったときの出来事、電灯や鉄道が初めて作られたときの思い出など、話し手の個人的な経験である生活史（ライフヒストリー）までをも含むため、世間話＝怪異・妖怪の話という理解では不十分である。しかし同書に収録された大田区の世間話は、約半数が狐・狸・カワウソ・猫といった動物の怪異譚で、中でも狐の話が群を抜いて多い。このことからも怪異、特に狐・狸の化かし話は世間話のうちでもポピュラーなものといえるだろう。そんな狐話を一つ、例として引いてみる。

「化かされた牛乳配達」

これは、おふくろが出会った話なんだね。

南六郷の二丁目あたり、小川が流れてて、お稲荷さんみたいのが祀ってあったところでなんです。牛乳配達の箱車をひいた人が、その辺を行ったり来たり、二度も三度も戻ってくる。それで、おふくろがね、「小父さん、どうしたんですか。さっきから行ったり来たりして」って聞いたんだって。そしたらね、この箱の中に、うまい魚がたくさん入っているっていうふうな、狐に化かされたってふうな話のいきさつなんだね。おふくろは、狐に化かされるということを信じてるほうなので、そんなことしてたらだめだと、よく言ってきかしたそうです。わたしが小学生のころの話ですよ。〔八幡塚　男　明治43年生〕

大田区八幡塚在住の、明治四十三年生まれの男性が話したこの「狐に化かされた話」は、「わたしが小学生のころ」「おふくろが出会った話」である。

話に出てくるのは近所の「南六郷の二丁目あたり」の「お稲荷さんみたいのが祀ってあったところ」で、そこをおそらく顔見知りの「牛乳配達の小父さん」が、うろうろ歩かされている。そこに声をかけ小父さんを救うのは、他ならぬ話し手の「おふくろ」であった。

狐に化かされたというこの世間話が、話し手の生きる時間（小学生のころ）と空間（二丁目あたり）の中で知人（おふくろと牛乳配達の小父さん）に起きた出来事であることがよくわかる。さらに体験者である「おふくろ」は話し手となって、聴き手であった「わたし」に向かってこの話を伝えたのであろう。年月が経って「わたし」は話し手となり、「おふくろ」から聞いたこの話を、訪ねてきた大田区民俗調査の学生に話す。聴き手となった学生は、いま自分が歩いてきた「南六郷」を思い出しながら、目の前のお爺さんの小学生のころを思い浮かべながら、この話を聴いたはずである。世間話はこうした現実味を帯びて話され、聴かれるのである。

ところで、もう一度さっきの狐に化かされた話を読み直してみてほしい。

「おふくろ」は、牛乳配達の小父さんが「その辺を行ったり来たり、二度も三度も戻ってくる」のを見つけ、声をかける。牛乳配達というからには、事件は早朝に起きたのであろう。周りには「小父さん」と「おふくろ」しかいないようである。声をかけると小父さんは「この箱の中に、うまい魚がたくさん入っているっていうふうな」要領を得ないことを言う。そこでおふくろさんは、この人は狐に化かされたんだと思い、「よく言ってきかし」て、正気に戻した。これがこの話のすべてである。お気づきのようにこの話の中には、怪異の原因とされる「狐」がまったく登場しないのだ。小父さんがうろうろとしていた近くに「お稲荷さんみたいのが祀ってあった」から「狐のしわざだ」と推測されたのであって、狐は尻尾の毛の一本すらこの話に出てこない。

そしてそれは狐に化かされた話に限ったことではない。同書からいくつか例を挙げてみよう。

「アハハの話」

雑色と六郷の間に、昔、松の木の植わっている畷《なわて》っていうのがあったんですね。あそこのところまで、誰ですか、もらい湯に行ったら、そしたら、松の木の上の方から、アッハハって声が聞こえたっていうの。もう一目散に、もらい湯の家へ行って、そいでピシャンと閉めて、「今、怖かったんだよおー」って言ったら、耳のそばで、「怖かったかぁ」って。……

「丑三つ時の怪」

……（丑三つ時に神社の前を通ったら）そしたらね、神社の鳥居の、あの手前、十メートルくらい前まで行ったら、もう、歩けないの。体がすくんじゃって歩けないの。どういうわけだろうね。あたしも、かなりきつい男だよねぇ、それが、どうしても歩けない。何もいたわけじゃない。なんだかしらないけど。……何としても歩けない。それから少し這《へ》えずってみたのね、四つん這《べ》えに。それでも行がれない。おっかなくて。おっかないってんじゃない。何ていうだ、もう、寒気がもう、しちゃうしねぇ。……

「アハハの話」は、夜近所の家にもらい湯に行った人が、木の上から不気味な笑い声をかけられたという世間話である。「もらい湯」とは他家でお風呂を借りることである。昔は一軒がお風呂を沸かし、ご近所同士で招きあって使っていた。燃料や水を運ぶ労力の節約のためであるが、こうした貰い風呂の場もまた、昔話や世間話が伝承される場であった。

「丑三つ時の怪」は話し手自身の体験談である。丑三つ時に神社の前を通ろうとした話し手は、急に体がすくんで動けなくなる。「どういうわけ」だかわからず「寒気がもう、しちゃ」って「なんだかしらないけど」動くことができない。そんな恐怖の体験である。

先の狐に化かされた話同様、「アハハの話」では起こる怪異は松の木からかけられた声のみ、「丑三つ時の怪」では話し手が動けなくなるという現象のみが「実際に起きたとされること」であり、その現象を起こしたとされている妖怪は出現しない。このように〈口承〉の世間話は、妖怪そのものの目撃は少なく、何か不思議なことが起きたという体験、道に迷ったり、ありえないところから声をかけられたり、動けなくなったりという不可解な「現象」がほとんどなのである。意外なことかもしれないが、世間話で「妖怪というモノの出現」が話される機会は、非常に少ないのだ。

コトとしての口承、モノとしての妖怪

いま読者の中には「おいおい、ちょっと待てよ」と思われた方もいらっしゃるかもしれない。先の話では迷わしたのは〈狐〉だと話し手も明らかに言っているし、後の二話においても、木の上から声をかけたのは〈天狗〉で、動けなくなったのは〈ぬりかべ〉とか〈おとろし〉の仕業だと解釈できるのではないか、と。

問題はまさにその「解釈」なのだ。京極夏彦は『妖怪の理、妖怪の檻』で、妖怪概念とは「モノ化するコト」である、と言っている。怪異な「コト」が、その現象を引き起こす「モノ」の仕業とされ、そのモノが現実に存在するキャラクターであるかのように理解されて伝承されていくメカニズムを、京極は「ぬりかべ」を例に挙げて解説している。「夜道で前に進めなくなる」という怪異現象《コト》が「ぬりかべ」と名付けられ、繰り返されるうちに、まるで「ぬりかべ」という妖怪存在《モノ》が存在するかのように話されるようになっていく。そうして出来上がったのがわれわれのイメージする「妖怪」である、と京極はいう。

世間話で話される怪異現象は、「道に迷った」「子どもがおぼれた」「山で事故に遭った」「病が続いた」などの事件や、「寒気」「ぞわぞわ」「むずむず」といった感覚、「音」や「声」、「人影」の目撃など不確かな「名付けざるコト」であることがほとんどで、妖怪は姿を現さないことのほうが多い。そうして、その怪異な現象《コト》は妖怪という存在《モノ》が起こした出来事だと、事件が終わったあとに「解釈」されるのである。「妖怪」となる以前の「現象」そのものが話される。これが〈口承〉の中

の妖怪の現れ方なのだ。

少し整理してみよう。世間話で話されるのは主に怪異＝コトであり、妖怪＝モノではない。体験というコトが記号化されてモノとなる、つまり「怪異現象」が世間話として話されるうちにある存在のイメージが生成され、共同体での共通理解を得て「妖怪」となる。「妖怪」は、〈口承〉の体験が純化され、〈常識〉になったものだといえる。

冒頭で、日本民俗学は妖怪を「俗信」として研究してきたと述べた。「俗信」とは信仰的な〈常識〉だと言い換えることも可能である。話されるのは事件であり、妖怪は語られない。話されない。事件を解釈する民俗知（＝常識）として妖怪はあったのだ。昔話や伝説に奇抜な妖怪が登場しない理由も、ここにある。昔話や伝説は予定調和を保った説話である。その中のすべてのものは〈常識〉の範疇になければならない。

そうした〈常識〉のデータベースが、民俗学の対象とする「民俗」といえるだろう。そして既存の「妖怪」では対処できないコトが起きたり、既存の妖怪が繰り返しの出現や文芸化でそのリアリティを失ったとき、また新たな妖怪の生成が行われるのである。その一つとして、現在の「学校の怪談」や「都市伝説」や「実話怪談」があるのだろう。「お化けは死なない」とは、こういうことなのだ。

妖怪は〈口承〉から生まれ、妖怪が〈口承〉を作る。ここではこれを一応の結論としておこう。

XI　妖怪研究ブックガイド

この章では、妖怪文化をより深くとらえるための基本研究文献を紹介する。「I　基礎編」では妖怪研究の嚆矢、柳田國男・井上円了・江馬務と、妖怪研究に新しい境地を開いた宮田登・小松和彦の著作をとりあげる。続いて現在の妖怪文化研究の最先端をゆく研究書を紹介する。「II　展開編」では総論的な研究書四冊と一シリーズを、「III　発展編」では時代や場所・対象を明確とした各論的な七冊をとりあげた。いずれも、現在手に入れやすい資料に限って紹介した。妖怪をより理解するために、ぜひ読んでみてほしい。

I　基礎編　妖怪研究のエポック・メーキング

妖怪は神様である――民俗学の妖怪研究　柳田國男『妖怪談義』

民俗学は妖怪も研究対象にする学問分野だと思われている。そうしたイメージは、民俗学の祖といわれる柳田國男自身の著作に負うところも大きい。柳田の妖怪論の多くは『妖怪談義』にまとめられている。同書には明治末から昭和初年に発表された論考三十編と、妖怪の名前を集めた「妖怪名彙」が収録されている。

柳田は妖怪を常民の心意の変遷をたどる資料ととらえ、そこから日本人の心を明らかにしようとした。その特徴は、①「各地の民俗資料を対象にする」、②「妖怪と幽霊を区別する」、③「妖怪を神への信仰の衰退（零落した神）として説明する」の三点にまとめられる。

現在の妖怪研究では、この②③は必ずしも支持されていない。しかし現在の妖怪研究も、柳田を出発点として到達したものであることは疑いえない。現在においても柳田國男の妖怪論と『妖怪談義』の重要性は失われてはいないだろう。

そして柳田が①をとりわけ強調したのは、同時代の二人の「妖怪研究者」を意識してのことと考えられる。その二人とは、哲学者の井上円了と風俗史学者の江馬務であった。

・柳田國男『妖怪談義』（初出は一九五六年）講談社［講談社学術文庫］、一九七七年（『柳田國男全集』六、筑摩書房［ちくま文庫］一九八九年、『柳田國男全集』二〇、筑摩書房、一九九九年にも収録）

妖怪博士、〈偽怪〉に喝！――哲学からの妖怪研究　井上円了『妖怪学全集』（全六巻）

「明治の妖怪博士」といえば、哲学館（いまの東洋大学）を起こした井上円了であった。円了の妖怪学は、現在『妖怪学全集』（全六巻）として読むことができる。

円了の妖怪学は、妖怪を合理的に検証して否定し、迷信・妖怪撲滅を目指した啓蒙活動と思われがちである。しかし円了は単なる近代合理精神の喧伝者ではなかった。

当時の「妖怪」という言葉は、現在では「オカルト」や「超常現象」と言い換えられる広さを持っていた。円了の妖怪学も、河童や憑き物といった存在だけでなく、占いやまじない、生まれかわりや食べ合わせといった現象にまで及んでいる。円了の妖怪学では、そうした妖怪を「虚怪」と「実怪」に分けて考える。これは、創作や錯覚である「虚怪」を排し、何らかの現象が存在する「実怪」から物理的・心理的に説明のつく事象を仕分け、「超理的妖怪」である「真怪」を定義するための分類である。これまで漠然と不思議がられていたことを合理的に検証し、近代的世界観（つまり哲学）にそって再構成し、本当の不思議を明らかにすることこそ、円了の目的だったのである。そのため円了は積極的に現地調査を行い、新聞記事その他の資料も貪欲に収集した。本集を明治時代の資料集として読むこともできるだろう。

・『妖怪学全集』（全六巻）、柏書房、一九九九〜二〇〇一年

妖怪を、あつめてならべて考えて——江戸風俗の妖怪研究　江馬務『日本妖怪変化史』

近代的妖怪研究の始祖最後の一人は、風俗史学の江馬務である。当時の風俗史学は、陋習《ろうしゅう》・迷信などとして退けられた江戸文化の事物を集めて「前近代」を再考する学問で、江戸の博物学を継ぐ学問であった。それゆえ江馬の妖怪研究も、浮世絵などの美術作品を主な資料として考察するものであった。江馬の分類は「妖怪」と「変化《へんげ》」を分ける。後者は狐狸や幽霊のように「正体」があり化けるもの、前者は後者以外の、化けずとも異形のものの総称である。図像をベースとした妖怪の容姿への注目は、円了・柳田にはなかった視点であった。

柳田が対抗心を燃やしたのは円了の妖怪学ではなく、江馬式の妖怪研究だったはずだ。江馬の妖怪研究は、柳田の眼には「常民」の心意から離れた都市知識人の創作をもって妖怪を語るものと見えたことであろう。しかし江馬の本は版を重ね、多くの人に読まれた。ありていに言えば「お化けの絵が多くて面白かった」のである。江馬の仕事は、風俗史学者兼民俗学者を自認する児童文学者である藤澤衛彦が継いだ。藤澤もまたヴィジュアルを効果的に使った妖怪本をいくつも出した。江

馬・藤澤の妖怪研究は、確実に後の妖怪イメージを形成したのである。

・江馬務『日本妖怪変化史』中央公論新社［中公文庫BIBLIO］、二〇〇四年（初出は一九二三年）

妖怪は境界に踊る――妖怪の場所論　宮田登『妖怪の民俗学』

昭和以降、円了式の妖怪学は「常識」となり、江馬・藤澤式の妖怪研究は「読み物」としては栄えたものの実を結ばず、民俗学は柳田の妖怪／幽霊論から脱却していなかった。その手詰まりを「都市」と「境界」を鍵として破ったのが、宮田登『妖怪の民俗学』である。

宮田は、近世随筆と現代の世間話を資料として、都市の妖怪は辻・橋・河原・村境といった特定の場所で出現すると説明、そうした怪異多発地点は今も昔もこの世とあの世の「境界」として受け止められている場所だと指摘した。また怪異を見る主体が女性や子どもであることにも注目、そこに巫女や稚児の霊力の痕跡を見出し、近世と現代の連続性を強調した。宮田の妖怪研究は、怪異や妖怪といった非日常を事例として、都市を支える心意に迫るものだったといえる。それは同時代の「都市民俗学」とも軌を一にしていた。

「境界」という分析ツールは恣意的に用いることもできるため、宮田の「境界」論が折からのバブル期、マーケティング論や都市メディア論の流行のうちに消費されてしまった感は否めない。しかし宮田の指摘そのものは、いまだに有効性を持つであろう。没後に刊行された同テーマの『都市空間の怪異』や、著作集『宮田登日本を語る』も参考にしてみてほしい。

・宮田登『妖怪の民俗学』筑摩書房［ちくま学芸文庫］、二〇〇二年（初出一九八五年）

宮田の妖怪の民俗学は、近世と近代の連続性を強調するという点で柳田の妖怪研究と対立するものでなく、継承する面を持っていた。柳田の妖怪研究の限界の指摘と新たな視座の提示は、その後十年を経て、小松和彦の『妖怪学新考』でなされることとなる。

カミは妖怪、妖怪はカミ――妖怪研究の転回　小松和彦『妖怪学新考』

小松は柳田の「妖怪は神の零落したもの」という一直線の衰退史観を批判し、妖怪と神はどちらも超越的な存在であって区別は難しく、その存在が人間といかなる関わりを持つかによって神とされるか妖怪となるかが決まる、と説明した。つまり神が妖怪となるのは決して衰退ではなく、民俗社会の動的な変化の一側面であって、逆に妖怪が神に祀りあげられる場合もあると説いたのである。これは実体的に論じられてきた「妖怪」を、人間と人間社会の認識の問題にとらえ直すことであり、そしてそれは「総合人間学としての妖怪研究」の宣言でもあったのである。これにより、妖怪研究は新たなステージへと進んだ。

小松は本書あとがきに「この書を記念に、今度こそ妖怪との長いつき合いをしばらくは絶ちたいと願っている」と記したが、次節にみるようにその願いは叶わなかったようである。

・小松和彦『妖怪学新考』洋泉社［MC新書］、二〇〇七年（初出一九九四年）

II　展開編　妖怪研究の現在

日本の妖怪研究ここにあり──妖怪研究の基礎文献　小松和彦編『怪異の民俗学』（全八巻）

妖怪が学問の俎上《そじょう》に上がって百年以上。妖怪についての報告や論考が、民俗学の雑誌や報告書を中心に数多く発表されている。しかし古い学術雑誌などは大学図書館や専門図書館にしか所蔵されておらず、また膨大な資料から目当ての論考を探すのもたいへんである。

シリーズ『怪異の民俗学』はそうした、重要な意味を持ちながら閲覧が困難な報告・論文を再録した、妖怪研究のアンソロジーである。全八巻の構成は、憑きもの（一巻）、妖怪（二巻）、河童（三巻）、鬼（四巻）、天狗と山姥《やまんば》（五巻）、幽霊（六巻）、異人・生贄（七巻）、境界（八巻）と怪異・妖怪研究のほぼすべてを網羅し、民俗学のみならず医学雑誌や自費刊行の稀覯本など幅広い分野からの報告・論考を再録している。

責任編集者・小松和彦の、本シリーズ各巻の解説をまとめた『妖怪文化入門』も刊行されている。こちらから読むのもいいかもしれない。

・小松和彦編『怪異の民俗学』（全八巻）、河出書房新社、二〇〇〇〜〇一年

妖怪は人類学する──国際日本文化研究センター　小松和彦編『日本妖怪学大全』

「野暮と化け物は箱根から先（西）」とは江戸っ子の軽口だが、現在の怪異・妖怪研究は古都・京都を舞台として展開している。その一方の柱が、小松和彦を中心とする国際日本文化研究センター

における怪異・妖怪文化の共同研究である。三五、七〇一件の怪異・妖怪現象を自在に検索できる「怪異・妖怪伝承データベース」(http://www.nichibun.ac.jp/YoukaiDB/index.html、二〇〇二年公開)、絵巻物などの妖怪図像を検索できる「怪異・妖怪画像データベース」(http://www.nichibun.ac.jp/YoukaiGazouMenu/、二〇一〇年公開)は、同共同研究の画期的な研究成果である。

本書『日本妖怪学大全』も、同共同研究の成果報告論文集である。怪異・妖怪伝承を文化史の視点から学際的に考察した本書には、「描かれ語られる怪異」「伝承の中の怪異」「近現代の怪異の変遷」の三つを軸に、民俗学、文学、史学、美術、地理学、ジェンダー論などから多面的に分析した二十三編の論文が収録されている。特に近世から近現代の、娯楽化し、メディア化・キャラクター化する妖怪を扱った論文群は、民間信仰にとらわれない新たな妖怪観を提示している。本書は総合学人間学としての「妖怪学」の可能性を最大限に示した、妖怪文化研究の現在を知る上で重要な一冊である。同共同研究の成果報告書として、『妖怪文化研究の最前線』『妖怪文化の伝統と創造』の二冊も刊行されている。

・小松和彦編著『日本妖怪学大全』小学館、二〇〇三年

妖怪は歴史学する——東アジア恠異学会　東アジア恠異学会編『怪異学の技法』

そして京都の妖怪研究のもう一方の柱が、西山克を中心とする東アジア恠異《かいい》学会である。あえて「東アジア」「恠異」を名称とした同学会は、「怪異」を東アジア文化圏の問題として捉え、前近代王権論を読み解く方法として位置づける。つまり「怪異学」とは、怪異をキーワードとする

新しい歴史研究、歴史学的「怪異」研究の宣言である。同学会の研究論集『怪異学の技法』に収録された十七の論考中、多くが史料から古代・中世日本の「怪異」を、政治システムの一部として再検討する論考となっている。

そしてそれは、文化史的に「妖怪」を考察した『日本妖怪学大全』が取りこぼしていた領域でもある。『大全』と『技法』ともに分量も多く、少し難解な部分もあるが、本気で妖怪研究を志す人は、補完しあう関係の二冊をぜひ併せて読んでみてほしい。

なお、同学会による続く研究論集『亀卜』『怪異学の可能性』の二冊が刊行されている。

・東アジア恠異学会編『怪異学の技法』臨川書店、二〇〇四年

妖怪は文学する——ナイトメア叢書　一柳廣孝・吉田司雄編『妖怪は繁殖する』

妖怪研究のホットスポットは京都。それでは関東の妖怪研究は低調かというと、決してそうではない。例えば国立歴史民俗博物館は企画展「異界万華鏡」を二〇〇一年に開いた。もう一つ、東京を中心とした活動に、一柳廣孝・吉田司雄を中心とする「ナイトメア叢書」がある。同叢書は雑誌『幻想文学』の後継を目指し、文化現象としての「闇」への学術的アプローチの場となることを謳っており、同叢書第三巻『妖怪は繁殖する』では「ホラー」や「霊」と並ぶ日本の闇の一つとして、「妖怪」を特集している。

同叢書は巻頭にロングインタビューを載せ、コラムやブックガイドも充実させた、雑誌を意識した読ませる作りになっている。論文もマンガや映画、ツチノコやケサランパサランを論の題材に取

り上げるなど、妖怪現象そのものではなく、妖怪がいかに受け止められ消費されるのかを問う、文化研究・メディア研究の色合いが強く出ている。

同叢書五巻では『霊はどこにいるのか』として幽霊・霊能をとりあげている。また同叢書編著者を中心として『「学校の怪談」はささやく』『オカルトの帝国』『オカルトの惑星』も刊行されている。「妖怪好きなわたしたち」を理解する契機として、ぜひ目を通してみてほしい。

・一柳廣孝・吉田司雄『妖怪は繁殖する』青弓社［ナイトメア叢書］、二〇〇六年

ぼくらの「妖怪」ができるまで――京極夏彦と水木しげる　京極夏彦『妖怪の理　妖怪の檻』

近年の妖怪ブームの立て役者の一人は、間違いなく京極夏彦である。作家として「妖怪（百鬼夜行）シリーズ」で妖怪熱をあおり、水木しげるを師と仰ぐ関東水木会では作品のプロデュースに携わり、世界妖怪協会評議員としては雑誌『怪』（角川書店）に、「怪談之怪」発起人としては雑誌『幽』に協力。さらに先の『日本妖怪学大全』『怪異学の技法』には論文が、『妖怪は繁殖する』にはインタビューが載っている。まさに妖界のマルチクリエイターといえるだろう。その京極の本格的な妖怪論が『妖怪の理　妖怪の檻』である。

雑誌『怪』連載をまとめた本書は、通俗的「妖怪」概念、つまり現在のわれわれが思う「妖怪」イメージの成立を、「モノ化するコト」をキーワードにして探っている。本来現象（コト）であるはずの妖怪が、「名付け」られることでキャラクター（モノ）化し、一人歩きし始める。それが現在の「妖怪」であり、その一人歩きに大きく力になったのが水木しげるの妖怪マンガであった、と

著者は指摘する。現象と名付けの間に妖怪の誕生を指摘し、イメージの確定と広がりに近現代メディアの影響を指摘した本書は、妖怪研究に貴重な一石を投じたといえるだろう。また、詳細な妖怪研究史の記述も参考になる。

本書に先んじて刊行された、著者の対談集『妖怪大談義』も妖怪研究の現在を見渡すガイドブックとしてすぐれている。ぜひ手元においてほしい一冊である。

・京極夏彦『妖怪の理　妖怪の檻』角川書店、二〇〇七年

Ⅲ　発展編　妖怪研究各論

暗い闇の中モノノケが通る——中世都市の妖怪たち　田中貴子『百鬼夜行の見える都市』

百鬼夜行という言葉は便利である。鬼才や異才で多士済々の誉め言葉にも、海千山千の政治家や官僚や企業家たちの揶揄としても、さらには団体酔客の狼藉の様にだって使える。

現代のわれわれは百鬼夜行を「深夜の妖怪の行進」「付喪神《つくもがみ》の団体」とみている。しかし中世の都人はそもそも百鬼夜行をどう見ていたのだろう。これが本書の出発点である。

著者は説話集や貴族の日記、絵巻などを駆使して、中世人の百鬼夜行の意味を復元する。スリリングな結論を先取りすると「百鬼夜行は妖怪ではなかった」のである。

平安末期の百鬼夜行は「目に見えぬ恐ろしいもの」であり、妖怪ではない。それは平安京という都市空間のひずみから溢れた無意識の領域に与えられた「名付け」の一つであった。著者は中世に

まったく別の回路から誕生した付喪神が、絵巻物を介して百鬼夜行と習合すると指摘、近世以降の百鬼夜行の妖怪化を示唆する。時代ごとの都市民の心性の変化が、怪異現象の意味づけや絵巻の読み解きを変えていくことがよくわかる。文庫版収録の京極夏彦による解説は、読解を助けてくれるだろう。

・田中貴子『百鬼夜行の見える都市』筑摩書房［ちくま学芸文庫］、二〇〇二年（初出一九九四年）

河童にだって歴史があります——史料から探る妖怪　中村禎里『河童の日本史』

私たちはつい、昔からのものはずっと変わらないと思いがちである。特に妖怪のように、「前近代」を代表するようなモノなら、なおさら。だが彼らにだって歴史がある。そして妖怪たちの来歴は、古いようで意外と新しい。

本書『河童の日本史』は、河童の記述を多数の古文書に求め、その「進化の歴史」を追いかける。河童が「頭に皿・背中に甲羅・好物はキュウリ・人間の尻子玉を狙う」妖怪になったのは江戸時代のこと。それまでバラバラだった河童のイメージや生態が、博物学を修めた知識人たちよって統一されていくさまが、あざやかに描き出されている。それもそのはず、著者は生物学を修め、科学史を専攻した碩学、いわば江戸の本草学者たちの正統後継者なのである。著者は「狐」の変遷を追った『狐の日本史』も手がけている。妖怪も時代ごとに姿や生態を大きく変えていることがわかるだろう。

・中村禎里『河童の日本史』日本エディタースクール出版部、一九九六年江戸人は妖しを好む——文芸と唱導の怪異　堤邦彦『江戸の怪異譚』

江戸人は怪異譚を好んだ。『奇異雑談集』や『百物語評判』など多くの怪談本が出版され、市井の人の手によっても『耳袋』や『譚海』などの奇事異聞が書き留められる。この江戸人の怪異に迫ったのが、本書『江戸の怪異譚』である。著者は江戸の怪異小説が、中世以来の唱導文芸や民間伝承と、中国の志怪小説の影響で発展したという定説を、学際的な文学研究を展開して実証する。寺社の勢力拡大のために作り替えられた怪異譚が、因果や商道徳を説く説話として、また娯楽として読まれる。同時にその物証（殺生石や幽霊の片袖）とともに話芸の世界に展開し、再び民間説話に還流して、書き留められる。対して「弁惑物」といわれる反論本が出版され、それをヒントにまた小説が……と、網の目のように巡る江戸の怪異譚を、著者は的確にも「地下水脈」と表現した。

本書は江戸怪異譚研究の必須論考である。重厚な論集だがぜひ挑戦してみてほしい。著者にはもう少しライトな『女人蛇体　偏愛の江戸怪談史』（角川叢書　二〇〇六年）もある。こちらからというのもいいだろう。

・堤邦彦『江戸の怪異譚』ぺりかん社、二〇〇四年

江戸人は化け物で笑う——草双紙の滑稽な妖怪たち　アダム・カバット『江戸滑稽化物尽くし』

前節の『江戸の怪異譚』では幽霊だの生首だのと恐ろしげな怪異・妖怪たちばかり取り上げられた。が、江戸の化け物たちは、恐ろしいと同時に滑稽でもあったのである。

本書は、草双紙の一種「黄表紙」の化け物のおかしさ・くだらなさ・お下劣さを真面目にとりあ

げている。パロディ精神の権化である黄表紙作者にかかっては、怖いはずの化け物もひとたまりもない。子どもを脅した「ももんがあ」は美人の幽霊を口説くスケベ親爺にされ、見越《みこし》入道は芸者におしゃれを教わって通ぶろうとする野暮天に書かれる。黄表紙には化け物たちの珍事が実に活き活きと描かれている。

黄表紙の妖怪は、民間伝承の妖怪を正統とする民俗学の考察からは外されてきたと著者は指摘する。だがこの「滑稽な化け物」こそ、江戸人都市民の妖怪イメージなのである。これからの妖怪研究は、創作と伝承の双方を見据えていかねばならない。

・アダム・カバット『江戸滑稽化物尽くし』講談社［講談社選書メチエ］、二〇〇三年

江戸人は妖怪で遊ぶ——化けモンからポケモンへ　香川雅信『江戸の妖怪革命』

前述のように江戸期には、黄表紙の世界で化け物が笑いの対象となっていた。それは妖怪に対する人びとの恐怖が薄らいでいる証拠でもあった。本書『江戸の妖怪革命』は、江戸期に妖怪が双六・カルタ・おもちゃ絵などの玩具や、からくり的《まと》や手品などの娯楽にキャラクターとして用いられるというような「妖怪の商品化」が起きたことを指摘、それを「江戸の妖怪革命」と名付けている。

著者は、『画図百鬼夜行』などの「妖怪図鑑」が、博物学的なまなざしで妖怪をその背後にある民俗世界の文脈から切り離して情報化し、自在に意味を組みかえた「意味の遊戯」（見立て）がキャラクター化を成しとげたと説く。各地の観光マスコットの河童やゲーム「ポケットモンス

ター」のような「かわいい妖怪」「ゆかいな怪獣」は、現在まで続く「江戸の妖怪革命」の系譜なのである。

・香川雅信『江戸の妖怪革命』河出書房新社、二〇〇五年

妖怪たちのいるところ——江戸と明治のUMAニュース　湯本豪一『明治妖怪新聞』

時は移って明治維新。文明開化とともに妖怪たちは姿を消した……と思われがちである。しかし明治時代はむしろ妖怪の噂でもちきりの時代であった。本書『明治妖怪新聞』では、そうした当時の新聞に報じられた妖怪の記事の一代集成である。妖怪記事の豊富さは、こうした奇事異聞をいかに読者が望んでいたかを示しているだろう。また「博物館に送られた」「博覧会で公開される」などの記事の真実らしさを装う仕掛けがなされる点に、メディアの黎明期であった明治の息遣いがうかがえる。明治になっても、また今でも人びとは、妖怪の出現を待ち望んでいるのである。著者には、地方新聞の妖怪記事を集成した続編『地方発明治妖怪ニュース』、江戸から明治にかけての「不可思議な生き物（幻獣）」の出現報道記事をまとめた『日本幻獣図説』、そうした妖怪記事の原文をそのまま収載した大著『明治期怪異妖怪新聞記事集成』がある。併せて読んでみてほしい。

・湯本豪一『明治妖怪新聞』柏書房、一九九九年

闇はぼくらの心の中に——現代の妖怪と都市伝説　常光徹『学校の怪談』

人面犬、テケテケ、トイレの花子さん……。一九九〇年代、アニメや映画で一世を風靡した「学

校の怪談」。その出発点が本書『学校の怪談』である。初出時のサブタイトルは「口承文芸の展開と諸相」であったように、著者は口承文芸研究の方法をもって、「学校共同体」で話される「学校の怪談」を収集・分析し、校区までを含めた学校空間における妖怪論を展開している。

口承文芸研究は長らく、農山漁村の高齢者から昔話を聴くことと思われていた。それだけに著者が発見した、中学校という空間で生徒たちが話す怪異・妖怪の「世間話」は、新鮮さをもって受け止められた。

妖怪研究を現在学として甦らせ、また噂話や都市伝説の研究と接続する架け橋ともなった、意義深い一冊である。「学校の怪談」の事例については、著者も所属する日本民話の会の児童向け著作のシリーズ、とりわけ『学校の怪談大事典』が参考になる。

・常光徹『学校の怪談』角川書店［角川ソフィア文庫］、二〇〇二年（初出一九九四年）

参考文献（*は二〇一一年三月現在入手可能）

*青木隆浩「近代の『風俗』論再考―学説史的検討―」『国立歴史民俗博物館研究報告』第一〇八集、国立歴史民俗博物館、二〇〇三年
浅川欽一編、一志茂樹・向山雅重監修『信州の伝説』第一法規出版、一九七〇年
朝倉無声『見世物研究』筑摩書房［ちくま学芸文庫］、二〇〇二年
*阿部主計『妖怪学入門　新装版』雄山閣、二〇〇四年
阿部真司『蛇神伝承論序説』伝統と現代社、一九八一年
阿部正路『日本の妖怪たち』東京書籍、一九八一年
*有薗正一郎他編『歴史地理調査ハンドブック』古今書院、二〇〇一年
*飯倉義之「毛玉たちの沈黙、あるいはケサランパサランの独白」一柳廣孝・吉田司雄編『妖怪は繁殖する』青弓社［ナイトメア叢書］、二〇〇六年
*池上洵一『今昔物語集の世界　新版』以文社［以文叢書］、一九九九年
池田彌三郎「わたしの中のフォークロア」『池田彌三郎著作集第五巻　身辺の民俗と文学』角川書店、一九七九年
*池田彌三郎『日本の幽霊』中央公論新社［中公文庫ＢＩＢＬＩＯ］、二〇〇四年
*石井明「怪談噺の誕生」小松和彦編『日本妖怪学大全』小学館、二〇〇三年
石川純一郎『河童の世界』時事通信社、一九七四年
*石田英一郎『河童駒引考』岩波書店［岩波文庫］、一九九四年
*一柳廣孝・吉田司雄編『妖怪は繁殖する』青弓社［ナイトメア叢書］、二〇〇六年
*一柳廣孝・吉田司雄編『霊はどこにいるのか』青弓社［ナイトメア叢書］、二〇〇六年
*一柳廣孝編著『「学校の怪談」はささやく』青弓社、二〇〇五年
*一柳廣孝編著『オカルトの帝国』青弓社、二〇〇六年
*伊藤慎吾「異本『土蜘蛛』絵巻について」『室町戦国期の文芸とその展開』三弥井書店、二〇

一〇年
＊伊藤龍平『ツチノコの民俗学』青弓社、二〇〇八年
＊伊藤龍平『江戸幻獣博物誌』青弓社、二〇一〇年
＊井上円了著・東洋大学井上円了記念学術センター編『妖怪学全集』全六巻、柏書房、一九九九〜二〇〇一年
＊岩城紀子「化物と遊ぶ―『なんけんけれどもばけ物双六』―」『東京都江戸東京博物館研究報告』第五号、東京都江戸東京博物館、二〇〇〇年
＊岩本憲児『幻燈の世紀―映画前夜の視覚文化史―』森話社、二〇〇二年
＊内田武志他編『菅江真澄全集』5（地誌Ⅰ）未來社、一九七五年
江馬務「妖怪の史的研究」『風俗研究』第20号、風俗研究会、一九一九年
＊江馬務『日本妖怪変化史』中央公論新社［中公文庫ＢＩＢＬＩＯ］、二〇〇四年
大田区教育委員会『大田区の文化財　第二十二集　口承文芸』大田区教育委員会、一九八六年
＊大森亮尚『日本の怨霊』平凡社、二〇〇七年
加賀市史編纂委員会編『加賀市史　通史』上巻、加賀市役所、一九七八年
貝原益軒著、板坂耀子校注「東路記」佐竹昭広他編『新日本古典文学大系』98、岩波書店、一九九一年
＊香川雅信『江戸の妖怪革命』河出書房新社、二〇〇五年
＊カバット、アダム校注・編『江戸化物草紙』小学館、一九九九年
＊カバット、アダム校注・編『大江戸化物細見』小学館、二〇〇〇年
＊カバット、アダム『妖怪草紙くずし字入門』柏書房、二〇〇一年
カバット、アダム『江戸滑稽化物尽くし』講談社［講談社選書メチエ］、二〇〇三年
＊カバット、アダム『ももんがあ対見越入道』講談社、二〇〇六年
神田玄紀編『日東本草図纂』、一七八〇年
＊木場貴俊「林羅山と怪異」東アジア恠異学会編『怪異学の技法』臨川書店、二〇〇三年
＊木場貴俊「近世の怪異と知識人―近世前期の儒

者を中心にして―」一柳廣孝・吉田司雄編著『妖怪は繁殖する』青弓社［ナイトメア叢書］、二〇〇六年
＊京極夏彦「モノ化するコト―怪異と妖怪を巡る妄想―」東アジア恠異学会編『怪異学の技法』臨川書院、二〇〇三年
＊京極夏彦『妖怪の理　妖怪の檻』角川書店、二〇〇七年
＊京極夏彦『妖怪大談義』角川書店、二〇〇五年
金田章裕『条里と村落の歴史地理学研究』大明堂、一九八五年
桑原公徳『地籍図』学生社、一九七六年
古賀秀和「国立国会図書館蔵『百鬼夜行絵巻』（詞書付）について」『文献探究』四四、二〇〇六年
国立科学博物館編『化け物の文化誌―化け物に注がれた科学の目―』国立科学博物館、二〇〇六年
国立歴史民俗博物館編『異界万華鏡』国立歴史民俗博物館、二〇〇一年
＊国立歴史民俗博物館編『異界談義』光文社［知恵の森文庫］、二〇〇八年
＊小松和彦『異界と日本人』角川書店［角川選書］、二〇〇三年
＊小松和彦『異人論』筑摩書房［ちくま学芸文庫］、一九九五年
＊小松和彦編『怪異の民俗学』全八巻、河出書房新社、二〇〇〇～〇一年
＊小松和彦『京都魔界案内』光文社［知恵の森文庫］、二〇〇二年
＊小松和彦『酒呑童子の首』せりか書房、一九九七年
＊小松和彦『日本妖怪異聞録』講談社［講談社学術文庫］、二〇〇七年
＊小松和彦『百鬼夜行絵巻の謎』集英社［集英社新書］、二〇〇八年
＊小松和彦『妖怪学新考』洋泉社［洋泉社新書］、二〇〇七年
＊小松和彦『妖怪文化入門』せりか書房、二〇〇六年
＊小松和彦『憑霊信仰論』講談社［講談社学術文庫］、一九九四年
＊小松和彦・徳田和夫「［対談］室町の妖怪―付喪神、鬼、天狗、狐と狸―」『国文学 解釈と教

材の研究』50・10、学燈社、二〇〇五年
＊小松和彦監修『妖怪絵巻』（別冊太陽）平凡社、二〇一〇年
＊小松和彦編『図解雑学　日本の妖怪』ナツメ社、二〇〇九年
＊小松和彦編『日本妖怪学大全』小学館、二〇〇三年
＊小松和彦編著『妖怪文化研究の最前線』せりか書房［妖怪文化叢書］、二〇〇九年
＊小松和彦編著『妖怪文化の伝説と創造―絵巻・草紙からマンガ・ラノベまで―』せりか書房［妖怪文化叢書］、二〇一〇年
小峯和明『説話の森』大修館書店、一九九一年
小峯和明「妖怪の博物学」『国文学 解釈と教材の研究』41・4、学燈社、一九九六年
小峯和明『説話の声』新曜社、二〇〇〇年
＊子安宣邦『鬼神論　新版』白澤社、二〇〇二年
＊コルバン、アラン『風景と人間』藤原書店、二〇〇二年
＊今野圓輔『日本怪談集　妖怪篇』中央公論新社［中公文庫ＢＩＢＬＩＯ］、二〇〇四年
崑崙橘茂世『北越奇談』野島出版、一九七八年
＊齋藤真麻理「横行八足―岩嶽丸のこと―」『国文学研究資料館紀要　文学研究篇』36、人間文化研究機構国文学研究資料館、二〇一〇年三月
＊佐々木喜善『遠野のザシキワラシとオシラサマ』中央公論新社［中公文庫ＢＩＢＬＩＯ］、二〇〇七年
＊佐々木高弘「記憶する〈場所〉―吉野川流域の「首切れ馬」伝説をめぐって―」小松和彦編『記憶する民俗社会』人文書院、二〇〇〇年
＊佐々木高弘「上方落語の怪異空間―近世大坂・京都・江戸の都市空間認識―」小松和彦編『妖怪文化の伝統と創造』せりか書房、二〇一〇年
＊佐々木高弘『怪異の風景学―妖怪文化の民俗地理―』古今書院、二〇〇九年
＊佐々木高弘『民話の地理学』古今書院、二〇〇三年
佐竹昭広『酒呑童子異聞』平凡社、一九七七年
＊杉本好伸編『稲生物怪録絵巻集成』国書刊行会、二〇〇四年
＊鈴木牧之『北越雪譜』岩波書店［岩波文庫］、改版、一九七八年
関敬吾編『日本昔話大成』全十二巻、角川書店、

一九七八〜八〇年
＊闕山守彌『日本の海の幽霊・妖怪』中央公論新社［中公文庫BIBLIO］、二〇〇五年
瀬戸賢一『レトリックの宇宙』海鳴社、一九八六年
＊高田衛・校訂『近世奇談集成（一）』［叢書江戸文庫］国書刊行会、一九九二年
＊高田衛監修、稲田篤信・田中直日編『鳥山石燕画図百鬼夜行』国書刊行会、一九九二年
＊高橋宣勝「小鳥前世譚と自発変身」『昔話伝説研究』第16号、一九九一年
＊多田克己編『絵本百物語　桃山人夜話』国書刊行会、一九九七年
＊太刀川清・校訂『続百物語怪談集成』［叢書江戸文庫］27、国書刊行会、一九九三年
田中聡『ハラノムシ、笑う―衛生思想の図像学―』筑摩書房［ちくま文庫］、二〇〇三年
＊田中貴子「前説『百鬼夜行絵巻』はなおも語る」『図説百鬼夜行絵巻をよむ』河出書房新社、一九九九年
田中貴子『百鬼夜行の見える都市』筑摩書房［ちくま学芸文庫］、二〇〇二年
田中允「『檜垣』の乱拍子と乱拍子稀曲『横笛』」『観世』52巻5号、一九八五年
谷川健一『青銅の神の足跡』小学館、一九九五年
＊谷川健一『鍛冶屋の母』河出書房新社、二〇〇五年
＊谷川健一『魔の系譜』講談社［講談社学術文庫］、一九八四年
谷川健一監修『日本の妖怪』（別冊太陽）平凡社、一九八七年
谷川健一編『稲生物怪録絵巻―江戸妖怪図録―』小学館、一九九四年
知切光歳『鬼の研究』大陸書房、一九七八年
＊知切光歳『天狗の研究』原書房、二〇〇四年
千葉幹夫『全国妖怪辞典』小学館［小学館ライブラリー］、一九九五年
＊堤邦彦『江戸の怪異譚』ぺりかん社、二〇〇四年
＊堤邦彦『女人蛇体―偏愛の江戸怪談史―』角川書店［角川叢書］、二〇〇六年
＊堤邦彦・杉本好伸『近世民間怪談異聞集成』国書刊行会［江戸怪異奇想文芸大系］、二〇〇三

年
＊常光徹『学校の怪談』角川学芸出版［角川ソフィア文庫］、二〇〇二年
常光徹『伝説と俗信の世界』角川学芸出版［角川ソフィア文庫］、二〇〇二年
＊トゥアン、イー・フー『空間の経験』筑摩書房、一九八八年
徳田和夫「『毘沙門の本地』の源流」『国語国文論集』18、学習院女子短期大学国語国文学会、一九八九年三月
＊徳田和夫「『長谷雄草紙』絵巻と昔話『鼻高扇』」『昔話―研究と資料― 19号』日本昔話学会（発行三弥井書店）、一九九一年
徳田和夫編『お伽草子・伊曾保物語』［新潮古典文学アルバム］16、新潮社、一九九一年
徳田和夫「狸の腹鼓が聞こえる―踊り舞う妖怪たちの中世―」『月刊アート』11・9、日経BP社、一九九八年九月
徳田和夫「『〈一盛長者の鳥の由来〉』祭文をめぐって―小鳥前生譚『雀孝行』の物語草子付・翻刻」『国語国文論集』27、学習院女子短期大学国語国文学会、一九九八年
徳田和夫「中世の民間説話と『蛙の草紙絵巻』」『学習院女子大学紀要』3、二〇〇一年三月
＊徳田和夫編『お伽草子事典』東京堂出版、二〇〇二年初版、二〇〇三年増補・補訂
＊徳田和夫「伝承文芸と図像―中世説話、お伽草子、近世絵画―」『伝承文化の展望―日本の民俗、古典、芸能―』二〇〇三年、三弥井書店
徳田和夫「いつの世とても狐の話―近世における中世―」『国文学 解釈と教材の研究』49・5、二〇〇四年四月
＊徳田和夫「鳥獣草木譚の中世―〈もの言う動物〉説話とお伽草子『横座房物語』―」『講座日本の伝承文学10 口頭伝承〈ヨミ・カタリ・ハナシ〉の世界』三弥井書店、二〇〇四年、
＊徳田和夫「南会津の『熊野の本地』絵巻 附・翻刻」『伝承文学研究』54、伝承文学研究会（発行三弥井書店）二〇〇四年十二月
徳田和夫「信太妻の周縁」国立劇場第一五二回文楽公演プログラム、二〇〇五年九月
徳田和夫「翻刻・釈文『変化《へんげ》あらそひ』絵巻」『学習院女子大学紀要』7、二〇〇五年三月
徳田和夫「お伽草子の後継―伝季吟筆・異類合

戦物『合戦巻』について（付・翻刻と釈文）―」『学習院女子大学紀要』8、二〇〇六年三月
＊徳田和夫「『鳥獣人物戯画』甲巻の物語学《ナラトロジィ》」「百花繚乱の物語草子―お伽草子学の可能性―」徳田和夫編『お伽草子 百花繚乱』笠間書院、二〇〇八年
＊徳田和夫編『お伽草子 百花繚乱』笠間書院、二〇〇八年
徳田和夫「［特集］百鬼夜行の世界 『妖怪の行進』」『人間文化』10、人間文化研究機構、二〇〇九年
＊徳田和夫「わざはひ（禍、災い）の襲来」小松和彦編『妖怪文化研究の最前線』せりか書房［妖怪文化叢書］、二〇〇九年
＊徳田和夫「群馬の信太妻」第7回群馬学連続シンポジウム「群馬の伝承と芸能」、群馬県立女子大学編『群馬学の確立に向けて』3、上毛新聞社出版メディア局、二〇〇九年一月
＊徳田和夫「妖怪行列、狐火」人間文化研究機構監修『百鬼夜行の世界』角川学芸出版、二〇〇九年
＊徳田和夫「『婚怪草紙《こんかいぞうし》絵巻《えまき》』、その綾なす妖《あや》かし―狐の嫁入り物語―」小松和彦編『妖怪文化の伝統と創造』せりか書房［妖怪文化叢書］、二〇一〇年
徳田和夫「『道成寺縁起』の在地伝承系の絵巻概観―付・翻刻二種―」『学習院女子大学紀要』12、二〇一〇年三月
＊徳田和夫「『道成寺縁起絵巻』の再生―寺社縁起の在地化―」堤邦彦・徳田和夫編『遊楽と信仰の文化学』森話社、二〇一〇年
＊徳田和夫「異界訪問絵巻」小松和彦編『妖怪絵巻』（別冊太陽）平凡社、二〇一〇年
＊徳田和夫「風流《ふりゅう》の室町―文芸としての作り物・仮装など―」シンポジウム芸能と中世文学『中世文学』55、中世文学会、二〇一〇年
＊徳田和夫「霊威と怪異 中世の『七不思議』と巷説」『国文学 解釈と鑑賞』75・12、ぎょうせい、二〇一〇年十二月
中野三敏・肥田皓三編『近世子どもの絵本集 上方篇』岩波書店、一九八五年
中村禎里『河童の日本史』日本エディタースクール出版部、一九九六年
中村禎里『狐の日本史 古代・中世篇』日本エ

ディタースクール出版部、二〇〇一年
中村禎里『狸とその世界』朝日新聞社［朝日選書］、一九九〇年
中村幸彦編『日本古典文学大系』56（『上田秋成集』）岩波書店、一九五九年
日本放送協会編、柳田國男監修『日本伝説名彙』日本放送出版協会、一九五〇年
＊日本民話の会学校の怪談編集委員会『学校の怪談大事典』ポプラ社、一九九六年
＊人間文化研究機構監修『百鬼夜行の世界』角川学芸出版、二〇〇九年
延広真治『落語はいかにして形成されたか』平凡社、一九八六年
橋爪紳也『化物屋敷―遊戯化される恐怖―』中央公論社［中公新書］、一九九四年
服部幸雄『さかさまの幽霊』平凡社［イメージ・リーディング叢書］、一九八九年
服部昌之『律令国家の歴史地理学的研究』大明堂、一九八三年
＊埴岡真弓『播磨の妖怪たち「西播怪談実記」の世界』神戸新聞出版センター、二〇〇一年
＊馬場あき子『鬼の研究』筑摩書房、一九八八年
原田伴彦・竹内利美・平山敏治郎編『日本庶民生活史料集成8巻見聞記』三一書房、一九六九年
半澤敏郎『童遊文化史　第二巻』東京書籍、一九八〇年
日置謙・校訂「聖城怪談録」太田敬太郎編『大聖寺藩史談』石川県図書館協会、一九三七年
東雅夫『妖怪伝説奇聞』学習研究社、二〇〇五年
＊東アジア恠異学会編『怪異学の可能性』角川書店、二〇〇九年
＊東アジア恠異学会編『怪異学の技法』臨川書店、二〇〇三年
＊東アジア恠異学会編『亀卜』臨川書店、二〇〇六年
＊ビナード、アーサ『きゅーはくの絵本④針聞書』フレーベル館、二〇〇六年
＊兵庫県立歴史博物館・京都国際マンガミュージアム編『図説　妖怪画の系譜』河出書房新社、二〇〇九年
兵庫県立歴史博物館編『おばけ・妖怪・幽霊…』兵庫県立歴史博物館、一九八七年

平野満・解説『魚鑑』八坂書房、一九七八年
＊広川英一郎「世間話と目撃体験―蛇が蛸に変わる話―」『世間話研究』第18号、二〇〇八年
福田晃編『日本伝説大系』12、みずうみ書房、一九八二年
藤岡謙二郎他編『日本歴史地理用語辞典』柏書房、一九八一年
藤澤衛彦『妖怪画談全集・日本篇　上下』中央美術社、一九二九・三〇年
松浪久子「道成寺説話の伝承の周辺―中辺路真砂の伝承を中心に―」『大阪青山短期大学研究紀要』10、一九八二年十一月
三田村鳶魚「江戸末の幽霊好み」『三田村鳶魚全集　第十巻』中央公論社、一九七五年
＊美濃部重克・美濃部智子『酒呑童子絵を読む』三弥井書店、二〇〇九年
＊宮田登『都市空間の怪異』角川書店［角川選書］、二〇〇一年
＊宮田登『妖怪の民俗学』筑摩書房［ちくま学芸文庫］、二〇〇二年
＊宮田登『宮田登日本を語る一三　妖怪と伝説』吉川弘文館、二〇〇七年
森銑三監修、岩本活東子編『新燕石十種』5中央公論社、一九八一年
森田誠吾「京の夢・江戸の夢―いろはかるた考疑―」『いろはかるた』（別冊太陽）平凡社、一九七四年
＊柳田國男『妖怪談義』講談社［講談社学術文庫］、一九七七年
柳田國男『柳田國男全集』4、筑摩書房［ちくま文庫］、一九八九年
柳田國男『柳田國男全集』6、筑摩書房［ちくま文庫］、一九八九年
柳田國男『柳田國男全集』20、筑摩書房［ちくま文庫］、一九九九年
＊柳田國男著、東雅夫編『文豪怪談傑作選　柳田國男集　幽冥談』筑摩書房［ちくま文庫］、二〇〇七年
＊山田厳子「目の想像力／耳の想像力―語彙研究の可能性―」『口承文芸研究』28号、日本口承文芸学会、二〇〇五年
＊山田現阿『絵巻　酒呑童子―越後から大江山へ―』考古堂書店、一九九四年
山田孝雄他編『日本古典文学大系』26（『今昔物語集』5）岩波書店、一九五九年

＊山田雄司『跋扈する怨霊　祟りと鎮魂の日本史』吉川弘文館、二〇〇七年
山本慶一『江戸の影絵遊び―光と影の文化史―』草思社、一九八八年
＊湯本豪一『明治妖怪新聞』柏書房、一九九九年
＊湯本豪一『地方発明治妖怪ニュース』柏書房、二〇〇一年
＊湯本豪一『江戸の妖怪絵巻』光文社、二〇〇三年
＊湯本豪一『日本幻獣図説』河出書房新社、二〇〇五年
＊湯本豪一編『明治期怪異妖怪新聞記事集成』国書刊行会、二〇〇九年
横山泰子『江戸東京の怪談文化の成立と変遷』風間書房、一九九七年
吉川観方編『絵画に見えたる妖怪』美術図書出版部、一九二五年
吉川観方『続絵画に見えたる妖怪』美術図書出版部、一九二六年
＊吉田司雄編著『オカルトの惑星』青弓社、二〇〇八年

掲載図版一覧

妖怪の種とその解釈、妖怪文化の三つの領域（13 頁）：小松和彦作成
八幡愚童訓（82 頁）：『八幡愚童記』八幡宮（嬉野市）蔵
脾積、牛癇（96 頁）：『針聞書』九州国立博物館蔵、岡紀久夫氏撮影
お伽草子の妖怪・化物一覧（118 頁）、お伽草子の異類物、異類の人間への変化＋婚姻型（119 頁）
『岩竹』の蟹の妖怪（121 頁）：『岩竹』岩瀬文庫蔵
『變化名の見立角力』（127 頁）：徳田和夫蔵
『化物草子絵巻』（135-139 頁）：『日本絵巻物全集別巻 2』角川書店、1981 年、ボストン美術館蔵
『百器夜行絵巻』に描かれた杵の妖怪（144 頁）：兵庫県立歴史博物館蔵
「大聖寺町絵図面」の武家屋敷（145 頁）：加賀市役所蔵
現在の加賀市都市計画図（1 万分の 1）（146 頁）
『聖城怪談録』怪異の場所一覧の一部（148-149 頁）
旧石井村「首切れ馬」伝説一覧（150 頁）
札の辻：（151 頁）佐々木高弘撮影
旧石井村「首切れ馬」の伝承者と出現場所の分布図（152 頁）
旧石井村字中村地籍図と札の辻の位置：石井町役場所蔵（154 頁）
旧石井村の明治初期地籍図による景観復原図（155 頁）：佐々木高弘作成
上方落語に描かれる大坂の怪異の場所（156 頁）：江戸中期大坂図に佐々木加筆
京都の怪異空間（157 頁）：足利健亮編『京都歴史アトラス』中央公論社、1994 年、38 頁に佐々木高弘加筆
江戸落語の怪異の場所（158 頁）：「分間江戸大地図（1862 年）」に佐々木高弘加筆
上方落語の怪異の場所（大阪市内・特定）（160-161 頁）
直立した人間の身体と空間・時間（162 頁）：トゥアン『空間の経験』筑摩書房、1988 年、55 頁
妖怪の出現する場所と認識の三角形（163 頁）
『信貴山縁起絵巻』（172 頁）：信貴山朝護孫子寺蔵
『地獄草紙』（171 頁）、『長谷雄草紙』（173 頁）、『土蜘蛛草紙』（175 頁）、『道成寺縁起絵巻』（176 頁）、『百鬼ノ図』（179 頁）、『妖怪絵巻』（180 頁）、『暁斎百鬼画談』（183 頁）、『化物婚礼絵巻』（185 頁）、明治期のちりめん本『Momotaro（桃太郎）』の鬼たち（244 頁）：国際日本文化研究センター蔵
摩醯首羅王三目の術（190 頁）、平瀬輔世著『放下筌』宝暦 14 年（1764）刊：国立劇場演芸資料館蔵・緒方奇術文庫

写し絵の種板（194 頁）、化物カルタ、万延元年（1860）（204 頁）、化物づくし（205 頁）：兵庫県立歴史博物館蔵・入江コレクション
写し絵の引札（195 頁）、化物双六、「百種怪談妖物双六」安政 5 年（1858）、歌川芳員画（203 頁）：国立歴史民俗博物館蔵
泉目吉の店の様子（197 頁）：為永春水作・渓斎英泉画『春色恵之花』天保 7 年（1836）刊、『日本名著全集　江戸文芸之部　第 15 巻　人情本集』日本名著全集刊行会、1928 年
双頭の人魚のミイラ（199 頁）：八戸市博物館蔵
『伊勢参宮名所図会』（201 頁）：蔀関月編画、秋里湘夕撰、寛政 9 年（1797）刊、林英夫編『日本名所風俗図会 6　東海の巻』角川書店、1984 年
『化物見世開』（206 頁）：寛政 12 年（1800）刊、十返舎一九作画、アダム・カバット『妖怪草紙くずし字入門』柏書房、2001 年
豆腐小僧（207 頁）：『夭怪着到牒』天明 8 年（1788）刊、北尾政美画、アダム・カバット校注編『大江戸化物細見』小学館、2000 年
天狗飛礫（214 頁）、蜃気楼（224 頁）、あやかし（226 頁）、蓑火（229 頁）：『今昔百鬼拾遺』川崎市市民ミュージアム蔵
雪女（217 頁）、『画図百鬼夜行』に描かれた河童（220 頁）、見越（230 頁）、窮奇（231 頁）：『画図百鬼夜行』川崎市市民ミュージアム蔵
天井嘗（236 頁）：『百器徒然袋』川崎市市民ミュージアム蔵
獣太平記（95 頁）、異獣『北越雪譜』（215 頁）、『利根川図志』に描かれた河童（221 頁）、船幽霊『桃山人夜話』（223 頁）：国立国会図書館蔵
滝中嫗婦（218 頁）、下谷入道（235 頁）、垢舐（236 頁）：『日東本草図纂』国立公文書館蔵
岩手県盛岡市三ツ石神社の三つ石（246 頁）、新潟県東蒲原郡阿賀町の寺坂（250 頁）：飯倉義之撮影

小松和彦（こまつ・かずひこ）　【分担】編集責任・Ⅰ・Ⅶ
1947年、東京都生まれ。東京都立大学大学院博士課程修了。国際日本文化研究センター名誉教授。専攻は文化人類学・民俗学。著書に『妖怪学新考』（講談社学術文庫）、『妖怪文化入門』『異界と日本人』（角川ソフィア文庫）、『百鬼夜行絵巻の謎』（集英社新書）、『いざなぎ流の研究』（角川学芸出版）など。

香川雅信（かがわ・まさのぶ）　【分担】Ⅱ・Ⅷ
1969年、香川県生まれ。大阪大学大学院文学研究科博士後期課程単位取得退学。兵庫県立歴史博物館学芸課長。専攻は日本民俗学。著書に『江戸の妖怪革命』（角川ソフィア文庫）、『図説　妖怪画の系譜』（河出書房新社、共著）など。

大森亮尚（おおもり・あきひさ）　【分担】Ⅲ
1947年、神戸市生まれ。上智大学大学院博士課程修了。古代民俗研究所代表。専攻は上代文学・民俗学。著書に『日本の怨霊』（平凡社）、『悲のフォークロア』（東方出版）、『本朝三十六河川』（世界思想社）など。

伊藤慎吾（いとう・しんご）　【分担】Ⅳ
1972年、埼玉県生まれ。國學院大學大学院博士課程修了。國學院大學栃木短期大学准教授。専攻は中世文学。著書に『室町戦国期の文芸とその展開』（三弥井書店）、『仮名草子集成』第24・42巻（東京堂出版、共著）など。

徳田和夫（とくだ・かずお）　【分担】Ⅴ
1948年、群馬県生まれ。学習院女子大学名誉教授。専門は中世文学（特にお伽草子、絵巻）、民間説話学、物語学、比較文化論。著書に『お伽草子研究』（三弥井書店）、『絵語りと物語り』（平凡社）、他。編著に『お伽草子事典』（東京堂出版）、『お伽草子百花繚乱』（笠間書院）、『寺社縁起の文化学』『遊楽と信仰の文化学』（共に森話社）、『東の妖怪・西のモンスター』（勉誠出版）など。

佐々木高弘（ささき・たかひろ）　【分担】Ⅵ
1959年、兵庫県生まれ。大阪大学大学院文学研究科博士課程中退。京都先端科学大学名誉教授。専攻は歴史・文化地理学。著書に『怪異の風景学—妖怪文化の民俗地理』『民話の地理学』（共に古今書院）、『京都妖界案内』（大和書房）など。

伊藤龍平（いとう・りょうへい）　【分担】Ⅸ
1972年、北海道生まれ。國學院大學大学院文学研究科修了、博士（文学）。國學院大學文学部准教授。専攻は伝承文学。著書に『江戸の俳諧説話』（翰林書房）、『ツチノコの民俗学』『江戸幻獣博物誌』（共に青弓社）など。

飯倉義之（いいくら・よしゆき）　【分担】Ⅹ・Ⅺ
1975年、千葉県生まれ。國學院大學大学院博士課程修了、博士（文学）。国際日本文化研究センター機関研究員を経て、國學院大學文学部准教授。専門は口承文芸学、民俗学。共編著書に『日本怪異妖怪大事典』（東京堂出版）、『怪異を魅せる』（青弓社）など。

角川選書 487

妖怪学《ようかいがく》の基礎知識《きそちしき》

平成 23 年 4 月 25 日　初版発行
令和 4 年 2 月 10 日　5 版発行

編著者　小松和彦《こまつかずひこ》
発行者　青柳昌行
発　行　株式会社 KADOKAWA
東京都千代田区富士見 2-13-3　〒 102-8177
電話 0570-002-301（ナビダイヤル）
装　丁　片岡忠彦　　帯デザイン　Zapp!
印刷所　横山印刷株式会社　　製本所　本間製本株式会社

●お問い合わせ
https://www.kadokawa.co.jp/（「お問い合わせ」へお進みください）
※内容によっては、お答えできない場合があります。
※サポートは日本国内のみとさせていただきます。
※Japanese text only

定価はカバーに表示してあります。

ISBN978-4-04-703487-7 C0339

角川選書

この書物を愛する人たちに

詩人科学者寺田寅彦は、銀座通りに林立する高層建築をたとえて「銀座アルプス」と呼んだ。
戦後日本の経済力は、どの都市にも「銀座アルプス」を造成した。
アルプスのなかに書店を求めて、立ち寄ると、高山植物が美しく花ひらくように、
書物が飾られている。

印刷技術の発達もあって、書物は美しく化粧され、通りすがりの人々の眼をひきつけている。
しかし、流行を追っての刊行物は、どれも類型的で、個性がない。
歴史という時間の厚みのなかで、流動する時代のすがたや、不易な生命をみつめてきた先輩たちの発言がある。
また静かに明日を語ろうとする現代人の科白がある。これらも、
銀座アルプスのお花畑のなかでは、雑草のようにまぎれ、人知れず開花するしかないのだろうか。
マス・セールの呼び声で、多量に売り出される書物群のなかにあって、
選ばれた時代の英知の書は、ささやかな「座」を占めることは不可能なのだろうか。
マス・セールの時勢に逆行する少数な刊行物であっても、この書物は耳を傾ける人々には、
飽くことなく語りつづけてくれるだろう。私はそういう書物をつぎつぎと発刊したい。
真に書物を愛する読者や、書店の人々の手で、こうした書物はどのように成育し、開花することだろうか。
私のひそかな祈りである。「一粒の麦もし死なずば」という言葉のように、
こうした書物を、銀座アルプスのお花畑のなかで、一雑草であらしめたくない。

一九六八年九月一日　　角川源義